He Whiriwhiringa

SELECTED READINGS IN MAORI

He Whiriwhiringa

SELECTED READINGS IN MAORI

Bruce Biggs

Auckland University Press

First published 1997
Auckland University Press
University of Auckland
Private Bag 92019, Auckland

ISBN 1 86940 168 9

The Author is donating all royalties from the sale of this book to the Maori Studies Department of the University of Auckland.

Cover image of *karo* (*Pittosporum crassifolium*) by Hugh Boscawen, 1885.
Etchings from Ferdinand von Hochstetter's *New Zealand* (1867) are reproduced courtesy of the New Zealand and Pacific Collection, University of Auckland Library.

Set in Garamond by Tony Murrow
Printed by GP Print, Wellington

Contents

Introduction and Acknowledgements

THE MAORI TEXTS

The selection of Maori texts in this book was made during the 1960s by S. M. Mead, P. W. Hohepa and myself to provide a reader for students in the Maori Studies courses offered at the University of Auckland. Under the title *Selected Readings in Maori,* the collection was published in 1967. Since the advent of personal computers I have been able to keep *Selected Readings* in print, in small runs, each of which has involved some editing of the texts to achieve more consistent punctuation and marking of vowel quantity. In 1980 the Maori Studies Department of the University of Auckland published a small run of an English translation titled *Readings from Maori Literature.* Now, for the first time, the Maori texts and English translations have been brought together in matching numbered paragraphs which should serve the dual purpose of aiding students of Maori language while allowing others to gain some idea of the range of Maori writing over the past century and a half.

Original sources for the Maori material drawn from earlier publications are as follows:

- From the *Journal of the Polynesian Society:* "Ko Taaminamina, he Taniwha no Tuuranga", vol. 55, p. 29; "Te Patunga o Te Ngaarara-huarau", vol. 2, pp. 211–19; "Ko te Haerenga mai o Kupe i Hawaiki", vol. 2, pp. 147–51; "Te Tatau-o-te-poo", vol. 7, pp. 55–63; "Te Reta Tuatahi a Ngaati-Toa ki a Kaawana Kerei" and "Te Reta Tuarua ki a Kaawana Kerei", vol. 68, pp. 265–75; "Wairangi, he Tiipuna no Ngaati-Raukawa", vol. 19, pp. 197–205; "Te Atua Raaua ko Hingamairangi", vol. 20, pp. 94–99. "Te Wheke a Muturangi" and "Ko Moeahu" are adapted from S. Percy Smith, *Lore of the Whare Wananga,* vol. 2, New Plymouth: T. Avery, 1915, pp. 41–46 and 173–74 respectively. "Te Waeroa Raaua ko Te Namu", "Ko te Koorero moo Uenuku" and "Ko Te Ara Taawhao" are from Elsdon Best's *Tuhoe: The Children of the Mist,* New Plymouth: T. Avery,

1925, vol. 1, pp. 864–66, 695–701 and 991–92 respectively. "Ko Te Moenga a Parearohi ... " is from Sir Apirana Ngata, *Nga Moteatea: He maramara rere no nga waka maha. He mea kohikohi na A. T. Ngata,* part 1 (2nd ed.), Wellington: Polynesian Society, 1959, p. 124 All of the above are published with the permission of the Polynesian Society.

- The following items are republished, with the permission of the New Zealand Department of Maori Affairs, from *Te Ao Hou:* "Paania", no. 10, p. 20; "Ka Kimi a Maaui i Oona Maatua", no. 8, pp. 21–22; "Te Koorero mo Pootaka-tawhiti", no. 13, pp. 11–14; "Te Poowhiri a Te Arawa", no. 15, pp. 12–15; "Nga Komiti-a-iwi", no. 8, p. 4.
- The following items first appeared in *Te Pipiwharauroa:* "Ko Te Rerenga Wairua", September 1905; "He Piko he Taniwha", October–November 1900; "Te Mahi Ahuwhenua", December 1905; "Ko te Amuamu te Tino Rongoa", December 1905; "Te Kaareti o Waerenga-a-hika", January 1908.
- The following first appeared in the Maori newspaper *Te Wananga:* "To Reta a Urupeni Puhara", 26 August 1876; "Te Hui ki Oo-maahu" 24 March 1877.
- "He Koorero na te Kiore Raaua ko te Kaakaariki" and "He Waiata na te Poopokorua Raaua ko te Taatarakihi" were first published in C. O. Davis, *Maori Mementos: Being a series of addresses,* Auckland: Williamson and Wilson,1855.
- "He Tahaa Wairere!" is extracted from Te Hurinui's "Mahinarangi" published in *Te Wananga,* vol. 1, no. 1, 1929. "Te Ripoata-a-tau Tuatahi a te Poari Kaitiaki Maaori o Tainui" was also written by Te Hurinui. Both items are republished with his permission.
- "Te Kauhoetanga o Hinemoa ki Mokoia" and "Mo te Taainga Ngutu" are taken from Te Rangikaheke's "Commentary on 'Nga Moteatea me nga Hakirara'", a remarkable unpublished manuscript in the Grey collection of Maori Manuscripts at the Auckland Public Library.

- "Ko Hine-korangi" first appeared in John McGregor, *Maori Songs, as written by the Maoris of Waikato,* Auckland: J. H. Field, 1864.

THE TRANSLATIONS

English translations appeared with some of the selections when they were originally published. They are acknowledged below:

- *The Journal of the Polynesian Society:* "Te Wheke a Muturangi" v. 22, pp. 120–27; "Moeahu" v. 23, pp. 148–49; "Taaminamina" v. 55, pp. 29; "Te Ngaarara-hua-rau", v. 2, pp. 217–19; "The Coming of Kupe from Hawaiki", v. 2, pp. 149-51; "The Door to the Night-world", v. 7 pp. 59–63; "Wairangi", v. 19, pp. 201–205; "Te Atua and Hingamairangi", v. 20, pp. 97–99.
- *Tuhoe,* v. 1, by Elsdon Best: "The Story of Uenuku", pp. 866–67; "The Mosquito and the Sandfly", pp. 992–94; "The Driftwood Path", pp. 703–707.
- *Nga Moteatea,* Part 1 (2nd ed.), Sir Apirana Ngata and Pei Te Hurinui Jones: "The Marriage of Pare-arohi to her Mortal Husband", p. 125.
- *Te Ao Hou:* "Paania", no. 10, p. 20; "The Story of Pootakatawhiti", no. 13, pp. 11–14; "The Welcome of Te Arawa", no. 15, pp. 12–15; "In Search of a House", no. 43, p. 15–20.
- *Te Wananga:* "The Meeting at Oo-Maahu", 24 March, 1877.

When I have used these translations, it has been necessary to adapt them to some extent, usually by a more literal rendering suited to the purposes of this book. Also, over the years many students and staff of the Maori Studies Department have helped to purge both the Maori and English texts of errors. Those that remain must be blamed on me.

Bruce Biggs
January 1997

1 *Paania*

Tuiri Tareha

1 TODAY PAANIA is a ledge or reef of rock, lying about four miles beyond Hukarere point. This woman used to swim ashore at sunset and return to her sea people before the break of day. While Paania was on land, she stayed in a clump of flax beside a freshwater spring at the foot of Hukarere cliff, close by the sea. One evening a chief who lived in a nearby *paa* became thirsty and went for a drink at the spring. As he drank from his calabash, he spied Paania sitting in the middle of the flax bush. There and then he took her to his home, and they became man and wife. But, at dawn Paania returned to her sea folk. In the evening she returned to her husband.

2 Time passed and Paania gave birth to a son, sleek-skinned and with no hair on his head — he was immediately named Baldy. Now, Paania's husband became concerned lest the people of the sea would take his child. He went to a priest to ask for a way of keeping his child and wife.

3 The priest told him to let the mother and child fall asleep, and then to place cooked food on them so that they would not go back to the sea. But, this plan went wrong — perhaps the food was not properly cooked — for Paania returned to her people in the sea forever. The child, Moremore, became a demon shark that haunted the waters around Hukarere and at Rangatira,[1] at the mouth of the river called Ahuriri.

4 Now, according to fishermen Paania can still be seen when the sea is clear, lying face down, her hair still black and her hands stretching out towards the shore. According to our elders, she is now a fish reef. Within the hollow of her left armpit only *raawaru* may be caught; from her right armpit only snapper, while between her thighs *haapuku* is the only fish.

5 In our elders' time, this fishing ground was ritually protected. It has been desecrated by the Pakeha, and fish are not as plentiful as they used to be.

1 The entrance to the inner harbour.

1 *Ko Paania*

Tuiri Tareha

KO PAANIA inaaianei he papa koohatu e whaa maaero pea te tawhiti atu ki waho o Hukarere. I kau mai ai te wahine nei ki uta i nga ahiahi, i te toonga o te raa, aa, hei te ata poo, i mua atu i te putanga mai o te raa, i hoki anoo ki tana iwi i te moana. Ko te waahi nohoanga o Paania, inaa haere mai ki uta, ko roto o teetahi puu harakeke, e tipu ai i te taha o te puna wai maaori, i te puutake o te pari o Hukarere, tata atu ana ki te moana. I teetahi ahiahi ka hiainu wai teetahi rangatira e noho paatata ana ki reira, ka haere ki te puna nei me tana tahaa, ki te inu wai. I a ia e inu wai mai ana i tana tahaa, ka kite atu ia i a Paania e noho mai ana i roto i te puu harakeke. Ko tana haerenga atu, ka mauria ki tana whare, ka moe raaua. Otiraa, i te ata poo ka hoki ano a Paania ki tana iwi i te moana. Hei te ahiahi ka hoki mai ano ki uta, ki tana taane. *1*

Ka taka te waa, ka whaanau te tamaiti a Paania he taane, maheni tonu, kaahore he huruhuru o te maahunga; tapaia tonutia iho ko Moremore. I teenei waa, ka paa te aawangawanga ki te taane kei riro tana tamaiti i te iwi o te moana. Kaatahi ka haere ki te tohunga ki te ui tikanga e mau ai tana tamaiti raaua ko te whaea. *2*

Ka mea te tohunga me tuku a Paania raaua ko te tamaiti kia warea e te moe, ka uta he kai maoka ki runga i a raaua, kia kore ai e hoki ki te moana. Otiraa anoo te raruraru, kaaore pea i pai te taamaoatanga o te kai, inaa hoki anoo a Paania ki tana iwi i te moana, oti atu. Ko te tamaiti i hurihia hei mangoo taniwha; ko aana waahi nohoanga ko Hukarere me Rangatira, kei te ngutuawa o Ahuriri. *3*

Ko Paania inaianei, e ai ki te koorero a te hunga mahi ika, inaa purata te moana, ka kitea tonutia iho e takoto taapapa ana, pango tonu nga makawe o te maahunga, aa, ko nga ringaringa matoro mai ana ki uta. E ai ki nga koorero a oo maatou pakeke, he toka ika inaianei. Kei roto i te keekee mauii he raawaru anake nga ika o reira; kei te keekee matau he taamure anake nga ika o reira, kei waenganui o nga kuuhaa he haapuku anake nga ika o reira. *4*

2 *The Rat and the Green Gecko*

Gecko: Hey, Rat.
Rat: What?
Gecko: Let us climb up above.
Rat: What are we to do up there?
Gecko: Gather the seeds of the trees.
Rat: The seeds of what trees?
Gecko: Of the *miro* and the *kahikatea.*
Rat: We belong here below, mate!

He tauranga tapu i te waa i a raatou. Na te Paakehaa kua noa noa iho, kua kore e rite te nui o te ika ki reira me te waa o mua.

2 Te Kiore me te Kaakaariki

Kaakaariki: E Kio' e!
Kiore: Oo!
Kaakaariki: Piki ake taaua ki runga.
Kiore: Ko te aha taaua i runga?
Kaakaariki: Ko te kohi pua raakau.
Kiore: He aha te pua raakau?
Kaakaariki: He miro, he kahikatea.
Kiore: No raro nei hoki taaua, e tama ra e-e!

3 *Maaui Looks For His Parents*

1 WHO ARE YOU who have not heard the stories about this man Maaui, who bound the sun so that it might proceed more slowly, and who pulled up the fish we call the Fish of Maaui? And fire, too, is something he got from his grandparent, Mahuika. Maaui was the last child of Makea Tuutara and his wife, Taranga. He had six older siblings; one of these was a girl. When Maaui was born his mother did not want him, so she threw him, her youngest child, into the sea. But the waves of the sea returned him to shore. While he was lying on the beach he was found by his grandfather, Tama-nui-ki-te-rangi, and was taken by him to his house. He raised the child, and taught him to sing, to dance and to recite genealogies.

2 Maaui grew up. He began to long to see his older brothers and his parents. His grandfather had told him who his older brothers were, so he went to their house.

3 He asked, 'Who is our father, and where does he live?'

4 They said, 'Who knows!'

5 He said to them, 'I will search.'

6 His brothers laughed at him.

7 They used to dance in their house, and it was there that Maaui saw Taranga. He knew immediately that this was his mother, but the woman did not know him. When Taranga counted her children there were now five, not four. Their mother counted her sons saying, 'Maaui-aside, Maaui-within, Maaui-across, Maaui-outside. Hey, where does the fifth one come from?'

8 Maaui said, 'I am yours, too.'

9 The woman said, 'I have four children. You are no child of mind. You belong to someone else. Go away from this house.'

10 Maaui replied, 'Yes, I had better go away. Perhaps I am someone else's child, but I thought that I was yours, born beside the sea and thrown by you into the tide. The waves washed me ashore. My grandfather, Tama-nui-ki-te-rangi, appeared and I was raised by him.

3 *Ka Kimi a Maaui i oona Maatua*

KO WAI koutou kaahore anoo kia rongo ki nga koorero mo te 1
tangata nei, mo Maaui, naana nei hoki i here te raa kia aata haere
ai, naana anoo hoki i huhuti ake te ika e kiia nei e taatou ko te
ika a Maaui? Ko te ahi anoo hoki he mea tiki naana i toona tupuna,
i a Mahuika. Na, ko Maaui te tamaiti whakamutunga a Makea-
tuutara raaua ko toona hoa wahine, ko Taranga. Tokorima oona
tuaakana, aa, kotahi o raatou he wahine. I te whaanautanga
o Maaui kiihai i piirangi toona whaea ki a ia. Kaatahi ka whiua
e ia tana pootiki ki te moana. Otiraa na nga ngaru o te moana
i whakahoki mai ki uta. I a ia e takoto ana i te one, ka kitea
e toona tupuna, e Tama-nui-ki-te-rangi, ka haria e ia ki toona
whare. Naana i whakatupu te tamaiti nei, aa, naana hoki i ako ki
te waiata, ki te haka, ki te whakapapa.

Ka pakeke haere a Maaui. Ka tae mai ki a ia te hiahia kia kite 2
i oona tuaakana, i oona maatua hoki. Na toona tupuna i whakaatu
ki a ia ko wai oona tuaakana. No reira ka haere ia ki to raatou whare.

Ka paatai atu ia, 'Ko wai to taatou matua, aa, kei hea e noho 3
ana?'

Ka kii mai raatou, 'Aua hoki.' 4

Ka mea atu ia ki a raatou, 'Maaku e kimi.' 5

Ka kata mai oona tuaakana ki a ia. 6

Te haka nga tuaakana i roto i to raatou whare. I reira ka kite 7
a Maaui i a Taranga. Moohio tonu ia ko toona whaea teenei,
engari kaahore te wahine nei i moohio ki a ia. No te tataunga o
Taranga i ana tamariki, tokorima kee raatou, kaahore i tokowhaa.
Ka tatau mai to raatou whaea i ana tamariki taane, ka mea, 'Ko
Maaui-taha, ko Maaui-roto, ko Maaui-pae, ko Maaui-waho. Ha!
No whea to koutou tokorima?'

Ka mea atu a Maaui-pootiki, 'Naau anoo au.' 8

Ka puta mai te kupu a taua wahine, 'Tokowhaa aaku tamariki. 9
Ehara koe i te tamaiti aaku. Na te tangata kee koe. Haere atu koe
i roto i teenei whare!'

3.11 Then Maaui's mother called out to him, 'You are indeed my last-born, Maaui-tikitiki-a-Taranga.'

12 They went to sleep. When Maaui awoke in the morning his mother had gone. It was like that every day. At night Taranga returned, then when day broke she went.

13 Maaui asked his older brothers, 'Where is our father's and mother's place?'

14 They said, 'We don't know. Although we are Maaui-aside, Maaui-within, Maui-across and Maaui-outside, we have not discovered it.'

15 One night Maaui stuffed up the door and the window of their house to prevent the rays of morning light from entering. It was night, night … and then it was light. The sun rose up and stood on high. Then the woman thought, 'Hey, this is a strange night. It is so long.' After that she went to sleep again.

16 Later she woke up again and heard the birds' singing. She got up, pulled open the door and ran outside. Maaui got up, too, and looked out. Taranga took hold of a clump of rushes and pulled it up. There was a hole under it. Taranga descended into the hole and disappeared. Maaui said to his brothers who were sleeping, 'Friends, wake up! Stop sleeping! Get up! We remain the dupes of our mother.'

17 Then Maaui went to the bush. When he reappeared he had assumed the form of a pigeon. He went to the clump of rushes, pulled it up and disappeared inside. He flew on for a long time and then he sat on a tree — there were people sitting beneath the tree. Maaui thought, 'These are my very own parents sitting here.' He took a fruit of that tree and threw it down. Behold, it struck right against his father's forehead!

18 One man said, 'Perhaps a bird did it.'

19 Maaui's father said, 'No, it just fell down.'

20 The pigeon took another fruit. Behold, again it struck his father's forehead. The man took stones to pelt the bird. Finally Maaui was hit, and fell down.

21 When the people stood up to lay hold of him, lo and behold, the bird had become a man. The people were afraid, saying, 'This is why it sat so long on the tree. If it were a bird it would have

Ka mea mai a Maaui, 'Aae, me haere kee atu au. He tamaiti 3.10
pea au na te tangata kee. Engari ko taku whakaaro, naau anoo
au, inaa hoki i whaanau au i te taha o te moana, aa, i whiua atu
au e koe ki roto ki te tai. Na nga ngaru ahau i whakahoki mai ki
uta. Ka puta mai hoki tooku tupuna, a Tama-nui-ki-te-rangi, ka
whaangaia ahau e ia.'

Kaatahi toona whaea ka karanga atu ki a Maaui, 'Ko koe ano 11
taku pootiki. Ko Maaui-tikitiki-a-Taranga.'

Ka moe raatou. Te ohonga ake o Maaui i te awatea kua ngaro 12
kee toona whaea. Peenei tonu, ia ra, ia ra. Poo iho anoo ka hoki
mai a Taranga, aa, ao ake te ra, ka haere.

Ka ui atu anoo a Maaui ki oona tuaakana, 'Kei whea te waahi 13
i to taatou matua taane, matua wahine?'

Ka mea mai raatou, 'Aua hoki. Ahakoa ko Maaui-taha, ko 14
Maaui-roto, ko Maaui-pae, ko Maaui-waho, kaahore noa iho i te
kite.'

No teetahi poo kei te purupuru a Maaui i te whatitoka, i te 15
matapihi o to raatou whare, kei puta mai hoki te haeata o te
awatea ki roto i te whare. I poo, i poo, aa, ka maarama. Ka rere
te raa, ka moorunga noa atu. Kaatahi te wahine ra ka mahara,
'Ha! he poo kee hoki teenei, inaa hoki te roa.' Ka mutu, kei te
moe anoo.

Oho ake anoo ia, ka rongo i te tangi mai o nga manu. Kaatahi 16
ia ka maranga ake. Ka huakina e ia te tatau, ka oma ki waho. Ka
maranga ake anoo a Maaui, kei te titiro rawa atu ia. Ka tae
a Taranga ki teetahi puu wiiwii, ka tangohia ake e ia. He rua
i raro. Te hekenga iho o Taranga ki roto i taua rua, ngaro tonu
atu. Ka mea a Maaui ki oona tuaakana e moe ana. 'E hoa ma,
e oho! Kaati te moe! Maranga! Ka waiho tonu taatou hei tini-
hangatanga ma to taatou whaea.'

Kaatahi a Maaui ka haere ki te ngahere. Toona putanga mai, kua 17
oti ake ia te whakaahua ki te aahua kereruu. Ka haere ia ki te puu
wiiwii ra, ka tangohia e ia, ehara, kua ngaro kei roto. Ka roa e rere
ana, aa, ka noho ia i teetahi raakau e noho nei he taangata i raro.
Ka mahara ia, 'E! ko aku maatua tonu eenei e noho ake nei.' Ka
tango ia i teetahi hua o taua raakau, ka pangaa iho. Ehara, ka paa
tonu ki te rae o toona matua taane.

flown away. No, it is really a man.' Some said, 'From its appearance, it is a god.'

3.22 Taranga said to Maaui standing there, 'Where are you from, then? From the west?'

23 'No.'

24 'From the North?'

25 'No.'

26 'From the east?'

27 'No.'

28 'From the south wind?'

29 'No.'

30 'Are you from the wind which blows onto my skin?'

31 Then Maaui said, 'Yes.'

32 'Oh, this is my youngest child, Maaui-tikitiki-a-Taranga. I wrapped him in my girdle and threw him into the foam of the sea. Soon afterwards he was found by his grandfather, Tama-nui-ki-te-rangi, and taken up to the sky.' And Taranga's words were just the ones that Maaui had said to her.

Ka mea teetahi tangata, 'Na te manu pea.' 3.18

Ka mea te matua taane o Maaui, 'Ehara. He mea makere noa 19
iho.'

Ka tango anoo taua kereruu ra i te hua raakau. Anaa! paa tonu 20
ki te rae o toona paapaa. Ka tango te tangata ra i te koowhatu hei
kuru i a ia. No te roanga kua paa, ka taka ia ki raro.

Te whakatikanga a nga taangata ki te tango mai, anana, kua 21
whakatangata taua manu. Ka wehi taua iwi, ka mea, 'Koia anoo
i roa ai te noho i te raakau. Me he manu, kua rere noa atu.
Kaahore, he tangata anoo. Ka mea eetahi, 'He atua, inaa te aahua.'

Ka mea atu a Taranga ki a Maaui e tuu ra, 'No hea koia koe? 22
No te uru?'

'Kaao.' 23

'No te raki?' 24

'Kaao.' 25

'No te marangai?' 26

'Kaao.' 27

'No te hau tonga?' 28

'Kaao.' 29

'No te hau koe e puu mai nei ki taku kiri?' 30

Kaatahi ia ka mea. 'Aae.' 31

'E, ko taku pootiki teenei, ko Maaui-tikitiki-a-Taranga. I takaia 32
ia e au ki roto ki tooku tikitiki, aa, whiua ana e ahau ki roto ki te
hukahuka o te tai. Aa, i muri iho ka kitea e toona tupuna, e tama-
nui-ki-te-rangi, ka haria ake ki te rangi.' Aa, peenaa tonu ana kupu
me nga kupu i koorero ra a Maaui ki a ia.

4 *A Journey to Roto-rua*

1 THIS JOURNEY OF MINE belongs to the year nineteen hundred and seven. There were three reasons for travelling: to see Waikare-moana, to see the land of Tuuhoe and to see the way of life of the Tuuhoe people. The first bad thing on the journey struck at Pari-kanapa. There it rained a storm. Before long the clay of the road had become mud. On Christmas Eve we reached Te Reinga. The Maori people took great care of us, drying our clothes and feeding us. In the morning we went to Wairoa. The Maori minister from Wairoa and his wife went along as companions with us. When we reached Wairoa, food was brought to us together with a saddle-bag to carry it in.

2 It took us two days to get from Te Wairoa to Waikare-moana. The altitude of that lake above sea level is two hundred feet (sic). True to say that it is one of the finest lakes in New Zealand. There are many bays. To a newcomer, the bushy covering of the hillsides is wondrous. The lake is two hundred miles in circumference.

3 We stayed in the Maori *paa* right beside the lake. There was a day of the Ringatuu Church when we were there. There were perhaps two hundred people there. My minister friend and I spoke to them. They liked our words and they took good care of us. At these two gatherings, that is at this one and at Te Reinga, I did not see anyone drunk.

4 Our tent was set up at the very edge of the ascent. In the evening the bicycles were carried to the summit of the mountain to speed up the climb in the morning. The ascent is very steep; only the horses of Tuuhoe can climb it. We set off at five in the morning, and by eight that night we were sleeping on top of the ridge. From 5 a.m. to 8 p.m. we covered five miles; this shows how very bad the road was.

5 Climbing its wicked ascents and going down slopes of a similar nature, we reached the bottom and travelled in water. Two of the bicycles were carried on horses and one was shouldered by

4 *Te Haerenga ki Roto-rua*

NO TE TAU kotahi mano, e iwa rau ma whitu teenei haerenga ooku. Ko nga puutake o te haere e toru; kia kite i Waikare-moana, kia kite i te whenua o Tuuhoe, kia kite i te aahua hoki o te iwi o Tuuhoe. Ko te kino tuatahi o te haere i paa ki Pari-kanapa. I reira ka ua te aawhaa. Ko te uku o te oneone, kaaore i roa ka kuutere. I te ahiahi o te raa o te Kirihimete ka tae maatou ki Te Reinga. He nui te manaaki o nga Maaori i a maatou ki te tauraki i nga kaka, ki te whaangai hoki i a maatou. I te ata-tuu ka haere maatou ki Te Wairoa. Ka haere hei hoa mo maatou te minita Maaori o Te Wairoa, me toona hoa wahine. Te taenga ki Te Wairoa ka tangohia he kai ma maatou, he tera-peeke hoki hei waha. *1*

E rua oo maatou raa atu i Te Wairoa ki Waikare-moana. Te tike-tike o taua moana ki runga ake o te moana nui, e rua rau putu. He tino tika te kii nei, ko teetahi teenei o nga tino moana o Niu Tiireni. He nui nga kokoru. Ko te ngaro tonu ai o nga taha maunga i te ngaaherehere he hanga whakamiiharo ki te tauhou. Ko te roa o te moana, huri noa, e rua rau maaero. *2*

I noho maatou ki te paa Maaori i te taha tonu o te moana. He raa na Te Ringatuu i reira i taua waa. Tae pea ki te rua rau nga taangata i reira. I whai-kupu tahi maaua ko taku hoa minita ki a raatou; nui atu to raatou pai ki aa maaua kupu, to raatou manaaki hoki i a maatou. I eenei whakaminenga e rua, araa i Te Reinga me teenei, kore rawa ahau i kite tangata haurangi. *3*

Ko to maatou teeneti i whakatuuria ki te taha tonu o te piki-tanga. I te ahiahi ka wahawahangia nga paihikara ki te tihi o te maunga kia maamaa ai te pikitanga i te ata. He tino poupou atu taua pikitanga, ma nga hooiho anake o Tuuhoe e piki. I te rima o te ata maatou e piki ai, aa, i te waru o te poo ka moe ki runga i te hiwi. Mai i te rima o te ata ki te waru o te poo e rima maaero i haeretia. Hei whakaatu teenei i te tino kino o te ara. *4*

Ka piki i oona pikitanga kino, ka heke i nga heketanga peeraa te aahua, aa, ka tae ki raro, ka haere i roo wai. I te haerenga i roo *5*

my wife and myself while we were in the water. It was very true what we had been told — that the road was very bad — but, it was just that part. On leaving that mountain, Huiarau mountain, we came onto a fine road. The bad parts ended here and we went on our bicycles until we arrived at Roto-rua.

4.6 One day we slept at Te Whaaiti. This is a very fine place and the people of the place are a fine people, too. There I saw two old men, pupils of Bishop Selwyn. They were very glad to see us. My minister friend and his wife left us at this stop. They rested one day there then returned to Te Wairoa.

7 One day from Te Whaaiti to Wai-o-tapu and another day to Roto-rua. We had travelled a distance of two hundred miles, that is from Gisborne to Roto-rua.

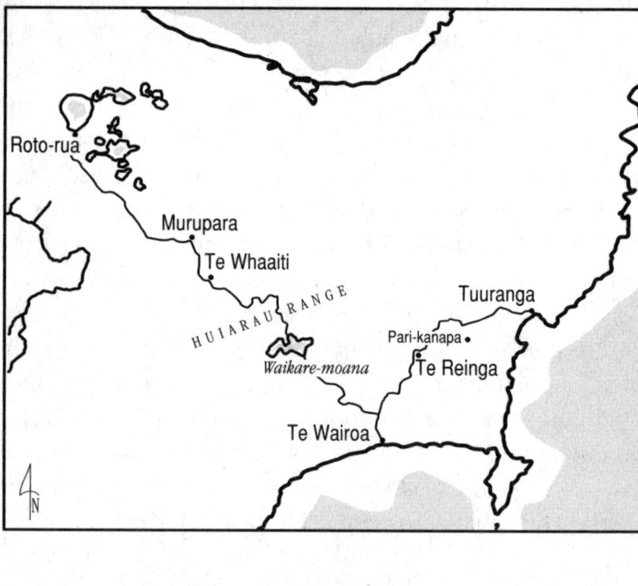

wai e rua o nga paihikara i mauria i runga hooiho, kotahi i amohia e maaua ko taku hoa wahine. He tino tika nga koorero mai ki a maatou he tino kino te rori, engari ko taua waahi anake. Te mahuetanga o taua maunga, araa o Huiarau maunga, ka puta ki te rori aataahua. Ka mutu i konei te kino, ka haere teenei i runga paihikara tae noa ki Rotorua.

I teetahi ra moe rawa atu maatou i Te Whaaiti. He tino kaainga *4.6*
pai atu a Te Whaaiti, he nui hoki te pai o nga taangata o te kaainga. I konei ka kite ahau i eetahi kaumaatua tokorua, he aakonga na Piihopa Herewini. He nui atu to raaua koa i te kitenga i a maatou. I konei hoki ka wehe i a maatou taku hoa minita me toona hoa wahine. Kotahi to raaua raa i whakangaa ai ki reira ka hoki atu ki Te Wairoa.

Kotahi anoo te raa i Te Whaaiti ki Wai-o-tapu, aa, teetahi raa *7*
hoki ki Roto-rua. Ko te roa o te ara i haerea nei e maatou e rua rau maaero, araa, i Tuuranga ki Roto-rua.

5 *Spirits' Leap*

W. T. H. Panga

1 I SHOULD TALK about Spirits' Leap, the path of souls. From times past until today the ascent of the spirits has always begun at Pararaki. This is at the far end of the beach called Long Beach (Ninety Mile Beach) which runs from Ahipara to Muri-whenua (Land's End). It then climbs to Haumu and goes straight along the land until it reaches Wai-ngunguru (Resounding Water). This is an underground creek which rumbles at certain times. Then it climbs to Herangi, a peak lying inland. It descends and crosses the rushing stream called Waiata-rau. It was said by the old people in the past and is still said today, that at certain times by day or night, when the rapids cannot be heard, the spirits are crossing. Seaward of that creek is Te Weerahi, a large settlement in the early days. The spirits climb the big hill called Te Atua-perunui, and descend steeply. After a long climb down, they reach the descent which ends in the sea. This is the place beyond which man cannot go, past that steep descent to Spirits' Leap. The name of that place is Motatau.

2 That place called Spirits' Leap is an astonishing location. The sea is, as it were, black. If the fish of that place are caught they have a different appearance from the fish here. There are two creeks to one side of the descent. One is called Te Wai-o-Raropoo (Creek-of-the-underworld); the other is called Wai-o-Rata (Creek-of-Rata).

3 Now, the spirits dive under water and cross to the islands. It is said that Oo-hau is the last one, but there are many islands there. It is said by some that the very last hill in the Three Kings Islands is Oo-hau. When they reach this point, the spirits sing their laments.

4 Now, concerning the tree that is talked about — it is a *poohutukawa.* It is quite true that it still grows today. The tree is right in the middle of the cliff, growing at the point where the

5 *Ko te Rerenga Wairua*

W. T. H. Panga

ME KOORERO au mo Te Rerenga Wairua, te huarahi o nga 1
wairua. I mua mai, tae mai ki naianei, i tiimata te piki atu o nga
wairua i Pararaki. Ko te mutunga ake teenei o te one e kiia
nei he one-roa, atu i Ahipara ki Muri-whenua. Ka eke ki
Haumu, ka haere tonu i te tuawhenua ka tae ki Wai-ngunguru.
Ko teenei he wai kei raro i te whenua e ngunguru ana i eetahi
taaima. Ka piki, ka tae ki Herangi, he puke teenei kei te
tuawhenua. Ka heke atu ka whakawhiti i te awa wairere ko
Waiata-rau te ingoa; e kiia ana e nga kaumaatua i mua, aa, inaia-
nei anoo, hei eetahi taaima o te raa, o te poo, e kore e rangona
taua rere, ka kiia e whakawhiti ana nga wairua. Kei waho o te
awa nei ko Te Weerahi te ingoa. He kaainga nui teenei i nga
raa o mua. Ka whiti i te awa nei ka piki i te puke nui ko Te
Atua-perunui te ingoa, ka taiheke atu. He roa ka tatuu atu ki
te hekenga e tatuu ai ki te moana. Hoi anoo te waahi e kore
rawa te tangata e puta ki teetahi whaitua, kei te tino tuupou-
tanga atu ki Te Rerenga Wairua. Ko taua waahi toona ingoa
ko Motatau.

He mea tino whakamiiharo taua waahi e kiia nei ko Te 2
Rerenga Wairua. Ko te moana ko toona rite he mangu. Ki te
hiia nga ika o taua waahi, rere kee te aahua i oo konei. E rua
nga wai kei teetahi taha o taua heketanga. Ko teetahi o aua wai
iti nei ko Te Wai-o-raropoo te ingoa; ko teetahi ko Te Wai-o-
rata te ingoa.

Na, ka ruku nei nga wairua, ka whiti ki nga motu. E kiia nei 3
ko Oo-hau te mea mutunga, engari he maha aua motu. E kiia
ana e eetahi, ko Tirii kiingi; ko te puke tino mutunga mai, teenei
e kiia ana ko Oo-hau. Ka tae ki reira, ka tangi mai nga wairua.

Na, mo te raakau e kiia nei he poohutukawa. E tino pono ana 4
teenei, e tupu nei anoo inaianei. Ko taua raakau kei waenganui
tonu o te pari koohatu e tupu ana i taua waahi e marere iho ai.

ground falls away. That place is like a row of houses, reaching right down to Motatau. The branch of the tree hangs downward and, almost reaching the bottom, bends upward again. It is still growing there today.

Ko taua waahi peenei me te kapa whare nei te rite, e tatuu iho ai ko Motatau. Ko te manga o taua raakau i heke whakararo iho, aa, tata ana ki raro ka piko ake anoo ki runga. E tupu nei anoo inaaianei.

6 *Rona*[2]

1 THIS IS THE story about Rona. Rona was an ancestor of ours, in the distant past. One moonlit night Rona went to fetch water for her children, holding a kit in one hand and a calabash in the other. The moon was hidden by a cloud as she was going to the creek. The track she was going along was a bad one and she struck her foot on roots that were there.

2 And so she became angry with the moon. She spoke, saying, 'You cooked-head moon, not coming out to make it light.' The moon became angry, too, at those words of Rona, and it flew down and seized her. Rona stretched out her hand and grabbed a *ngaio* tree growing on the river-bank. She grasped that tree in vain. It was nothing to the moon. Rona was taken up, together with the *ngaio* tree and the kit and the calabash of water, too.

3 Rona's children waited for her to return home, and because she was a long time they went to look for their mother. They looked and looked without finding her. They called out, saying, 'Rona, where are you?' Her voice came from the sky saying, 'Oh, I am here above with the moon and the stars.'

4 On moonlit nights, when the moon is full, Rona is seen with her calabash, and the *ngaio* tree standing at her side.

2 Here Rona is a woman, but in most versions of this legend Rona is a man.

6 *Ko Rona*

KO TE KOORERO pakiwaitara teenei mo Rona. He tupuna no 1
taatou a Rona, no nehe noa atu. I teetahi poo atarau ka haere a Rona ki te tiki wai mo ana tamariki, ko te kete ki teetahi ringa mau ai, me te tahaa ki teetahi ringa. I te haerenga atu ki te wai ka aaraia te marama e te kapua. He ara kino taua ara i haere ai, aa, ka tuutuki tana waewae ki nga pakiaka o nga raakau i taua ara.

Aa, ka riri ia, ka kanga ki te marama; ka puta ana kupu ka 2
mea, 'Pokokohua koe, e te marama, tee puta mai koe kia maarama ai.' Ka riri anoo hoki te marama ki aua kupu a Rona, aa, ka rere iho, ka mau ki a Rona. Ka toro te ringa o Rona ka pupuri i te raakau ngaio, e tupu ana i te parenga o te awa. Pupuri noa a Rona i taua raakau. Hei aha ma te marama! Ka tangohia ake a Rona, me te raakau ngaio, me te kete, me te tahaa wai hoki.

Ka taaria nei a Rona e aana tamariki kia hoki mai ki te kaainga. 3
No te roanga, ka haere raatou ki te rapu i to raatou whaea. Aa, rapu noa, rapu noa, tee kitea. Ka karanga raatou ka mea, 'E Rona e, kei hea koe?' Ka puta te reo o teeraa i te rangi ka mea, 'Ee, teenei, au kei runga nei; kei te marama nei; kei nga whetuu.'

Kei nga poo marama, kei nga poo Raakau-nui o te marama, 4
e kitea atu ana a Rona me tana tahaa, me te raakau ngaio e tuu ana i tana taha.

7 *A Leaky Calabash!*

Pei Te Hurinui

1 TUURONGO[3] GREW UP and decided to go sightseeing. He left Kaawhia, going south, and reached Paatea. There he met a woman of that place named Rua-puu-tahanga. Rua-puu-tahanga was a beautiful woman with fair hair and complexion, a ceremonially dedicated virgin of the tribes of the Aotea canoe. Tuurongo approached Rua-puu-tahanga. Their affairs were discussed at a formal level and Rua-puu-tahanga was agreed upon as a wife for Tuurongo.

2 It was decided that Rua-puu-tahanga would follow after Tuurongo had returned to his people to build a home for her arrival with her people. When Tuurongo reached Kaawhia he set about building a home for himself, preparing timber for his meeting-house.

3 Now, the news of Rua-puu-tahanga's beauty had reached Whatihua[4] and he decided that he would take his younger brother's wife. One day Whatihua came to the place where his young brother was building his home.[5] Whatihua came upon Tuurongo adzing away at the ridgepole of his house. He told his young brother, 'Your house is too long. Better shorten it; better cut the ridgepole shorter.'

4 The younger brother thought that his older brother was right, in that the house would be built more quickly. He shortened the ridgepole and built the house, completing it. Whatihua came again and told his young brother to make his gardens very large. Tuurongo set to work on his plantations, and no *kuumara* were left in his store pits.

3 Tuurongo's great-grandson Maniapoto is the eponymous ancestor of Ngaati Maniapoto.

4 Whatihua, Tuurongo's half-brother, is a main ancestor of the Waikato tribes.

5 At Te Whare-o-Ngarue, in Kaawhia township.

7 *He Tahaa Wairere!*

Pei Te Hurinui

KA PAKEKE A TUURONGO ka puta te whakaaro i a ia kia haere ia ki te maatakitaki whenua. Ko tana haerenga atu i Kaawhia, ka ahu atu ki te tonga, aa, ka tae ki Paatea. I reira ka tuutaki ki teetehi wahine o reira, ko Rua-puu-tahanga. He wahine aataahua a Rua-puu-tahanga, he urukehu, he kiritea, he puhi hoki no nga iwi o runga i a Aotea. Ka piri a Tuurongo ki a Rua-puu-tahanga, aa, ka koorerotia raaua, aa, ka whakaaetia a Ruapuu-tahanga ma Tuurongo. *1*

Kaatahi ka whakaritea ma Rua-puu-tahanga e whai atu, kia hoki a Tuurongo ki tana iwi ki te hanga kaainga hoki mo te taenga atu o Rua-puu-tahanga me tana iwi. Te taenga o Tuurongo ki Kaawhia ka tahuri ia ki te hanga kaainga moona, ka mahia he raakau mo tana whare puni. *2*

Teeraa kua tae hoki te rongo ki a Whatihua mo te aataahua o Rua-puu-tahanga, ka tupu te whakaaro i teeraa kia riro i a ia te wahine a tana teina. I teetehi rangi ka tae mai a Whatihua ki te waahi e mahi ra te teina i tana kaainga. Rokohanga mai e Whatihua e taarai ana a Tuurongo i te taahuhu o tana whare. Kaatahi ka mea atu ki te teina, 'Ka roa rawa to whare; engari me whakapoto mai, aa, me poro te taahuhu.' *3*

Ka whakaaro te teina, koia anoo pea kei ta tana tuakana te tika kia tere ai te tuu o tana whare. Ka poroa te taahuhu, aa, ka hangaa te whare ra, aa, ka oti. Ka tae mai anoo a Whatihua, ka koorero atu ki te teina kia mahia ana maara kia nui noa atu. Ka tahuri a Tuurongo ki te mahi i ana maara, aa, korekore nei ana kuumara i whakatoe ai ki ana rua kuumara. *4*

Teeraa hoki a Whatihua kei te hanga kaainga moona ki te taha atu ki te moana o Aotea, ki Te Whare-nui. Ka mahia e ia toona whare kia rahi noa atu i te whare o tana teina. He pai hoki te waahi i tuu ai, he anga nui atu ki te moana. Ka tahuri hoki a Whatihua ki te mahi i te kai; i te manu o te maunga, i te ika o te moana, i te tuna o nga awa, me eeraa atu kai a te Maaori. *5*

7.5 Then Whatihua set about building a home for himself on the other side at Aotea Harbour, at the place called Te Whare-nui.[6] He built a bigger house than his young brother's. It stood at a fine place facing directly out to the harbour. He set about getting food: the birds of the mountains, the fish of the sea, the eels of the rivers, and other foods of the Maori people.

6 Now, Tuurongo was waiting until his *kuumara* were dug and he had gathered food as Whatihua had done, before sending for Rua-puu-tahanga to be fetched. However, as everything Whatihua had planned was ready he sent his messenger to tell Rua-puu-tahanga to come. Thereupon Rua-puu-tahanga came with her large party.

7 Rua-puu-tahanga set out and arrived at Kaawhia. At this point, Tuurongo was defeated. He did not know that his wife was coming. His gardens had not had their crops lifted. When the guests went into his house, they could not fit into it because of its smallness.

8 Whatihua was there at that time watching his brother, who was completely confounded by his guest. Whatihua said, 'Better send the people on to the other place.' And so Whatihua took care of Rua-puu-tahanga and her people, who congratulated Whatihua on the beauty of the place, the size of the house and the abundance of food.

9 Then Whatihua said to Rua-puu-tahanga concerning his young brother Tuurongo, 'Well, the man you are after is a leaky calabash.'

10 The woman was taken by Whatihua and they married. The many genealogical lines from the migration of Hoturoa on Tainui were merged by them with the lines from Turi on Aotea.

6 On the left side of the road from Kaawhia, where it nears the Aotea foreshore.

Teeraa a Tuurongo kei te tatari kia hauhaketia tana kuumara, 7.6
aa, kia mene mai i a ia nga kai peeraa i a Whatihua, ka karanga ai ia kia haria mai a Ruapuu-tahanga. Kaati, ka rite katoa nga mea i whakaaro ai a Whatihua, ka tukuna tana karere ki te kii a Ruapuu-tahanga kia haere mai. Ko te haerenga mai teeraa o Ruapuu-tahanga me toona ope nui.

Te haerenga mai o Ruapuu-tahanga, aa, ka tae mai ki Kaawhia. 7
Ka mate a Tuurongo i konei. Kaaore hoki i te moohio teeraa tana wahine kei te haere mai. Ko ana maara kaaore anoo kia hauhaketia. Te hurihanga o nga manuhiri ki roto i te whare, kaaore i mene ki roto, i te iti rawa.

I reira a Whatihua i taua waa e titiro ana ki te teina e pookai- 8
kaha noa iho ana ki tana manuhiri. Ka mea atu a Whatihua me tuku ake te iwi ra ki reira. Ka manaakitia e Whatihua a Ruapuu-tahanga me tana iwi. I te pai o te kaainga, i te nui o te whare, i te nui hoki o te kai, ka whakamihi a Ruapuu-tahanga me tana iwi ki a Whatihua.

Kaatahi ka haere atu te koorero a Whatihua ki a Ruapuu- 9
tahanga mo tana teina, mo Tuurongo. 'Ehara to taane e whai na koe! He tahaa wairere!'

Ka riro te wahine nei i a Whatihua, aa, ka moe raaua. Ka hono 10
i a raaua nga taatai maha o te hekenga mai i a Hoturoa o runga i a Tainui ki nga taatai o Turi i runga i a Aotea.

8 *Muturangi's Octopus*

Possibly by Te Whatahoro

1 KUPE WAS A CHIEFLY MAN from Hawaiki. On one occasion a quarrel arose between Kupe and Muturangi. The quarrel concerned Muturangi's pet, an octopus.

2 Kupe and his people went fishing. When they were over the fishing spot, his men cast their lines. For a long time no fish were felt biting at the hooks. When the lines were pulled up the bait had been taken from the hooks. It was the same with all the canoes on the fishing ground.

3 The people baited their hooks again, and again the hooks were cast. After a long time they were pulled up. All the bait was gone. They did the same again, and again the bait was taken. The canoes then all returned ashore, and there the fishermen told the tale of their lack of success.

4 The people sought a reason for this. They took the matter to the altar priests to find the reason for the failings of their lines and bait. The altar priests said, 'When you next go fishing bring the lines and hooks to us on the morning that you are to go. Let them be treated ritually and then go.'

5 On the chosen morning, the lines and hooks were taken to the altar priests to be worked on. When the treatment was done, the canoes went to the fishing grounds and fished. Then octopus tentacles were seen grasping the lines. A multitude of octopuses! Muturangi's octopus was seen resting on the waves, floating there. Everyone saw that the bait was being eaten up by the octopuses, and that Muturangi was behind it. The people were frightened of Muturangi's octopus and the canoes returned to shore.

6 Then Kupe went to Muturangi and said, 'Friend, you are causing our misfortune!'

7 Muturangi said, 'I am not responsible for the beasts going there!'

8 Kupe said, 'Restrain your octopus! The canoes go fishing tomorrow! We are hungry for fish!'

8 *Ko te Wheke a Muturangi*

Na Te Whatahoro pea?

KO TEENEI TANGATA KO KUPE, he tangata rangatira no Hawaiki. I teetahi waa ka tipu ta raaua kakari ko Muturangi. Te take o ta raaua whawhai, mo te mookai a Muturangi. Taua mookaikai he wheke. *1*

I haere atu a Kupe me oona taangata ki te hii ika. Ka eke ki runga i te tauranga ika, ka rere nga aho a oona taangata ki te wai. Ka roa, kaaore e rongo ana ki te ika e kai ana mai ki nga matau. Ka huutia ake nga aho, kua pau noa atu nga moounu o nga matau. Peeraa katoa nga waka e tau ana i runga i te tauranga ika. *2*

Ka moounu anoo nga taangata o runga i nga waka ra i a raatou matau, ka rere anoo nga aho ki te wai. Ka roa e tau ana nga aho i te wai, ka takina ake anoo. Kua pau noa atu nga moounu. Ka peenaa tonu, aa, pau noa nga moounu. Ka hoki nga waka katoa ki uta, ka koorerotia te mate o nga kai-hii ika nei. *3*

Ka kimi nga taangata he aha ra i peeraa ai? Kaatahi ka kawea ki nga tohunga tuuaahu kia kimihia te take i peeraa ai te aahua o aa raatou aho, me nga moounu. Ka kii atu nga tohunga tuuaahu, 'Ka haere koutou a muri ake nei ki te hii, mauria mai nga aho me nga matau ki a maatou i te ata e haere ai. Kia mahia, ka haere ai.' *4*

I te ata i whakaarotia ai kia haere ki te hii, ka kawea nga aho, nga matau ki nga tohunga tuuaahu kia mahia. Ka oti te mahi ka haere nga waka ki nga taunga ika i te moana, ka hii. Kaatahi ka kitea nga kawekawe o te wheke e pupuri ana i nga aho. Tinitini te wheke! Ka kitea taua wheke a Muturangi e tau ana i runga i te kare o te wai, maanu ai. Kaatahi ka moohiotia kua pau noa ake nga moounu i nga wheke te kai. Ka moohiotia hoki na Muturangi taua mahi. Ka mataku nga taangata i te wheke a Muturangi, ka hokihoki nga waka ki te tuawhenua. *5*

Kaatahi ka haere a Kupe ki a Muturangi, ka kii atu, 'E taa, kei a koe tonu to maatou mate!' *6*

8.9 The people set off and on arrival fished. It was just the same, the octopus was there as before. The people went back to the land and the story was told that all was the same as before, with Muturangi's octopus resting there.

10 Kupe went to Muturangi's village and spoke of the bad behaviour of the animal with regard to his people's bait, saying, 'I have come to tell you to kill your octopus.'

11 Muturangi replied, 'I won't agree to my pet being killed. Its home is in the sea. The people are in the wrong going out from their home to kill it.'

12 'Well,' said Kupe, 'if you won't take care of your pet, I will kill it.'

13 Muturangi said, 'It won't be killed by you!'

14 'Good,' said Kupe. 'If I kill it, I kill it.'

15 Kupe went back home and said to his people, 'Prepare my canoe well.' Maataa-hoorua was made ready and Kupe set off to kill Octopus.

16 Muturangi's octopus still lay on the surface of the water. Its body was three *whanganga*[7] long. Its tentacles were five *whanganga.* Its eyes were as big as *paaua* shells. They set off in pursuit of the octopus. But, the canoe could not get near it. It fled to the ocean, to the open sea.

17 When night fell Kupe returned, while his friend Ngake, in his canoe Tawiri-rangi, continued to pursue Octopus.

18 Kupe said to his paddlers, 'Prepare food carefully for us, plenty of it, so that we can put out to sea and kill it.'

19 His companions agreed. Hine-i-te-apaarangi and her daughters implored Kupe to stay and leave the hunting to his men, lest he encounter a storm at sea and die. Kupe became angry. He said, 'Enough! You have prophesied that I will die. Get onto the canoe, you and your children, so that we may die together, and that I may not die alone, leaving you weeping ashore.'

20 The five children agreed to go. That is the reason that Hine-i-te-apaarangi and her children were on board Maataa-hoorua.

7 *whanganga* — a cubit or the length of an armspan.

Ka mea mai a Muturangi, 'Kaaore i a au te take i haere atu ai nga mookaikai na ki konaa!' 8.7

Ka kii atu a Kupe, 'Purutia iho to wheke! Kaua hei tukua atu ki te moana! E haere ana nga waka aapoopoo ki te hii ika!' 8

Ka haere nga taangata hii ika, tae atu, ka hii. Peeraa tonu te aahua, ko taua wheke anoo i reira. Ka hoki anoo nga taangata ki te tuawhenua, ka koorerotia atu ko taua aahua anoo, i reira te wheke a Muturangi e tau ana. 9

Ka haere a Kupe ki te kaainga o Muturangi, ka koorero atu ki a Muturangi ki te kino o tana mookai ki nga moounu a oona taangata hii ika. 'I haere mai ahau ki a koe, kia patua e koe to mookai!' 10

Ka mea mai a Muturangi, 'E kore au e whakaae kia mate noa taku mookai. Noona toona kaainga i te moana. No te tangata te hee ki te haere atu i to raatou na kaainga, patu ai i a ia.' 11

Ka kii atu a Kupe, 'Aa! ka kore koe e tiaki i to mookai ka patua e au!' 12

Ka mea mai a Muturangi, 'E kore e mate i a koe!' 13

Ka mea atu a Kupe, 'E pai ana! Ki te mate ia i a au, ka mate i a au!' 14

Ka hoki a Kupe ki te kaainga ka mea atu ki toona iwi, 'Mahia taku waka kia pai.' Ka mahia a Maataa-hoorua, ka haere a Kupe ki te patu i a Wheke. 15

Ka takoto tonu te wheke a Muturangi i runga i te kare o te wai. Te nui o taua wheke e toru whanganga o te tinana. Ko nga kawekawe e rima whanganga te roroa. Ko nga whatu e rite ki te paaua te nui o oona whatu. Na, ka tahuri raatou ki te whaiwhai i taua wheke nei. Kaaore hoki e tata ana nga waka ki taua wheke. Ka oma mai ia ki te moana waipuu, araa ki te moana hoohonu. 16

Ka poo, ka hoki a Kupe, ka whai tonu mai te hoa, a Ngake, me toona waka, a Tawiri-rangi, i a Wheke. 17

Ka mea a Kupe ki oona kai-hoe, 'Me aata mahi he kai mo to taatou waka, kia nui, kia haere tonu ai taatou i te moana, aa, kia mate ra anoo i a taatou.' 18

Ka whakaae nga hoa. Ka tangi a Hine-i-te-apaarangi me ana tamaahine ki a Kupe kia noho, kia waiho atu ma oona taangata 19

Kupe's canoe came on. They caught up with Ngake's canoe at The Great-ridge-of-the-ocean-maid.

8.21 Kupe asked, 'Have you seen it yet, Ngake?'

22 Ngake said, 'It is glowing there on the surface of the sea.'

23 Kupe looked, 'Yes, that is it. Chase it and get near.'

24 No, it moved on. The speed of the octopus! It came straight towards this land.

25 They chased on after Octopus. When they neared Muri-whenua, the tail of the island, Octopus headed southwards by way of the east coast.

26 Kupe shouted to Ngake, 'Go, follow our fish!'

27 When the South Island was near, Muturangi's octopus was seen still travelling on. The canoes of Ngake and Kupe separated so that Muturangi's octopus would be right between them. When the head appeared beside the canoes, the tentacles were trailing far behind them.

28 A man arose amidships in Kupe's canoe with a spear. It struck, and so did Ngake's spear. With two spears in it, the creature was in agony. The tentacles went to break Ngake's spear. Ngake's spear was broken and so was Tohi's.

29 The tentacles laid hold of the gunwales of Ngake's canoe, from bow to stern. The canoe overturned. Then the monster's tentacles seized Kupe's canoe. At that, Kupe took his axe and severed the tentacles.

30 Kupe called out, 'Throw those calabashes at the creature's head!'

31 They were thrown. Perhaps the monster thought they were a man, because it abandoned the canoe and its tentacles gathered about the calabashes. Then Kupe's axe struck right on the head, smashing it and its two eyes. And so Muturangi's octopus was killed.

e whaiwhai, kei rokohanga ia e te tuupuhi ki te moana, ka mate
ia. Ka riri a Kupe. Kaatahi ka kii atu, 'Kaati! kua waitohutia e
koutou, teeraa au e mate. Hoake ki runga i te waka koutou ko
oo tamariki, kia kotahi ai to taatou matenga, kei mate ko au anake,
ka tiikapa noa ake koutou i uta nei.'

Ka whakaae katoa nga tamariki tokorima kia haere mai raatou. 8.20
Ko te take teenei i haere mai ai a Hine-i-te-apaarangi me ana
tamariki i runga i a Maataa-hoorua. Ka hoe mai te waka o Kupe.
Ka tae mai ki Tuahiwi-nui-o-hine-moana ka mau mai te waka
o Ngake i a Kupe.

Ka ui atu a Kupe, 'Kei te kitea anoo, e Ngake?' 21

Ka mea atu a Ngake, 'E mura haere atu ra i runga i te kare 22
moana.'

Ka titiro atu hoki a Kupe, 'E, koia anoo! Ka whai atu kia tata 23
atu.'

Kaaore, ka neke atu anoo! Te tere o te haere o te wheke! Ka 24
whakamau tonu mai te haere a Wheke ki teenei motu.

Ka whai tonu mai i a Wheke. Ka tata mai ki Muri-whenua, i te 25
hiku o te motu nei, ka ahu whaka-te-tonga te upoko o Wheke,
ka tika mai ma te raawhiti.

Ka karanga atu a Kupe ki a Ngake. 'Haere, e whai i ta taaua 26
ika.'

Ka tata te tae ki Te Wai-pounamu, ka kitea atu e haere mai 27
ana te wheke a Muturangi. Ka wehe nga waka, to Ngake me to
Kupe, kia tika ai te wheke a Muturangi ma waenganui i oo raaua
waka. Ka haere mai te ika ra, tika tonu ma waenganui o nga waka
e rua nei. Ka puta te upoko i nga waka nei, e too mai ana anoo
nga kawekawe i waho noa atu o nga waka e rua nei.

Ka tuu teetahi tangata i waenganui o te waka o Kupe, me te 28
raakau huata. Ka tuu! Ka tuu hoki to Ngake huata. Ka rua nga
raakau ki roto i te ika nei, ka rongo mamae te ika nei. Kaatahi
ka haere nga kawekawe ki te whawhati i te raakau a Ngake. Ka
whati te huata a Ngake, ka whati hoki te raakau a Tohi i konei.

Ka mau nga kawekawe ki nga niao o te waka o Ngake, i te 29
ihu tae noa ki te kei. Ka tahuri te waka o Ngake. Ka rarahu nga
kawekawe o te tipua nei ki te waka o Kupe. Ka mau a Kupe ki
tana toki, ka topetopea nga kawekawe i konei.

9 *Set, oh sun, in the dark abyss*

Hirini Moko

1 Set, sun, into the abyss of darkness,
I will be hurrying soon after;
There is my love at Whatawhata, Waikato,
The tears flow in vain, *auee!*

2 Who will embrace me?
Here is my lonely breast;
Come back, my hope,
The tears flow in vain, *auee!*

3 Come back, woman, come back to me,
Listen, woman, to me sobbing here,
Auee! Auee! Auee!

4 Who will embrace me?
Here is my lonely breast;
Come back, my desire
Come back, woman, to me sobbing here.

[translation adapted from Chris Lane]

Ka karanga a Kupe, 'Makaia nga tahaa na ki te upoko o te ika nei.' 8.30

Ka makaia. Ka mahara pea te tipua nei he tangata. Ka mahue te pupuri i te waka, ka hui nga kawekawe ki nga tahaa ra. Kaatahi anoo ka paoa te toki a Kupe. Ka paoa tonutia i te upoko, ka pakaru te upoko me nga karu e rua. Ka mate te wheke a Muturangi i konei. 31

9 *He Waiata*

Hirini Moko

E too, e te raa, ki te rua o te poouri, *1*
Hei muri nei au whakaoma atu ai;
'Ra taku tau kei Whatawhata, Waikato,
Maaringiringi noa nga roimata, auee!

Ma wai ra ahau e awhi mai? *2*
'Nei taku uma mokemoke ana e;
Hoki mai, e te tuumanako,
Maaringiringi noa nga roimata, auee!

Hoki mai, e hine, hoki mai ki a au, *3*
Whakarongo, e hine, e hohotu nei.
Auee! auee! auee!

Ma wai ra ahau e awhi mai? *4*
'Nei taku uma mokemoke ana e;
Hoki mai, e te tuumanako,
Hoki mai, e hine, e hohotu nei.

10 *Pork is the Food*

By a schoolboy from Tuuhoe

1 THE BEST FOOD at my place is meat, and the meat I like best is wild pig.

2 One day my mother saw that there was no meat left in the house. She was wondering how we could get some. When she told me it had run out, I said, 'My friend and I will go pig-hunting.' My mother agreed, gladly.

3 So my friend and I went to Rua-taahuna to fetch the dogs. In the evening we got our food and our clothes ready, and went to sleep. At two o'clock in the morning we got up. While Tiihema was lighting the fire to prepare our breakfast, I went to ready the horses and the saddles and other equipment. When I finished my work we had breakfast. Then we released the dogs and started riding.

4 That day we didn't find any pigs. We went to all the places that I knew were frequented by pigs, but we didn't find any.

5 We got up very early in the morning and again went to look for pigs. I saw something black on the side of a hill, but I didn't know what it was. Then it moved and I saw that it was a huge pig. When my friend saw it he said to send the dogs to chase it. But, the dogs had already caught the scent and were running after it.

6 It was not long before one of the dogs barked, a small one called Devil. Then we heard several of the dogs barking. We raced over. I dismounted I began moving around in the bush in order to keep the pig in view. But perhaps the pig sensed my presence: it began running, with the dogs chasing after it.

Soon the pig halted. It was a huge boar. I tried to shoot it, but
7 one of the dogs leapt on its back and grabbed an ear. I caught
hold of one of the pig's legs and jerked it over on to its back.
Then I stabbed it in the heart. After we singed the pig (to remove
the bristles), we gutted it. We saw how fat it was. And its tusks
were dangerously sharp. Then we ate. Our food was bread, tea
and the liver of the pig.

[translation adapted from Chris Lane]

10 *He Miiti Poaka te Kai*

Na teetahi tamaiti no Tuuhoe

KO TE TINO KAI o tooku kaainga he miiti, aa, ko te miiti e tino hiahia ana maatau ko te poaka o te ngahere. *1*

I teetahi rangi ka kite tooku maamaa kua pau nga miiti o roto o te whare. Ka mahara ia me peehea ra ka whiwhi miiti anoo maatou. No tana kii mai ki a au kua pau nga miiti, ka kii au, 'Ka haere maaua ko taku hoa ki te hopu poaka.' Whakaae ana tooku maamaa, me te koa. *2*

No reira ka haere maaua ko tooku hoa ki Rua-taahuna ki te tiki i nga kurii. I te poo ka whakatika maaua i aa maaua kai, me oo maaua kaakahu, aa, ka moe maaua. I te rua o nga haaora i te ata ka maranga maaua. I a Tiihema e tahu ana i te ahi ki te whakarite i ta maaua parakuihi, ka haere au ki te whakatika i nga hooiho, me nga tera, me eetahi atu o nga taonga. Ka mutu taku mahi ka parakuihi maaua. Muri tonu iho ka tuku maaua i nga kurii, ka haere maaua ma runga i nga hooiho. *3*

I teeraa rangi kaare kau e kitea e maaua he poaka. Ka haere maaua ki nga waahi katoa e moohio ana au kei te nohoia e te poaka, engari kaare kau i kitea. *4*

I te ata ka moata tonu ta maaua marangatanga, aa, ka haere anoo maaua ki te kimi poaka. Ka kite au i teetahi mea pango i te taha o te puke, engari kaahore ahau e moohio ana he aha ra teenaa mea. Kaatahi ka neke te mea nei, ka kite au he poaka nui rawa. No te kitenga o taku hoa ka mea ia kia tonoa nga kurii kia whai. Engari kua rongo kee nga kurii i te hau, ka oma ki te whai. *5*

Kaahore i roa, ka pahu teetahi o nga kurii, ko te mea pakupaku, ko Teewara te ingoa. Muri iho ka rongo maaua i eetahi o nga kurii e pahupahu ana. Ka rere maaua. Makere kau ana au ki raro o te hooiho ka huri haere au i te ngahere kia pai taku kite atu i te poaka. Engari, ka rongo pea te poaka i a au, ka oma, me nga kurii e whai ana i muri. *6*

Kaahore i roa ka tuu te poaka, he taariana nui rawa. Ka mea au ki te pupuhi engari ka peke teetahi o nga kurii ki runga i te *7*

11 Notice

1 IMPOUNDED AT Waipawa by George Taawhai on 25 February 1876:

2 A bay mare and foal, branded TU and RA on the left leg and TU on the left flank;

3 A grey mare, unbranded.

4 They will be sold in two weeks if unclaimed.

Henry J. Baker (Pound-keeper).
3 March 1876.

tuaraa, ka hopu i te taringa. Ka hopu au i teetahi o nga waewae o te poaka, ka rutua e au te poaka ki runga i toona tuaraa. Na, ka werohia e au te manawa.

Mutu kau ana ta maaua hunuhunu i te poaka ka tangohia nga 10.8
puku. Ka kite maaua i te moomona hoki o teenei poaka. Me oona niho hoki, tino kino hoki te koi. Ka mutu, ka kai maaua. Aa maaua kai he paraaoa, he tii, me te ate o te poaka.

11 He Paanui

KUA PAAUNATIA i Waipawa, na Hoori Taawhai, i te rua 1
tekau ma rima o Peepuere, i te tau kotahi mano, e waru rau, e whitu tekau maa ono:

He hooiho uha, he pei, me te kuuao; ko te parani he tu me 2
te ra i te peke mauii, me te tu i te huuhaa mauii;

He hooiho uha aahua kiore, kaahore he parani e kitea. 3

Ka hokona i roto i nga wiki e rua, ki te mea ia e kore e tiikina 4
mai.

12 *Moeahu*

1 SOME PARTS OF THIS CHILD were like a dog. The head was human. The eyes, the appearance of the face, the nose, the jaw and the mouth were all dog. The body was all man: the shoulders, arms, thighs and calves. The heels and the claws were like a dog's.

2 He was quick to pursue men. They would not escape. He was good at fighting. He would not be defeated by men. He had three weapons to kill an enemy: a *taiaha*, his mouth and his legs. Men's bodies were slashed by his claws. Even if two or three came to kill him, they could not succeed.

3 Then Te Kowha's calabash of food was eaten by this creature. Te Kowha was angry. He went and took his spear to stab it. His older brothers said, 'Leave off! Let him have it! It's all eaten, anyway!'

4 Te Kowha did not approve for he was very angry.

5 His brothers said, 'You'll soon be dead!'

6 He took no notice. He went off with his spear.

7 When Moeahu saw Te Kowha coming with his spear he ran towards him. How quickly he ran! Then Te Kowha stabbed, and Moeahu seized the spear, bent it and broke it. Te Kowha was caught. Moeahu struck Te Kowha once, and he was killed outright.

12 *Ko Moeahu*

KO TEENEI TAMAITI I RITE ki te kurii nei i eetahi waahi. Te upoko, he upoko tangata. Ko nga whatu, me te aahua o te mata, me te ihu, me nga kauwae, me te waha, he kurii katoa. Ko te tinana he tinana tangata katoa, nga pokohiwi, nga ringa, nga kuuwhaa, nga ateate. Ko nga rekereke me nga matikuku he rite ki te kurii. *1*

He tere ia ki te whai i te tangata. E kore e puta i a ia. He toa ia ki te riri. E kore ia e mate i te tangata. E toru aana raakau patu i te hoariri, he taiaha, ko toona waha, ko oona waewae. Ka haea te tinana o te tangata ki oona matikuku. Ahakoa tokorua, tokotoru i haere mai ki te patu i a ia, e kore rawa e taaea. *2*

Kaatahi ka kainga te tahaa a Te Kowha e taua nanakia nei. Kua riri a Te Kowha. Kaatahi ia ka haere ka tae ki tana tokotoko hei werowero. Ka kii atu nga tuaakana, 'Ee! Kaati noa! Waiho atu maana! Ka pau hoki.' *3*

Kaaore a Te Kowha e pai, kua nui rawa toona riri. *4*

Ka kii atu nga tuaakana, 'Ee! ka mate koe aakuanei.' *5*

Kaaore i rongo. Ka haere me te tokotoko. *6*

Te kitenga mai anoo o Moeahu e haere atu ana a Te Kowha me te tokotoko, kaatahi anoo ka oma mai. Te tere o te omanga mai! Kaatahi ka werohia, ka hopukia mai te tokotoko, ka mau, ka whatiia tonutia mai, ka whati. Kua mau rawa ki a Te Kowha. Kotahi tonu ra tana patu ki a Te Kowha, mate rawa atu. *7*

13 The Taking of the Spinner

1 THE MAN TAPA-KAAKAHU was at his home at Wai-aua, inland from Oo-pootiki. He felt a craving for fish, and so he took his greenstone and *paaua* spinner (a type of fish-hook), paddled out to sea, and cast it onto the water. Skimming the surface, it was caught by a *kahawai*. Lo, his spinner was carried off by the big *kahawai*. He lamented the loss of his spinner, for it was a precious heirloom from his ancestors.

2 He returned to shore, found his dog-tail-fur cloak and covered himself with it. Then he began to follow the shoal of *kahawai*. The shoal was swimming along out in the sea; and the man was running along the shore and as he ran he recited *karakia*. He knew that the shoal was heading for the Mootuu River, because that was the source of the *kahawai*. A rock stands in that river. It is a spirit; it embodies the life force (*mauri*) of the *kahawai*. He also knew that the shoal of *kahawai* might be netted by Te Whaanau-a-Apanui (the tribe of that area), and that, in the midst of that multitude of *kahawai*, the treacherous one that carried off his spinner might well be taken too.

3 He reached the Mootuu at Marae-nui. When he got right to the river, he found that the shoal of *kahawai* had been caught in the nets of Te Whaanau-a-Apanui, just as he had thought.

4 The chiefs of that tribe asked him, 'Why have you come here?'

5 He did not say a word. He just kept his eyes fixed on the crowd of women who were gutting the *kahawai*.

6 Behold! Before long the spinner was found by one of the women, still fixed in the mouth of the rascally *kahawai* which had carried it away.

7 The woman cried out, 'A spinner! I've got a greenstone spinner. It's caught in the mouth of this *kahawai*.'

8 A crowd of people gathered around to look. Tapa-kaakahu stood up in the middle of the crowd and spoke. He called out to the woman in the midst of the throng, 'Madam, that is the

13 *Te Rironga o te Paaua*

KA NOHO teeraa tangata a Tapa-kaakahu i toona kaainga i Waiaua, i te taha whakauta o Oo-pootiki. Ka mate taua tangata ra i te hiakai ika. Ka tae ki tana paaua pounamu, ka hoe ki te moana, ka whiu i tana paaua ki te wai. I runga anoo e haere ana, ka hopukia e te kahawai. E hara! ka riro i te kahawai nui tana paaua. Ka poouri te tangata nei ki tana paaua, he oha hoki na oona tuupuna. *1*

Ka hoki ki uta ka tae ki te kaakahu waero, hiipokina iho ki runga i a ia. Ka haere te tangata nei ki te whai i te tere kahawai raa. Ko te tere kahawai ra ki waho i te moana haere ai, ko te tangata ra ki uta oma haere atu ai, me to oma, me te karakia. Kua moohio hoki ia e ahu ana te tere kahawai ra ki Mootuu, koia ra te puna o te kahawai. He toka i roto i taua awa e tuu ana, he tupua taua toka. Koia nei te mauri o te kahawai. Aa, he moohio hoki naana, teeraa pea e haoa e Te Whaanau-a-Apanui ki te kupenga te tere kahawai ra, teeraa pea e mau mai i roto i te tini o te kahawai te nanakia kahawai ra i kaahaki atu ra i tana paaua. *2*

Ka tae atu te tangata nei ki Mootuu, i Marae-nui. Tae rawa atu kua haoa mai te tere kahawai e Te Whanau-a-Apanui ki te kupenga, rite tonu ki taana i whakaaro ai. *3*

Ka uia mai e nga rangatira o te iwi ra, 'He aha rawa te take i kitea mai ai koe?' *4*

Kaahore i hamumu te waha o te tangata nei, e whakamau tonu ana hoki ana mata ki te tini o te wahine e tuaki mai ana i te kahawai. *5*

Kiihai i roa, e hara! Ka kitea e teetahi wahine te paaua ra, e mau tonu ana i te waha o te nanakia kahawai i kaahaki i te paaua ra. *6*

Ka paa te karanga a te wahine, 'He paaua! He paaua pounamu taaku! I te waha o te kahawai nei e mau ana!' *7*

Ka huihui i konei te tini o te tangata ki te maatakitaki. Ka tuu a Tapa-kaakahu ki runga, i roto i te tini o te tangata, me te *8*

reason I came here: to find my spinner, which that cunning *kahawai* brought here from Tirohanga.'

13.9 The woman gave the spinner to him. Tapa-kaakahu went over to her, and covered her with his dog-tail fur cloak. He returned to his home at Waiaua with joy in his heart.

[translation adapted from Chris Lane]

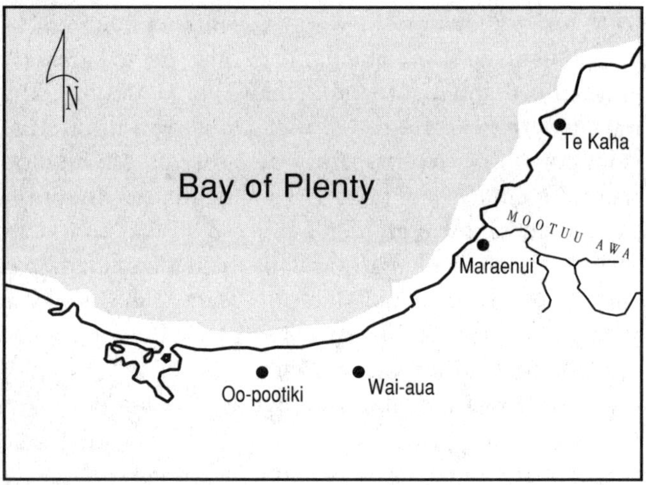

hamumu te waha, ka karanga atu ki te wahine ra i roto i te mano. 'E hika e! Koina te take i kitea mai ai ahau. He whai mai i taku paaua, na te nanakia kahawai ra i kaahaki mai i Tirohanga.'

Ka hoatu te wahine i te paaua ki te tangata ra. Ka tae te tangata *13.9*
ra, a Tapa-kaakahu, ka hiipokina atu toona kaakahu waero ki te wahine ra. Ka hoki te tangata nei ki toona kaainga i Wai-aua, me te hari o te ngaakau.

14 *Taa-minamina*

Mohi Tuurei of Ngaati Porou

1 SOME GIRLS went swimming.

2 The swimming place is a freshwater stream where everyone swims. Everyone knows that there is a *taniwha* named Taa-minamina in the creek. The old people instruct the young people not to swim right into the forbidden part or to drink the nectar of the *'hutukawa* trees, which stand above the den of the *taniwha*, for fear that they might be swallowed by Taa-minamina or drawn under the waters.

3 Though some of the children were in dread, others were not. And so it was that Mere drank of the nectar of the shady *'hutukawa* of the *taniwha* and, drawn under by Taa-minamina, she perished. At the time Taa-minamina killed Mere the water of the river became quite black — pitch-black. Before that, the water was clear. Before that, also, some parts of the river were shallow. At that time it became deep all over and giant sea-kelp was seen in the pool where Mere perished.

4 There were three companions with Mere. Alarmed at the violent swirling of the river waters caused by the *taniwha*'s virulent lashing, they swam ashore. They called out, 'Mere has perished! Killed by the *taniwha*!'

5 The children were asked, 'How do you know that your companion was killed by the monster?'

6 'The river waters were whipped into spray and the river is dark, even now!' they replied.

7 When the people reached the river the water of that river was a deep black colour, and there was giant sea-kelp floating in the river. Yet the river is one which the sea does not reach. The readers of this narrative will therefore know that the *taniwha* does exist.

14 *Ko Taa-minamina*

Mohi Tuurei o Ngaati Porou

I HAERE eetahi kootiro ki te kaukau. *1*

Ko taua waahi kaukau he awa wai Maaori, he kaukaunga no *2*
te tini o te tangata. E moohiotia ana e te tokomaha he taniwha
anoo ki taua awa, ko Taa-minamina te ingoa. E aakona ana anoo
e nga pakeke kia kaua e kau rawa atu nga tamariki ki te waahi
tapu, kia kaua raanei e inu i nga pua o nga 'hutukawa e tuu ana
i runga i te rua o nga taniwha, kei horomia e Taa-minamina, kei
rumakina raanei ki te wai.

Otiia ko eetahi o nga tamariki e wehi ana, ko eetahi kaaore *3*
e wehi. Na reira hoki i inumia ai e Mere nga pua o te 'hutukawa
whakamarumaru o nga taniwha. Aa, rumakina ana ia e Taa-
minamina, mate noa. I te waa i patu ai a Taa-minamina i a Mere,
mangu katoa te wai o te awa, poouri kerekere. I mua ia, he
maarama te wai. I mua hoki he paapaku eetahi waahi o te awa.
I taua takiwaa he hoohonu katoa. Aa, kitea ana te rimu moana
nui, rimu rapa nei, ki roto i taua hoopua i mate nei a Mere.

Tokotoru nga hoa o Mere. Kau atu ana raatou ki uta me to *4*
raatou mataku anoo i te ripo o te wai o te awa, i te hukenga ake
a te taniwha, me to ratou karanga anoo, 'Kua mate a Mere! Na te
taniwha i patu!'

Ka uia ki nga tamariki, 'Na te aha koutou i moohio ai na te *5*
taniwha to koutou hoa i patu?'

Ka mea raatou, 'Tutuu ana te puehu o te wai o te awa, aa, ko *6*
te awa, kei te poouri tonu te wai inaaianei.'

Te taenga mai o nga taangata ki te awa, poouri kerekere te *7*
wai o te awa, me te rimu moana nui e maanu ana i roto i te awa.
Ko taua awa kaaore e tae atu te wai tai ki reira. Heoi anoo, ka
moohio ai nga kai-titiro i teenei pukapuka koia he pono anoo te
taniwha.

15 *Te Ngaarara-huarau*

[translation adapted from T. G. Poutawera]

1 (A WOMAN CAME UPON the cave of a monster named the Reptile-of-numerous-progeny.)

2 The woman came upon the place where the monster was. Then he trapped her with his tail. At first she did not see the monster's tail. She only saw his head and being frightened, she started to run. As she ran, she was trapped by the tail and stood surrounded by the monster. She was then led to the cave, and there they lived with *paaua* for food.

3 They set to work, taking the *paaua* to the creek in order to sweeten them. One day the woman said, 'Won't you let me go alone to the creek to prepare my food?'

4 The monster replied, 'Soon you will abandon me!'

5 'No, because I like you as my husband,' said the woman.

6 'Who would have thought it,' said the monster.

7 Then the woman said, 'Here is my guarantee to you.'

8 'What is your guarantee?' asked the monster.

9 The woman said, 'Tie me with flax rope when I go to the creek.'

10 The monster said, 'Then do it!'

11 So it was done.

12 The woman explained, 'When I go to the creek, tether me with the rope. When I reach the creek, you can pull on the rope and I will come back. Now then, try it!'

13 She went to the creek. Then she called 'Pull!' He pulled and she arrived.

14 'Good,' he said. 'Go and prepare your *paaua*.'

15 The woman said, 'I won't hurry back. When the *paaua* are washed clean, I'll stay to thread them on strings. When that is done, I'll hang them up to dry properly lest they go bad. But, you can pull the rope and if it is taut I will still be tethered. If it is very taut, stop pulling or it may break. I won't hurry back. When my food is prepared, then I will return.'

15 *Ko te Ngaarara-huarau*

Te Whetuu

(KUA TAE TEETAHI WAHINE ki te rua o te taniwha i huaina ko te Ngaarara-huarau.) *1*

Rokohanga atu e taua wahine e noho mai ana taua nanakia. Kaatahi ka haoa ki te hiku. Kaahore taua wahine i kite i te hiku. Ko te kitenga o taua wahine i te upoko kaatahi ka oma. No te omanga kaatahi ka haoa mai e te hiku, tuu ana te wahine nei i waenganui o te nanakia nei. Kaatahi ka arahina ki te ana o te ngaarara, ka noho raaua i te ana, te kai he paaua. *2*

Ka haere raaua ki te mahi, ka kawe i nga paaua ki te wai kia reka ai, ka kai. No teetehi rangi ka kii atu te wahine, 'E kore koe e pai kia haere noa atu au ki te wai, ki te mahi i aaku kai?' *3*

Kaatahi ka kii mai te ngaarara. 'Aakuanei au ka mahue i a koe.' *4*

Ka kii mai te wahine, 'Kaahore, no te mea kua pai tonu au ki a koe hei taane maaku.' *5*

Ka kii atu te ngaarara, 'Ko wai i hua ai?' *6*

Kaatahi ka kii atu te wahine, 'Teenei anoo he tohu maaku ki a koe.' *7*

Ka kii atu ngaarara. 'He aha to tohu?' *8*

Ka kii atu te wahine, 'Me puutikitiki ki te harakeke hei taura, kia tae ki te wai.' *9*

Kaatahi te ngaarara ka kii atu, 'Teenaa, mahia!' *10*

Kaatahi ka mahia, ka oti. *11*

Kaatahi ka ako atu te wahine, 'Ka haere au ki te wai, me here ki a au te taura. E tae au ki te wai, maau e kukume, ka hoki mai au. Teenaa ia na, whakamaatauria!' *12*

Ka haere te wahine ra, ka tae ki te awa. Kaatahi te wahine ka karanga, 'Kuumea!' Ka kuumea, ka tae atu. *13*

Kaatahi ka kii atu, 'E pai ana. Haere ki te mahi i oo paaua.' *14*

Kaatahi te wahine ra ka kii atu, 'E kore au e hohoro mai; ko te horoi au i aaku paaua, ka maa, ka noho au ki te tuitui. Ka oti, ka whakairiiri kia maroke kia pai ai, kei pirau aaku kai. Otiraa, *15*

15.16 'Alright,' said the monster.

17 So the woman went to the creek and tied the rope tightly to a tree. Then she went off to her family's place and they cried. Before long the woman said, 'Enough of crying, I'm going back. My husband is a great monster with eight legs. I have come to tell you to build a big house ten *whanganga* long. Build it in the bush with standing trees as its posts. Stick in bracken stalks for walls, lined with tea-tree. And make a way for me to escape when the house is burned. Get some people to build the house, some to sharpen digging sticks for stabbing, and others to make spears. When all this is done, let someone come to fetch us.'

18 Then the woman went down to the creek again. She wound up the rope. When she returned to her husband, she told him, 'I have seen your father-in-law. He wants us to visit your brothers- and parents-in-law.'

19 'When?' he asked.

20 'I told them, "Build a house appropriate for a meeting with your son-in-law." But, that was just what I said. You must make the decision. If you don't respect the words of your brothers-in-law and parents-in-law...'

21 The monster interrupted, 'That's okay. Let's wait for the messenger. I am happy to go.'

22 Before long the messenger arrived. Then the woman said, 'Sir, your brothers-in-law have arrived to fetch us.'

23 'Where?'

24 'Here is your brother-in-law,' said the woman. But it wasn't his brother-in-law, he was a slave of Kahuhunu. When he saw the creature he wasn't brave enough to approach him. However, he was a swift runner, which is the reason he was sent as messenger. If the monster pursued him he wouldn't be caught.

25 Then the monster said to the woman, 'Say that they must not call us with the words, "Welcome, Monster-of-numerous-progeny". The call for me should be, "Welcome Te Wairangi, welcome Te Wairangi".'

26 The messenger went on ahead. They set off and, rounding the headland, they were seen by the people of the settlement, who exclaimed at the sight, 'What a horror!'

maau e kumekume, e maaroo, kei te here tonu i a au. E kaha te maaroo, kaua e kukume, kei motu. E kore au e hoki wawe mai. Ma te mutu anoo o aku kai te mahi, kaatahi au ka hoki mai.'

Ka kii atu te nanakia nei, 'Aae.' *15.16*

Kaatahi ka haere te wahine ra, ka tae ki te wai, kaatahi ka *17*
herea te taura ki te raakau, ka mau. Kaatahi ka haere, ka tae ki te kaainga o oona whanaunga, ka tangi. Kaaore e roa e tangi ana, ka kii atu te wahine ra, 'Kaati te tangi, e hoki ana anoo ahau. Ko taku taane he ngaarara nui, e waru nga peke. I haere mai au ki a koutou kia hangaa teetehi whare nui, kia tekau whanganga te roa o te whare. Ko te whare me hanga ki te motu. Ko nga raakau tuu tonu o te motu nga pou o te whare. Ka tia ai nga pakitara ki te rarauhe, me maanuka o roto. Ka hanga ai hoki i teetahi ara mooku hei rerenga atu mooku a te takiwaa e tahuna ai te whare. Ko eetahi ki te whare, ko eetahi ki te taarai koo hei wero, ko eetahi ki te taarai tokotoko. Kia oti ka haere ake teetehi ki te tiki ake i a maaua.'

Na, ka hoki te wahine ra, ka tae. Kaatahi ka pookai haere atu *18*
i te taura. Ka tae atu ki te taane, kaatahi ka kii atu te wahine ra ki tana taane. 'Kua kite au i toou poupou. I kii mai kia haere atu taaua kia kite i oo taokete me oo poupou.'

Kaatahi ka kii atu, 'Aa whea?' *19*

'I kiia atu e au, "Me hanga he whare kia pai ai, he kitenga mo *20*
koutou i ta koutou hunaonga." Otiia he kii noa atu naaku. Kei a koe te ritenga. Mehemea kaaore koe e aroha ki nga kupu mai a oo taokete me oo poupou…'

Kaatahi ka kii atu te ngaarara nei, 'E pai ana. Me tatari atu ki *21*
te karere, e pai ana au ki te haere.'

Kiihai i roa ka tae mai te karere. Kaatahi ka kii atu te wahine, *22*
'E paa, kua tae mai oo taokete ki te tiki mai i a taaua kia haere atu.'

Ka ui mai te taane, 'Kei whea?' *23*

Ka kii atu te wahine, 'E tuu mai nei to taokete.' Ko taua tangata, *24*
e hara i te taokete, he mookai no Kahuhunu. Te kitenga atu o taua tangata i te nanakia nei, kaahore i kaha ki te whakatata atu i a ia. Engari ko taua tangata he horo ki te oma, na reira ka ngarea ko ia hei karere. Hei te whai a te ngaarara, e kore e mau.

15.27 Approaching closer, the welcome from the settlement was heard, 'Welcome stranger from afar, brought here from the distant horizon by my youngest child'.

28 As they came near the people called again, 'Welcome Monster-of-many-progeny, welcome Monster-of-many-progeny!'

29 When the monster heard the call he shook his head and blew out smoke with anger. The smoke came forth as if from a cannon, in three bursts. The people heard the three reports and called back, 'Welcome Demented One, welcome Demented One!'

30 They went up to the house and entered. The door was shut and fastened, and the walls were stacked with firewood, bracken-fern and tea-tree. Some people made the dogs howl. The monster heard the noise of the people throwing firewood against the walls of the house and started up, asking, 'What's going on?'

31 The woman said, 'Your brothers-in-law are killing food for you, their brother-in-law.'

32 The monster went back to sleep. The woman heard him snoring loudly — the noise from that creature's nose was like great drums.

33 Then the woman called, 'Now, light it! He's fast asleep!'

34 They brought fire on Maori torches of resinous wood. The house was set on fire and blazed away. They surrounded the house, and when they were ready shouted 'Light it!' and thrust the torches in. How the fire raged! The monster felt its heat and his snoring increased — it was like the roaring of the sea. When the embers from the house fell on him, he started up and the fire consumed him as he thrashed about.

35 Then the woman called, 'Stab him! Stab him!'

36 So they stabbed him. The creature died, the spears striking right at the tail and severing it. It fled into a little lake, but it was unable to do anything else. Friends, the creature died. Afterwards, the woman became pregnant, and bore a child that was reptilian on one side and had human skin on the other. The legs were a monster's, as were the head, the nose, the mouth, and the eyes. Only the skin was a man's. Well, it died. It had no mouth. Only the appearance of a mouth was formed, which is why it died. So ends this story about killing monsters.

Kaatahi te ngaarara ka kii atu ki te wahine, 'Kii atu, kaua raatou e 15.25
karanga mai, "Haere mai ra, e te Ngaarara-huarau." Ko te karanga mooku, "Haere mai ra, e Te Wairangi e-i, haere mai ra e Te Wairangi e-i."'

Ka hoki te karere i mua ai. Kaatahi raaua ka haere, ka puta 26
i te kuurae, ka kitea mai e te paa e haere atu ana. Te tirohanga mai e te paa, 'Ee, he whakahouhou!'

Kaatahi ka haere, ka tata, ka paa te taawhiri a te paa, 'Haere 27
mai ra, e te manuhiri tuaarangi, na taku pootiki koe i tiki atu ki taahapatuu o te rangi, kukume mai ai e-i.'

Ka tata, ka karanga anoo te iwi. 'Haere mai ra e Te Ngaarara- 28
huarau, haere mai ra e Te Ngaarara-huarau, ee!'

Ka rongo te ngaarara i teeraa karanga, kaatahi ka ruuruu te 29
upoko, ka puta te mamaoa ki te riri. Ko te mamaoa i rite ki teetehi puu nui te kaha o te putanga ake, e toru pakuutanga. Ka rongo te iwi i te toru pakuutanga, kaatahi ka hoki te karanga, 'Haere mai ra e Te Wairangi e, haere mai ra e Te Wairangi e.'

Kaatahi ka haere ki te whare, ka uru ki roto. Kaatahi ka hoatu 30
te papa, ka tuutakina rawatia, kaatahi ka titia nga pakitara o te whare ki te wahie, ki te rarauhe, ki te maanuka. Ko eetehi ki te whakangau i nga kurii. Ka rongo te ngaarara i te haruru o te iwi e whiu ra i te wahie ki nga pakitara o te whare, ka oho ake te ngaarara, ka ui atu, 'He aha teenei mahi?'

Ka kii iho te wahine, 'Ko oou taokete kei te patu kai maau, 31
ma to raatou taokete.'

Ka moe anoo te ngaarara. Ka rongo iho te wahine nei i te 32
kaha o te ngongoro o te ihu, e tia anoo ko eetehi taramutanga kaha ko te rite o te tangi o te ihu o taua nanakia.

Kaatahi ka karanga mai te wahine, 'E te iwi e, tahuna! Kua 33
kaha te moe.'

Kaatahi ka mau te iwi ki te ahi, he rama, araa, ko aa te 34
Maaori rama, he ngapara. Kaatahi ka tahuna, ka kaa. Kaatahi ka haere rauna noa te whare, rite rawa nga taangata, kaatahi ka karanga 'Tahuna!' Kaatahi ka tuungia te rama. Tana kainga a te ahi! Ka rongo te ngaarara i te mahana o te ahi, kaatahi ka kaha rawa te tangi o te ihu, e tia he haruru tai moana. No te mea anoo ka horo te ngaarahu o te whare ki runga i te

Pirongia, early nineteenth century.

16 *Ascending Wairaka*

Puhi-waahine

1 Ascending Wairaka, and turning back,
Love leaps over Kakepuku
To fly straight to Pirongia's peak.
You are there below, Toko, cousin lover,
Who would be mine should I turn back.
Wretched heart, that did not remain,
A second night in close embrace.

2 Enough! I return to my own land,
To the boiling springs from, it is said,
Hawaiki, for Ngaatoro-i-rangi,
Breaking forth at Tongariro, to warm him.

ngaarara, kaatahi ka ohooho noa ake, kua ngau katoa te ahi i tana koringa.

Kaatahi te wahine ka karanga, 'Werohia! Werohia!' 15.35

Kaatahi ka werohia. Ka mate te ika nei, ka tika te tao ki te 36
hiku, ka motu te hiku. Ka rere, noho rawa atu i te roto iti. engari kaaore te hiku i whai mahi maana. E hoa ma, ka mate teenei nanakia. I muri, ka hapuu te wahine, ka whaanau kotahi te tamaiti, kotahi taha ngaarara, kotahi he kiri tangata. Ko nga waewae he ngaarara katoa, me te upoko, me te ihu, me te waha, me nga karu. Ko te kiri anake i riro i te tangata. E hoa ma, ko taua tangata i mate; kaaore he waha. Ko te aahua kau o te waha i hanga, no reira i mate ai. Ka mutu teenei koorero patunga ngaarara.

16 Ko Wairaka

Puhi-waahine

Ka eke ki Wairaka, ka tahuri whakamuri 1
Kaati ko te aroha, te tiapu i Kakepuku,
Kia rere arorangi te tihi ki Pirongia.
Kei raro koe, e Toko, taku hoa tungaane,
Maaku anoo koe, huri atu ki muri.
Mookai te ngaakau, tee whakatau iho,
Kia poo-ruatia, e awhi kiri ana.

Kaati au ka hoki, ki tooku whenua tupu, 2
Te wai koropupuu e kiia mai nei,
I Hawaiki ra anoo, no Ngaatoro-i-rangi,
I huu ra i Tongariro, ka mahana ki tana kiri.

17 *The Story of Pootaka-tawhiti*

Paora Temuera

1 POOTAKA-TAWHITI WAS THE NAME of a pet dog belonging to Tama-te-kapua and his younger brother, Whakatuuria, the children of Hou-mai-tawhiti. This legend belongs to ancient times, to the times when the people were still living in Hawaiki and to the period immediately preceding the migration to Aotea-roa. The people were becoming anxious to leave their land for it was clear that the islands they were living on could not support them. Squabbles over vegetable and fruit plantations had occurred among the tribes living together on the islands.

2 Hou-mai-tawhiti was closely related to Uenuku and Toi-te-hua-tahi, though he lived apart from them. One day, Uenuku decided to visit his older brother, Hou, whom he had not seen for some time. When Toi heard of this he wanted to go with Uenuku. This man, Uenuku, was a priest and he had a *poroporo*[8] tree which grew right beside his house. It was the only *poroporo* tree on the island. Everyone liked its fruit.

3 They reached Hou's home and were welcomed by the local people. After the welcome, a meal was laid out. *Taro* and a few *kuumara* were produced. That was all — there was no fish or meat. After the meal they said goodbye to Hou, and returned to their home incensed and hungry.

4 On the way, they were followed by the pet dog belonging to Tama-te-kapua and his younger brother. After they had travelled some distance from Hou's place, Uenuku and Toi grabbed the dog, Pootaka-tawhiti, killed it and ate it. Toi ate only a small portion.

5 When Tama-te-kapua and his brother returned from bathing, they called in vain for their dog. They asked their father, but he

8 The *poroporo* is a shrub or a herb (*Solanum* sp.), but in an old chant about this incident the word *kuru*, a Polynesian word for breadfruit, is used.

17 *Te Koorero o Pootaka-tawhiti*

Paora Temuera

KO TEENEI POOTAKA-TAWHITI he kurii mookai na Tama-te-kapua raaua ko tana teina, ko Whakatuuria; he tamariki raaua na Hou-mai-tawhiti. Ko teenei koorero no te waa anoo i te iwi e noho ana i Hawaiki; no mua tata atu i te hekenga mai ki teenei whenua, ki Aotea-roa. Kei te takatuu te iwi mo te heke mai. Kua kitea hoki kua kore i kaha nga moutere e nohoia nei e raatou, ki te whaangai i te iwi. Kua tupu te riri i waenganui i nga hapuu e noho tahi ana i runga i nga moutere mo nga waahi tupunga kai-whenua, kai-hua-raakau. *1*

Ko Hou-mai-tawhiti he whanaunga tata tonu ki a Uenuku me Toi-te-hua-tahi, engari he paa kee to Hou, wehe kee i to Uenuku me Toi. I teetahi waa ka whakaaro a Uenuku ki te toro atu i tana tuakana, i a Hou; kua roa hoki te waa i ngaro mai ai i a Hou. Ka rongo a Toi, ka hiahia hoki ki te haere tahi me Uenuku. Ko teenei Uenuku he tohunga, aa, he raakau poroporo taana, kei te taha tonu o tana whare e tupu ana. Ka mutu anoo te poroporo i runga i taua moutere. Oona hua he minaminatanga na te katoa. *2*

Ka tae nga taangata nei ki te paa o Hou, ka poowhiritia mai e te tangata whenua. Ka mutu nga mihi, ka whiua te kai. Te hoomaitanga he taro nei anoo me eetahi kuumara torutoru nei. Ka mutu anoo, kaaore he kiinaki. Ka mutu te kai ka poroaki iho ki a Hou, ka hoki ki to raaua nei paa me te pukuriri, hiakai hoki. *3*

I a raaua e haere ana ka whai tahi te kurii mookai a Tama-te-kapua raaua ko te teina i nga tokorua nei. Ka tawhiti atu i te paa o Hou ka hopukia te kurii, a Pootaka-tawhiti, e Uenuku raaua ko Toi, ka patua, ka kainga. Ko te waahi i a Toi he waahi iti nei. *4*

Te hokianga mai o Tama-te-kapua me te teina i te kaukau, karanga noa i ta raaua mookai, korekore ana. Ui atu ki to raaua paapaa, kaaore hoki teeraa i moohio kei hea. Kaatahi ka kii atu ki a Tama-te-kapua kia haere ki te paa o Uenuku raaua ko Toi, teeraa pea i whai i a raaua. *5*

did not know where it was. He suggested to Tama-te-kapua that he should go to the *paa* of Uenuku and Toi, in case the dog had followed them there.

17.6 When they arrived at the home of Uenuku and Toi they began calling to their dog by name, 'E Poo, E Poo.' When they were outside Toi's house they heard a howl. They went in calling, 'E Poo, e Poo.' Tama-te-kapua and his young brother came upon Toi trying to cover his mouth with his two hands. However, the dog was howling from within Toi's stomach. When Toi saw Tama-te-kapua and Whakatuuria, he exclaimed, 'Oh dear, you were hidden in Toi's great belly, but you are still able to bark, you wretch!'

7 When Tama-te-kapua realised that their dog had been eaten by Toi, he was angry.

8 'For the foul deed carried out by you and Uenuku,' he said, 'you will both hear what we will do tomorrow.' Tama-te-kapua and his brother returned to their home and father. They told him of their dog's fate.

9 Tama-te-kapua and Whakatuuria then planned to avenge the murder of their dog Pootaka-tawhiti. When the plan was completed they made stilts. Their plan was to go to Uenuku's and Toi's place, and plunder Uenuku's *poroporo* fruit.

10 They completed their preparations that night and set off. They reached the place where Uenuku's *poroporo* grew. Tama-te-kapua mounted his stilts and began gathering the fruit, one in his mouth, one in his kit, and some for his brother, Whakatuuria. In due course, with their baskets full and themselves replete, they made their way back to their own home. On the second night, they returned once more to relieve Uenuku's tree of more of its fruit. On the morning of the next day, Uenuku himself visited the tree and was annoyed to find that much of the fruit was missing. He waited to see if the thieves couldn't be caught.

11 On the third night Tama-te-kapua and his brother again returned to gather what fruit was left on Uenuku's *poroporo*. Uenuku and his people lay watching, and saw Tama-te-kapua and his brother approach, one on stilts and the other on foot. They rushed onto them and caught Whakatuuria, but Tama-te-

Ka tae ki te paa o Uenuku raaua ko Toi ka tiimata te karanga 17.6
haere i ta raaua mookai, 'E Poo, e Poo.' Ka tae ki waho o te whare o Toi ka rongo i te auee. Kaatahi ka tomo atu ki roto me te karanga haere atu, 'E Poo, e Poo.' Rokohanga atu e Tama-te-kapua me te teina e ngana ana a Toi ki te kokopi i tana waha ki oona ringa e rua. Heoi, kei te auee ake te kurii i roto i te puku o Toi. Te kitenga mai o Toi i a Tama-te-kapua me Whakatuuria ka whakataukii, 'Ai, taukiri e-e. I huna iho hoki koe ki roto ki te hoopara nui a Toi — e tau ake anoo koe e-e, Taurekareka!'

Te moohiotanga o Tama-te-kapua kua kainga ta raaua kurii e 7
Toi' ka noho te whakatakariri.

Ko te kiinga atu, 'Mo teenei mahi kino a koorua ko Uenuku, 8
teeraa koorua e rongo ki ta maaua mahi ki a koorua aapoopoo.' Te hokianga o Tama-te-kapua me te teina ki te kaainga, ki to raaua paapaa. Ka koorerotia atu te tukunga iho o ta raaua mookai.

Kaatahi a Tama me Whakatuuria ka hanga whakaaro hei 9
takitaki i te koohuru o ta raaua kurii, o Pootaka-tawhiti. Ka oti ta raaua whakaaro ka hangaia he pou-toti. Ko te whakaaro i oti nei i a raaua me haere raaua ki te paa o Uenuku raaua ko Toi ka muru mai i nga hua o te poroporo a Uenuku.

Ka oti ta raaua whakariterite i te poo, ka haere. Ka tae ki te 10
waahi i tupu ai te poroporo o Uenuku. Ko te haerenga atu o Tama-te-kapua i runga i ana pou-toti, ka tiimata te katokato i nga hua o te poroporo, kotahi ki roto i te waha, kotahi ki roto i te kete me te tukutuku iho i eetahi ki toona teina, ki a Whakatuuria. Ka kii oo raaua puku me aa raaua kete, ko te hokinga ki te kaainga. I te poo tuarua ka hoki anoo nga taangata nei ki te muru mai i nga hua o te poroporo a Uenuku. Te aonga ake i te raa tuatoru ka haere atu a Uenuku ki tana poroporo; te tirohanga atu, kua itiiti nga hua. Kaatahi ka taaria me kore e mau te tangata taahae.

I te poo tuatoru ka haere anoo a Tama-te-kapua me te teina 11
ki te whakaemi mai i te toenga atu o nga hua o te poroporo a Uenuku. Teeraa a Uenuku me toona iwi e noho tauwhanga mai ra. Ka kitea mai, aa, ko Tama-te-kapua me te teina e haere atu ana. Kotahi kei runga i nga pou-toti, kotahi kei raro e haere ana. Ko te huakanga atu e nga kaituutai, ka mau ko Whakatuuria,

kapua managed to escape. The pursuers ran after Tama-te-kapua. He fled on his stilts towards the sea.

17.12 Then his pursuers conceived the plan of chopping the stilts down so as to cause their prey to fall into the sea and drown. Tama-te-kapua called to them to allow him to come ashore so that they could cut his stilts down there. When he reached the shore, they chopped the stilts and Tama-te-kapua fell to the ground. But, immediately he jumped to his feet and ran off. Even though the enemy was quickly in pursuit, their quarry had gained a flying start. They gave chase, but in vain.

13 Whakatuuria was taken by Uenuku's people to their *paa* where some said to put him to death.

14 Others said 'No! Hang him up on the ridgepole of Uenuku's house. Light a fire in the middle of the house and the smoke will kill him.'

15 When this plan was agreed on, Whakatuuria was temporarily spared. They started a fire and the smoke rose. Then they began to dance and threaten and taunt their victim.

16 Word reached Tama-te-kapua that Whakatuuria was being treated in this manner. On the second night he set out to find his young brother. He arrived outside the house and climbed the pillar supporting the barge-boards to get on top. Then he burrowed down at the place where he knew Whakatuuria to be hanging. On breaking through, he was right above his brother.

17 He asked, 'Tuu, are you alright?'

18 'Yes. Is that you, Kapu?' came the reply.

19 Then Tama-te-kapua began to instruct his brother in the plan by which he, Whakatuuria, might escape from the hands of the people taunting there below.

20 'Tuu, are you listening?'

21 'Yes.'

22 'First, shout down to those people that they are no good at dancing, challenging or singing. If it were you, the dance and challenge would be better. Now, if you are let down, say you want to wash, oil yourself, and stick plumes in your hair and lay hold of a *taiaha*. Then start to dance, bulging out your eyes and

ka pahure a Tama-te-kapua. Ka whaaia e nga kaiwhai a Tama-te-kapua. Ko te rerenga i runga i aana pou-toti ki te moana.

Kaatahi nga kaiwhai ka mea kia tuaina nga pou-toti kia hinga 17.12
atu ai ta raatou tangata ki te wai, kia toremi atu. Ko te karangatanga a Tama-te-kapua kia tukua atu ia ki uta, aa, ka tua ai i aana pou-toti. Te taenga atu kaatahi ka tuaina. Te hinganga iho o Tama-te-kapua, ko te whakatakanga ki runga, ka oma, ka kaahaki i a ia. Whai rawa ake te hoariri, kua paamamao kee ta raatou tangata e rere ana. Whai noa, kore rawa i mau.

Kaatahi ka arahina a Whakatuuria e te iwi o Uenuku ki te paa; 13
ko eetahi i mea me patu kia mate.

Ko eetahi i mea, 'Kaua! Engari me whakairi ki te taahuu o te 14
whare ruunanga o Uenuku. Ka tahu he ahi ki waenganui o te whare, aa, ma te auahi e patu.'

Ka rite te koorero ka whakaoraia a Whakatuuria. Ka tahuna 15
he ahi, a ka piki te auahi. Ka noho ki te haka, ki te whakatuuwaewae, ka whakatumatuma ake ki ta raatou tangata.

Ka tae te koorero ki a Tama-te-kapua kei te peeraatia te 16
tuukino i a Whakatuuria. I te poo tuarua ko te haerenga a tamate-kapua ki te whakataki i te teina. Ka tae ki waho o te whare ka pikitia te taumaihi, ka eke ki runga. Kaatahi ka karohia iho i te waahi i moohio ai ia kei reira a Whakatuuria e oi ana. Te hounga iho, ka tika tonu iho ki te teina.

Ko te paataitanga iho, 'E Tuu, kei te ora tonu koe?' 17

Ka whakautua ake e teeraa, 'Ae. Ko koe teenaa, e Kapu?' 18

Kaatahi a Tama-te-kapua ka tiimata ki te akoako iho i te teina 19
ki nga kaupapa e marere ai a Whakatuuria i roto i nga ringa o te iwi, e ngeri ake ra i raro.

'E Tuu, kei te whakarongo kau koe?' 20

'Aae.' 21

'Tuatahi me karanga iho koe ki te hunga ra, kaaore oo raatou 22
painga ki te haka, ki te whakatuuwaewae, ki te waiata. Mehemea ko koe, pai kee atu te tikanga o te haka me te whakatuuwaewae. Naa, ki te tukua atu koe ki raro, kii atu kia aata horoi koe i a koe, kia murua te kiri ki te hinu, ka titi i te kura ki te maahunga, ka toro atu i teetahi taiaha. Kaatahi koe ka tiimata ki te tuupeke me

sticking out your tongue. Jump to the back of the house and come back to the door. The third time you go to the back of the house, I will be at the door. I will open it, you will jump right outside and we will shut it.'

17.23 After Tama-te-kapua had finished his instructions, he descended and went into the porch of the house, crouching in wait for his brother.

24 When Uenuku and Toi and their people heard Whakatuuria insulting them and their dancing, they said, 'Let down this man who has so much to say about his dancing and everything else.'

25 He was released and everything went as his brother, Tama-te-kapua, had instructed him — the jumping towards the back of the house, the bulging eyes and protruding tongue, and the taunting before Toi-te-hua-tahi. Then the second jump. On the third, he reached the fireplace. He grabbed a burning brand from the fire, Tama-te-kapua opened the door and Whakatuuria landed outside. They shut the door and tied it fast.

26 Then the burning brand was thrown into the house's thatch. It was all aflame, and Toi and Uenuku and their people were all consumed by the fire. Another version says that Uenuku and Toi-te-hua-tahi and some of their people got out and survived, while some perished in the fire.

27 If you go to Oohine-mutu and into Tama-te-kapua, Ngaati Whakaue's meeting-house, you will see a dog's head on the top of the main post supporting the ridgepole. That is a reminder of Pootaka-tawhiti.

te puukana, me te wheeterotero i to arero. Kaatahi koe ka rere haere i roto o te whare, ka tae ki te tuarongo, ka hoki mai ki te papa o te whare. Ko te toru o oo hokinga mai i te tuarongo, kei waho ahau o te tatau, maaku e whakatuwhera te kuaha ka rere tika mai koe ki waho, ka tuutaki atu ai taaua i te kuaha.'

Ka mutu nga tohutohu iho a Tama-te-kapua ki te teina, ko te 17.23
hekenga atu ki raro, ka haere ki te roro o te whare, noho tatari mai ai ki te teina.

Te rongonga o Uenuku me Toi me to raaua iwi i a Whakatuuria 24
e koorero iho ana, aa, whakahaawea ana ki a raatou me aa raatou haka, kaatahi ka mea, 'Teenaa koa, tukua iho te tangata e kiikii iho nei te waha he moohio ia ki te haka, he aha raanei.'

Kaatahi ka tukua iho, aa, ka aata rite katoa nga mea katoa 25
i akoakongia atu ra e te tuakana, e Tama-te-kapua ki a ia, ko te tarapeketanga, tau rawa atu i te tuarongo o te whare, me te puukana, me te whaaterotero, me te whakatumatuma atu ki te aronga atu ki a Toi-te-hua-tahi. Kaatahi ka rua nga tara-peketanga. I te toru, tau rawa mai ki te ahi kei roto i te whare. Kapo tonu ki teetahi o nga motumotu o te ahi e kaa ra i roto i te whare, kua tuhera te kuuaha i a Tama-te-kapua, tau rawa atu a Whakatuuria i waho. Tuutakina mai te kuuaha, herehere rawa.

Kaatahi ka toua te motumotu e kaa tonu ra ki nga tuuparu- 26
paru o te whare. Ko te muranga i mura ai, pau atu a Toi me Uenuku, me to raaua iwi i te ahi. Ki teetahi koorero ko Uenuku me Toi-te-hua-tahi me eetahi o te iwi i puta ki waho ka ora. Ko eetahi anoo i pau atu i te ahi.

Mehemea ka tae koe ki Oohine-mutu, ka tomo ki roto i 27
a Tama-te-kapua, whare ruunanga o Ngaati Whakaue, ka kite koe kei runga o te pou tokomanawa o taua whare he upoko kurii. Koia teenaa te whakamahara mo Pootaka-tawhiti.

18 *The Marriage of Pare-arohi*

Pene Haare of Ngaapuhi

1 TE RANGI-POOURI, a *tuurehu*,[9] sent his daughter Pare-arohi, to marry a Maori husband because he realised that the *mana* of this land had gone to Maori people. Pare-arohi went and slept only at night with her Maori husband whose name was Te Hei-raura. At dawn the *tuurehu* woman would leave. At night she would return to their house.

2 One day Te Hei-raura blocked up all the chinks in their house, and that night the woman came again. He did this so that he could look at his wife — he had not seen her before because she came to him only at night. Early in the morning when the woman began to leave, her husband said, 'It is still dark.' The woman lay down again, but after a while she again prepared to leave. The husband again said, 'It is still dark.' The woman knew her husband wanted to see her and that he was deceiving her. She lay down. After a while the man opened the door of the house — the sun was already high in the sky — and then he saw his wife's beauty.

3 The woman began to weep. She stopped, washed and adorned herself. She fixed her husband's long feather plume on her head. The man had gone to tell his friends of his wife's beauty. They came to see her. The woman emerged from the house, climbed onto the roof and sang a song. As soon as she had finished her song, she tricked the people into looking seawards, calling out, 'It appears! It appears!' The people all looked towards the sea. When they looked back the woman had disappeared, gone back to her fairy folk.

9 *tuurehu* — goblin, fairy; a mythical being in human form.

18 *Ko te Moenga a Pare-arohi*

Pene Haare o Ngaapuhi

KA TONOA IHO E TE RANGI-POOURI, he tuurehu, toona tamaahine a Pare-arohi, ki te moe taane Maaori maana, hei mea e tuuhono ai toona iwi tuurehu ki te iwi Maaori, i runga i toona moohio iho, kua riro te mana o te motu nei i te iwi Maaori. Ka haere iho a Pare-arohi, ka moea i nga poo tana taane Maaori, ko Te Hei-raura te ingoa. Hei te ata-tuu tonu ka haere te wahine tuurehu ra. Hei nga poo ka hoki mai ki to raaua whare. *1*

No teetahi ra ka purupurua e Te Hei-raura nga puta o to raaua whare, aa, no te poo ka tae iho anoo toona wahine. I peeneitia ai e ia, he hiahia noona kia kite ia i te aahua o toona wahine, i te mea kaaore anoo ia kia kite; he poo anake hoki nga taenga mai. Oho ake i te ata-tuu tonu, kua mea te wahine ra ki te haere ka kii atu toona taane, 'Kei te poouri tonu.' Ka takoto anoo te wahine ra, aa, ka roa ka takatuu anoo ki te haere. Ka kii atu ano te taane 'Kei te poouri tonu.' Kua moohio te wahine ra, kei te hiahia toona taane kia kite i toona aahua, aa kua maminga ki a ia. Ka takoto. Ka roa, ka huakina e te tangata nei te tatau o te whare; kua rewa kee te raa ki runga, ka kite te tangata nei i te aataahua o toona wahine. *2*

Ka tiimata te tangi a te wahine nei. Ka mutu te tangi, ka horoi, ka wani i a ia. Ka titia te amokura o toona taane ki nga makawe o toona maatenga. Ko te tangata ra kua riro ki te whakaatu ki oona hoa i te aataahua o toona wahine. Ka haramai raatau kia kite. Ka puta te wahine nei ki waho, eke rawa ki runga ki to raaua whare, ka waiata i te waiata nei. Mutu rawa toona waiata, ka whakatarunatia kia titiro te iwi nei ki te moana, ka karanga, 'Ka puta rara! Ka puta rara!' Ka titiro whaka-te-moana te iwi ra; hoki rawa mai te titiro kua ngaro te wahine nei, kua hoki ki toona iwi patupaiarehe. *3*

19 *Hine-koorangi*

Wiremu Hoeta of Waikato

1 THIS IS A STORY about Hine-koorangi, a woman who was made a *puhi*[10] by her father and so was not permitted to marry. If any man wanted to marry her, the tribe and the woman's elders would not approve. A carved house was built for her. When it was finished, no man would come near it for fear of death.

2 But, soon a being from Te Reinga (the underworld) came, a spirit called Tuu-horopunga. When he entered Hine-koorangi's house, she smelt his perfume.

3 'Who are you?' she asked.

4 'Me!' he replied.

5 She asked a second question, 'Where did you come from?'

6 'You won't know me. I am a stranger to this village,' he replied.

7 'Yes,' she said, 'your perfume has reached me. If you were from this place, it would not be like that — your appearance and your perfume.'

8 Her desire for the man grew, as did his for her. They embraced and slept together that night. They talked happily together, and then lay down to sleep. When the New Zealand robin called, he began to leave.

9 She said to him, 'Let us wait for my father and the tribe to find us, so that we may make our marriage permanent.'

10 'You tell your father and your tribe I will come back tonight,' he replied.

11 She agreed and he went to his home below, Te Reinga.

12 The next day Hine-koorangi's father came to see her. He found his daughter weeping and asked, 'Why are you crying?'

13 She replied, 'I am crying for my man'

14 'Where is your man from?' asked her father.

15 'I don't know. He is a fine man.'

16 Then he emerged from the house and called to the tribe. 'People, listen to me. Your noble lady has taken a husband.'

10 *puhi* — ceremonial virgin.

19 *Ko Hine-koorangi*

Wiremu Hoeta o Waikato

HE KOORERO TEENEI mo Hine-koorangi, he wahine i puhia e *1*
toona matua, kaaore e tuku kia moe i te taane. Ka hiahiatia e
te taane kia moea, kaaore e pai te iwi me nga maatua o taua
wahine nei. Kaatahi ka hangaa he whare whakairo mo taua
wahine nei. Ka oti kaaore te tangata e tata atu i te wehi ka mate.

Aakuanei ka haere mai teetahi tangata no Te Reinga, he *2*
wairua, ko Tuu-horopunga te ingoa. Ka tae ki roto ki te whare
o Hine-koorangi ka puta te kakara ki a Hine-koorangi.

Ka paatai atu te wahine nei, 'Ko wai koe?' *3*

Ka kii mai, 'Ko au.' *4*

Ka rua ana paatainga atu, 'I haere mai koe i whea?' *5*

Ka kii atu anoo te tangata ra, 'E kore koe e moohio ki a au. *6*
He tauhou au ki teenei kaainga.'

Ka kii atu te wahine ra, 'Aae, inaa hoki toou tohu kua tae mai *7*
nei ki a au. Mehemea no konei anoo, kaaore e peenei, me toou
aahua, me toou tohu.'

Heoi ka tupu te hiahia o te wahine nei ki te tangata ra. Ka *8*
tupu to te tangata ra ki te wahine nei, heoi ka piri ki a raaua,
moe tonu iho i taua poo. Kua pai aa raaua koorerorero ki a raaua,
aakuanei moe tonu. Aa, ka tangi te piitoitoi ka haere te tangata
ra.

Na, ka kii atu te wahine nei, 'E noho taaua kia rokohanga mai *9*
taaua e taku matua, e taku iwi, kia tuuturu ai ta taaua moe.'

Ka kii atu te tangata ra, 'Maau e koorero atu ki to matua, ki *10*
to iwi, kia poo ka hoki mai au.'

Ka mea te wahine, 'Aae.' Ka haere te taane ki toona kaainga, *11*
ki raro ki Te Reinga.

Na, ka awatea ka puta mai te matua o Hine-koorangi kia kite *12*
i a ia. Rokohanga mai e tangi ana tana kootiro, ka paatai, 'E kui,
he aha taau e tangi?'

Ka kii te kootiro, 'E tangi ana au ki taku taane.' *13*

Ko te matua, 'No hea to taane?' *14*

19.17 'We are happy for our noble lady to take a husband,' they replied.

18 'Do you accept the one she has found, the one she wants?' asked her father.

19 The whole tribe said, 'Yes.'

20 That night the man again came to his wife and they slept together. Again, when the robin called he left. The father-in-law arrived to find that his son-in-law had already gone. He found only his daughter, who was crying.

21 'Where is your husband?'

22 'He left before you arrived.'

23 'Will he come back or not?' he asked.

24 She replied, 'When it's dark he'll come back.'

25 Her father said, 'When your husband comes, don't let him go. When it is almost daylight, then let him go, so that I can catch him.'

26 Hine-koorangi replied, 'All right. He will come tonight.'

27 Hine-koorangi's father went back outside. That night her husband appeared and they slept together again. At midnight the father-in-law came back and waited outside the house. He blocked the windows and the doorway of the house with garments, so that it would stay dark inside, so that Hine-koorangi's husband would not see the light and would not hurry to go. Now the father and the whole tribe waited for Hine-koorangi's husband. Dawn came and faces could be seen. Eventually the sun appeared. Then the man woke from his sleep with a start. Sunlight had begun streaming into the house and the entire tribe had assembled, filling the *marae*. He rushed about vainly inside the house, looking for a way to escape. He had already been seen by the tribe. Then the woman's father entered. The scent of that man, Tuu-horopunga, reached him and he praised his son-in-law.

28 Now he fired questions at his son-in-law. 'Where did you come from? This is the first time I have seen you.'

29 Tuu-horopunga replied, 'You won't know me. I am not from here.'

30 'Enough!' said his father-in-law. 'Where did you come from?'

'Aua, kaaore au e moohio. Ka nui te pai o taku taane.' 19.15

Kaatahi ka puta te tangata ra ki waho o te whare, ka karanga 16
ki te iwi, 'Whakarongo mai e te iwi. Ko to koutou rangatira kua
moe i te taane.'

Ka puta te kii a te iwi, 'Ka pai to taatou rangatira ki te moe 17
taane maana.'

Ko te matua, 'Whakaaetia atu ki taana i kite ai, ki taana hoki 18
i pai ai?'

Na, ka whakaaetia e te iwi katoa, 'Aae.' 19

I te poo ka tae mai anoo te taane ki tana wahine, ka moe anoo 20
raaua. Ka tangi te piitoitoi ka haere anoo te tangata ra. Tae noa
mai te hungawai kua riro tana hunaonga. Ko te kootiro anake
i rokohanga mai e tangi ana.

Ka paatai mai te matua, 'Kei whea to taane?' 21

'Kua riro anoo i mua mai na i a koe.' 22

Ka kii te matua. 'E kore raanei e hoki mai?' 23

Ka kii atu te kootiro ra, 'Kia poo ka hoki mai.' 24

Ko te matua, 'Ka tae mai to taane, kaua e tukua. Kia tata ki 25
te awatea ka tuku, kia mau ai i a au.'

Ko te kootiro, 'Aae, hei te poo ka tae mai.' 26

Ka hoki te matua ki waho. I te poo ka puta mai te taane a te 27
wahine ra, ka moe anoo raaua. Tuurotowaenga ka hoki mai te
hungawai, ka noho ki waho o te whare. Kaatahi ka purua nga
matapihi, me te whatitoka o te whare ki te weruweru, kia poouri,
kei kite i te maarama, kei hohoro te haere. Na, kaatahi ka tiakina
e te tangata ra, e te iwi katoa. Na ka taakiri te ata, ka kitea te
kanohi o te tangata. Naawai ka puta te raa. Kaatahi ka oho te
tangata ra i te moe, oho rawa ake. Kua ngau te raa ki roto i te
whare, kua kii te marae o te kaainga i te iwi katoa. Kaatahi ka
rererere noa iho te tangata i roto i te whare, ka kimi i te ara
putanga moona ki waho. Peewhea hoki e puta ai? Kua kitea nei
hoki ia e te iwi ra. Kaatahi te matua o te wahine ra ka tomo atu
ki roto. Na, ko te kakara o taua tangata nei kua puta mai ki a ia,
ka puta te whakamoemiti a te tangata nei ki tana hunaonga.

Kaatahi ka rere atu te paatai a te tangata nei ki tana hunaonga, 28
'Teenaa, i haere mai koe i whea? Kaatahi nei hoki koe ka kitea
atu e au.'

19.31 'My home is not here,' he replied. 'It is below in Te Reinga.'

32 'Will you come here again,' asked his father-in-law, 'and will you stay here and marry your woman?'

33 'Yes.'

34 Then the father-in-law asked, 'Will you consent to my going to your home?'

35 'That is fine, but if you go to my home, take some food with you. Go at harvest time, when there is abundant food to take. I have told you this because, if you eat the food of that place you will not be able to return to your home, that is, to this world. Now, when you go there you will come to a vine that extends to the right, and that is the way to go. When you arrive in the underworld, you will find a *tutu* clump growing on the left-hand side. Do not look at it or you will die. Further on you will find a *toetoe* clump also growing on the left-hand side. Do not look at it or you will die!'

36 'Alright,' replied Tuu-horopunga's father-in-law.

37 Now, he, the son-in-law, put on his ornamental cloaks — dog-tail fur and black dogskin cloaks. These beautiful cloaks were made in earlier times, and they were chiefly garments. He then came out of the house, his head decked with the feathers of the *huia* and white heron. As the saying goes, he was 'like an albatross settling on the sea'. The tribe greeted him.

38 'Welcome, visitor from afar. My child fetched you from the stars of the sky and brought you here!'

39 The people of the tribe gazed at him, praising him. He then returned to his home below, Te Reinga. He reached Mirimiri-te-poo and stayed there. The month arrived when he said his father-in-law should go there, and one hundred of the tribe went down to Te Reinga. They found the path that the son-in-law had told them of, but when they neared it they found that the vine leading down to Te Reinga had been cut. So they plaited a rope to get themselves down. They plaited for two days; when they let down the rope, it reached the bottom. All the people climbed down the rope and having reached the bottom they went on. They came to the *tutu* clump that they were told not to look at. Some of them looked at it and died at once. They kept on to the *toetoe*

Kaatahi ka kii mai, 'E kore koe e moohio ki a au. Ehara au 19.29
i konei.'

Ko te hungawai, 'Ati! i haere mai koe i whea?' 30

Ko te tangata ra, 'Tooku kaainga ehara i konei, engari tooku 31
kaainga kei raro kei Te Reinga.'

Ko te hungawai, 'E tae mai anoo koe ki konei, e noho ki konei, 32
e moe i taau wahine?'

Ko te hunaonga, 'Aae.' 33

Kaatahi ka kii te hungawai, 'E kore koe e pai kia haere au ki 34
to kaainga?'

'E pai ana, engari ki te haere ake koe, ki taku kaainga, haria 35
ake anoo he kai maau. Hei te ngahuru ka haere, kia hua he kai
maau hei haringa ake. Te take o nga kai i kiia atu ai kia haria;
ki te kai koe i oo reira kai e kore koe e hoki ake ki te kaainga,
araa, ki te ao nei. Na, ka haere ake, ka tae ki te aka e totoro ana
i te taha ki matau, koia teenaa te ara. Ka tae ki raro ka kite i te
take tutu e tupu ana i te taha ki mauii, kei titiro, ka mate. Ka
haere ake ka kite anoo i te take toetoe e tupu ana i te taha ki
mauii, kei titiro ka mate.'

Ka kii te hungawai, 'Aae.' 36

Na, kaatahi ka kahu te tangata nei i ana kahu whakapaipai, 37
araa, he kaitaka, he parawai, he kahu waero, he toopuni. No mua
eenei kahu papai. No te rangatira eenei kaakahu. Na, kaatahi ka
puta ki waho o te whare, ko te maahunga tiaina ki te huia, ki te
kootuku. Na, ka puta te whakataukii, 'Me he toroa e tau ana
i runga i te au.' Ka puta te maioha a te iwi.

'Haere mai ra, e te manuhiri tuuaarangi, na taku pootiki koe 38
i tiki atu ki te whetuu o te rangi kukume mai ai, a-a.'

Ka titiro te iwi ka whakamoemiti ki a ia. Heoi, kaatahi ka hoki 39
te tangata ra ki toona kaainga, ki raro ki Te Reinga. Ka tae ki
Mirimiri-te-poo, ka noho i reira. Ka tae ki te marama i kiia mai
ra hei haerenga atu mo tana hungawai, ka haere te iwi nei ki
raro ki Te Reinga, haere ake kotahi rau. Ka tae ki te ara i kiia mai
ra e tana hunaonga, tae rawa atu, kua motu te aka haerenga ki
raro ki Te Reinga. Kaatahi ka whiria ki te taura hei huarahi ki
raro. E rua nga raa e whiri ana. Kaatahi ka whakahoroa te taura
ka tatuu te taura ki raro. Kaatahi ka rere katoa te iwi nei i runga

clump that they were told not to look at. Some of them looked at it and they died at once. They went on and reached the house of that man, the son-in-law.

19.40 They entered the house, Mirimiri-te-poo, and sat in a corner. They stayed there for a month before they began to think of coming back to this world. Then the son-in-law spoke to the father-in-law.

41 'You must leave your daughter here, the younger sister of Hine-koorangi.'

42 'No!', said the father-in-law.

43 'If you insist on taking your daughter with you, you will die,' said his son-in-law. 'Don't be stubborn.'

44 'What about my love for my daughter? It was because of you that I came here?'

45 'You must leave her,' replied the son-in-law. 'Do not refuse.'

46 Then the other man began his sad lament for his daughter.

47 Stay, girl, at Mirimiri-te-poo,
The gateway to the underworld,
The house of Rua-kuumea.

48 And so they began their return, leaving the young woman with Tuu-horopunga as his wife. They came to the path, but the rope had been severed. They became hopelessly confused and vainly tried to climb up. Then they heard the call of the morepork. They knew the morepork was calling from their everyday world. They climbed on and, travelling further, reached their village. When Hine-koorangi saw that her sister was missing, she asked, 'Where is your daughter?'

49 'She stayed behind.'

50 She began to weep, and her tears flowed like water.

[translation adapted from Chris Lane]

i te taura nei, ka tatuu ki raro ka haere. Ka tae ki te take tutu i kiia mai ra kei titiro, aakuanei titiro ana eetahi, mate tonu iho eetahi. Haere tonu, te take toetoe, i kiia ra kei titiro, aakuanei titiro ana eetahi ki reira, mate tonu iho. Heoi ka haere tonu, ka tae ki te whare o te tangata ra.

Ka tomo ki roto i te whare, ki Mirimiri-te-poo, ka noho ki te *19.40*
kokonga. Kotahi marama e noho ana i reira ka mea kia hoki mai ki te ao nei, kaatahi ka puta mai te kupu a te hunaonga ki a ia.

'Me waiho to kootiro i konei, te teina o Hine-koorangi.' *41*

Ka kii te hungawai, 'Kaao.' *42*

Ka kii te hunaonga, 'Ki te tohe koe kia riro to kootiro i a koe *43*
ka mate koe. Kaua e tohe mai.'

Ko te hungawai, 'Me peehea taku aroha ki taku kootiro. Naau *44*
hoki au i tae mai ai ki konei.'

Ka kii te hunaonga, 'Me waiho. Kaua e tohe.' *45*

Kaatahi ka tiimataria tana tangi aroha mo tana kootiro. *46*

> E noho, e hine, i Mirimiri-te-poo, *47*
> Te tatau o te poo,
> Ko te whare teenaa o Rua-kuumea.

Kaatahi ka hoki mai, ka mahue atu te kootiro ra i a Tuu- *48*
horopunga, hei wahine maana. Na, ka haere mai, tae noa mai ki te huarahi. Kua motu te taura, heoi, ka poorangi noa iho i reira, ka piki noa ake i reira. Na, ka rongo i te tangi a te ruru. Kaatahi ka moohio ko te ao teeraa, e tangi iho nei te ruru. Na, ka eke ki runga, ka haere, ka tae ki te kaainga. Ka kite a Hine-koorangi kua ngaro tana teina kaatahi ka paatai mai, 'Kei whea to kootiro?'

'Kua noho atu.' *49*

Ka tupu te tangi a te wahine nei. Me te wai e rere ana te *50*
roimata o te wahine nei.

20 *Uenuku*

[translation adapted from Elsdon Best]

1 THIS IS A STORY of Hine-puukohu-rangi and her younger sister, Hine-wai. These women descended to earth at night.

2 Hine-puukohu-rangi called out to Hine-wai, 'You stay here while I go to visit Uenuku.'

3 Her young sister agreed, so Hine-puukohu-rangi went and entered Uenuku's house, and stayed there. This couple cohabited, but Uenuku knew that his wife did not come from that place. So he asked her, 'Where are you from?'

4 'I am from Long Sky, from Distant Sky,' she replied. 'My name is Hine-puukohu-rangi.'

5 So this couple lived together. Now, when Hine-wai saw dawn's first light she called out, 'Hine-puukohu-rangi, it is daylight!'

6 Hine-puukohu-rangi came out and the two flew up to the sky. Their path was the mist. Uenuku awoke and his partner was gone. But at night, when the fire was out, the sisters came back again. Hine-wai stayed where she had been before, and Hine-puukohu-rangi went and slept with Uenuku. Hine-puukohu-rangi said to Uenuku, 'Don't talk about me. When we have a baby, you can talk. If you wrong me, I won't stay with you. Telling people about me would be wrong.'

7 From that moment on, Uenuku wanted to talk. He couldn't hide the thoughts he had of his wife's beauty, a beauty so unlike that of mortal women.

8 Uenuku went to sleep and when he woke up she was gone. The next day he waited to see what time she left. When she went, he heard Hine-wai's voice calling.

9 'Hine-puukohu-rangi, it is morning.'

10 The woman rose and left in the night, close to dawn. That morning Uenuku told his people about his wife, a beautiful woman unlike any mortal woman. She came from the sky and her name was Lady-of-heavenly-mists.

20 Ko Uenuku

Tamarau o Tuuhoe

HE KOORERO teenei mo Hine-puukohu-rangi raaua ko toona 1
teina, ko Hine-wai. Ka heke iho nga waahine ra i te poo.

Ka karanga atu a Hine-puukohu-rangi ki a Hine-wai. 'E noho 2
koe i konei, kia haere au ki a Uenuku.'

Na, ka whakaae te taina. Na, ka tapoko a Hine-puukohu-rangi 3
ki roto ki te whare o Uenuku, ka noho raaua, ka moohio
a Uenuku ehara no konei taua wahine nei. Ka paatai a Uenuku,
'No hea koe?'

Ka mea mai te wahine ra, 'No Rangi-roa au, no Rangi-mamao. 4
Tooku ingoa ko Hine-puukohu-rangi.'

Na, ka moe raaua. Na, kua tae mai te hihi o te awatea ki 5
a Hine-wai, kaatahi ia ka karanga. 'Hine-puukohu-rangi ee! Ka
awatea!'

Ka puta a Hine-Puukohu, ka kake raaua ki te rangi. Too raaua 6
ara he kohu. Oho rawa ake a Uenuku, kua ngaro. Na, ka noho
i te poo, ka weto te ahi, ka tae iho. Ka noho a Hinewai ki toona
nohoanga, ka haere anoo a Hine-puukohu-rangi, ka moe raaua.
Na, kaatahi ka whai-kupu a Hine-puukohu-rangi ki a Uenuku,
ka kii atu ki a Uenuku, 'Kei koorero koe i a au. Kia whaanau
rawa he tamaiti ma taaua, kaatahi koe ka koorero i a au. Mehemea
ka koohuru koe i a au, kaaore au e noho, araa te koohuru, he
koorero ki te tokomaha.'

Na, no teeraa, ka hiahia a Uenuku ki te koorero. Kiihai 7
i manawa-nui ki te huna i te pai o taua wahine kiihai i rite ki nga
waahine o te ao nei.

Na, kaatahi ka moe a Uenuku, oho rawa ake kua ngaro. Kaatahi 8
ka tiakina te waa i haere ai. Na, i te waa i haere, i rongo ia ki te
reo o Hine-wai e karanga ana.

'Hine-puukohu-rangi ee, ka awatea.' 9

Ka maranga te wahine ra, ka haere i te poo, aa, tata ana ki te 10
awatea. Na, i taua awatea kaatahi ka koorero a Uenuku ki tana

20.11 'Does she leave in the night?' they asked.

12 'Yes.'

13 'Plug up the house so that it is all dark.'

14 So Uenuku blacked-out the house. Then he waited. His wife came and they slept together, both waiting for Hine-wai's call.

15 'Who is that calling from the ridgepole of the house?' Uenuku asked Hine-puukohu-rangi.

16 'My young sister, Hine-wai, who will call to me at dawn.'

17 So now Hine-wai's name was known. Then it came time for Hine-wai to call.

18 'Hine-puukohu-rangi, it is morning!'

19 Hine-puukohu-rangi woke up, but Uenuku said, 'Lie down! It's not morning yet. Look, the house is still dark.'

20 She lay back down and Hine-wai left. Hine-puukohu-rangi listened for a second call. But, when Hine-wai stopped calling, she thought that Uenuku was right, it was still night. Soon the sun was up and the tribe gathered on the *marae*. The house was opened and the woman saw that she was in trouble. She wore nothing but her hair. Uenuku went out and sat on the threshold. The woman stood up in the house, under the smoke-hole and sang her song, which went like this:

21 Uenuku, you waited to tell me,
Until the morning star had fled,
And the sun was on high outside.
Hine-wai did not stand waiting at the doorway.
I alone am shamed, a mad dog,
Standing naked — *keho!*

22 When she finished, she disappeared into the sky. Uenuku grabbed for her, but missed. He went after his wife and died. He is there, a rainbow in the sky — Uenuku, a cursed god.

iwi mo toona wahine, he wahine pai, kaaore e rite ki nga waahine
katoa e noho ki te ao. Ko toona wahine no te rangi, aa, ko toona
ingoa ko Hine-puukohu-rangi.

Kaatahi ka kii mai te iwi katoa, 'He poo te waa i haere ai?' 20.11

'Aae.' 12

'Purupurua te whare kia poouri katoa.' 13

Kaatahi ka purupurua e Uenuku. Kaatahi ka tiaki. Ka tae iho 14
tana wahine, ka moe raaua, ka tiaki anoo i te reo o Hinewai.

Ka paatai a Uenuku ki a Hine-puukohu-rangi, 'Ko wai teenei 15
e karanga nei i runga i te taahuhu o te whare?'

'Ko taku taina, ko Hine-wai. Hai karanga ki a au ka awatea.' 16

Na, kaatahi ia ka moohio ko Hine-wai te ingoa o taua wahine. 17
Na, kua tae ki te waa e karanga iho nei a Hine-wai, kua karanga.

'Hine-puukohu-rangi ee! Ka awatea!' 18

Kua ara kai runga, kua karanga a Uenuku, 'Takoto! Kaaore 19
anoo i awatea. Titiro ki te whare e poouri tonu ana.'

Ka takoto te wahine ra, kua haere a Hine-wai. Ka whakarongo 20
a Hine-puukohu-rangi ki te tuarua o nga karanga. Na, kua kore
e karanga a Hine-wai, kua moohio te wahine ra e tika ana ta
Uenuku, e poo tonu ana. Naawai, aa, kua rere te raa, a kua
whakaemi te iwi ra ki te marae o te tangata ra. Kaatahi ka huakina
te whare, kua kite te wahine ra kua mate ia. Kaaore he kaakahu
o te wahine, ko oona makawe te kaakahu. Ka puta a Uenuku ki
waho, ka noho i te paepae o waho. Ka tuu te wahine ki runga ki
roto i te whare, i raro i te puta auahi, ka tataki te waiata. Ko te
waiata teenei:

> Uenuku e, taaria e whaaki, 21
> Kia rere nga whetuu o te ata,
> Whiti mai hoki ko te raa i waho na.
> Kaaore ki a Hine-wai me tuutoro taaua ki te papa.
> Kia whakaparure ko au nei anake, te kurii poorangi;
> Tuu ake hoki taaua ki runga ra — keho!

Ka mutu, kua rere te wahine ki te rangi. Ka hopu te ringa 22
o Uenuku, kaaore i mau. Ka haere a Uenuku ki te whai i tana
wahine, aa, mate atu. Ko ia e taawhana nei i te rangi — ko
Uenuku, he atua piko.

21 *Children Not Yet Five*

Merimeri Penfold of Te Au-poouri

1 GREETINGS. My talk tonight is aimed at the parents of children who are not yet ready for school, the children who are not yet five. Now is the time for us to consider, to think about matters concerning our young children. Remember that our salvation, the salvation of the Maori people, lies in the hands of these children. Do not think mistakenly that it is only when a child turns five and goes to school that teaching of knowledge, either European or Maori, begins. No. It should begin in our children's first year, as they grow, and continue until they go to school.

2 Now then, what do you have for these children? What are your methods for making things clear for them, for guiding, for correcting them concerning the ways of the world? Yes, my friends, the answers to these questions, good or bad, lie with you. Enlightenment or the darkness of ignorance is with you to pass on to our children. For myself, I am a teacher, and I think I have some answers to these questions. It is for each one of you to consider, and sift out the right and wrong of these explanations. Whatever your decision, do not forget that the reason for this talk is to point out, to support and to seek correct procedures for us, the parents of this generation of children.

3 There are many parents, Maori and Pakeha, who, if their small children will not obey, frighten them with the schoolmaster, saying, 'The teacher will hit you!' Oh dear, what a terrible, terrible thing to do. Do not teach fear. When the time comes for the children to go to school they are disadvantaged because they are afraid of the teacher. For how many weeks will they have to go to school before they settle down? And why? Because of fear. Who made them afraid? We, the parents. So, my friends, stop doing this to our children. Instead, prepare them correctly for school.

21 *Ko nga Tamariki Kaahore anoo kia Rima nga Tau*

Merimeri Penfold o Te Au-poouri

E TE IWI, teenaa koutou. Ko aaku nei koorero mo teenei poo e paa ana ki nga maatua o nga tamariki kaahore anoo kia tika mo te haere ki te kura, nga tamariki kaahore anoo kia rima nga tau. Koia teenei ko te waa hei whiriwhiringa, hei whakaaronga ma taatou mo te taha ki aa taatou tamariki nonohi. Kia mahara mai koutou, ko te ora o taaua, o te iwi Maaori, kei roto i nga ringaringa o aua tamariki. Kaua e pooheehee kia rima ra anoo nga tau o te tangata, araa, kia haere ki te kura, kaatahi anoo ka tiimata te whakaako, araa te whai i te maatauranga o te Paakehaa, o te Maaori raanei. Kaahore! Me tiimata mai anoo i te tau tuatahi o aa taatou tamariki, i a raatou e tupu ake ana, aa, tae noa ki te waa e haere ai ki te kura. *1*

Teenaa, he aha aa koutou ma eenei tamariki? He aha aa koutou nei tikanga, hei whakamaarama, hei aarahi, hei whakatikatika i a raatou mo nga aahuatanga o teenei ao. Aae, e hoa ma, kei a koutou, kei nga maatua, nga whakautu pai, kino raanei, mo eenei paatai. Kei a koutou te maaramatanga, te poouritanga raanei hei hoatu ki aa taatou tamariki. I ahau nei, he maahita kura ahau. Ki ooku nei whakaaro kei ahau pea eetahi whakautu mo eenei paatai. Ma teenaa, ma teenaa anoo o koutou e whiriwhiri, e taakari, te tika, te hee raanei o eenei whakamaaramatanga. Ahakoa peehea aa koutou whakatau, kaua e wareware ko te take o eenei koorero he tohutohu, he haapai, he kimi i nga tikanga e tootika ai taatou, nga maatua o teenei whakatipuranga tamariki. *2*

Ka nui nga maatua, Maaori, Paakehaa anoo hoki, mehemea kaahore aa raatou tamariki nonohi e whakarongo, ka whakamatakutia ki te maahita kura, 'Ka patua koe e te maahita kura.' Auee, te mahi tino kino, tino hee! Kei ako atu nga whakamataku. Ana tae mai te waa mo nga tamariki e haere ai ki te kura, kua hee, kua mataku ki te maahita. E hia noa atu nga wiki o eenaa *3*

21.4 Most of our children's teachers are Europeans. So do not make them afraid of Europeans. Going to school is a difficult thing for our children, because they are strangers to everything concerning school. The language is strange, too, being English. The schoolhouse is strange because it is unlike their homes. The ways of the school are strange to our children — moving about quietly, listening carefully to the teacher's words, looking after their books, lunch, shoes, coat and other belongings. Yes, my friends, school is a new world to our children, a difficult and anxious world. So, present positive attitudes towards school. In this manner you will ease the way for our children as they seek the knowledge of the Pakeha.

5 There is another way of making things easier for our children when they go to school. Many of our children will not have seen a book until they go to school. Many of them have never cut paper with scissors, or seen a painting book, a writing book, or a reading book. Many of them have no toys, like trucks, cars, dolls and other children's play-things. These are good ways to spend money on our children. When someone owns things he learns to take care of them, and the things belonging to others also.

6 Now, concerning books (never mind comics, they are something else). Books are the main thing for the children of this age. The bookshops have fine books for our children. The best ones are those with pictures of animals, cars, trucks, children, pictures of all the things that little children like. So, do not be afraid to spend money on books for our children. If we provide some of these things, we are helping them for the time when they will go to school, because these are the main activities of children when they enter school. If these things are done our children will soon settle into school and be familiar with the nature of school things.

7 Here is another thing. I know that many of us who are parents are very impatient with the chatter and questions of our children. Questions are not answered, but are resented, and the children told to go outside, with words like, 'Go away! What a nuisance the child is!'

tamariki e haere ana ki te kura, kaatahi anoo ka tatuu te noho. Na te aha? Na te mataku. Na wai i whakamataku? Na taaua, na nga maatua. Na reira, e hoa ma, me whakamutu eenei aahuatanga ki aa taatou tamariki. Engari, whakareri-tikangia mo te waa e haere ai ki te kura.

Ko te nuinga o nga maahita o aa taatou tamariki he Paakehaa. 21.4
Na reira, kaua e whakamatakungia ki te Paakehaa. Teenei mea te haere ki te kura he mea uaua ki aa taatou tamariki, no te mea tino tauhoou nga aahuatanga o nga mea katoa e paa ana kite kura. He tauhoou te reo — he reo Paakehaa hoki. He tauhoou te wharekura — kaahore hoki i rite ki oo raatou kaainga. He tauhoou te whakahaere o teenei mea, o te kura, ki aa taatou tamariki — teenei mea te aata haereere, aata whakarongo ki nga koorero a te maahita — te tiaki i aana pukapuka, kai, huu, koti, me eeraa atu taonga ake a raatou. Aae, e hoa ma, he ao tino tauhoou te whare kura ki aa taatou tamariki, he ao uaua, he ao aawangawanga. No reira, kia waimarie nga whakaaro e hoatu ai mo nga aahuatanga o nga mahi o te kura. Ma eenei tikanga hoki ka ngaawari ai nga ara, nga huarahi, mo aa taatou tamariki e whai ana, e rapu ana raanei i te maatauranga o te Paakehaa.

Teenei anoo teetahi huarahi e ngaawari ai te haere o aa taatou 5
tamariki, a te waa ka haere raatou ki te kura. Ka nui aa taatou tamariki nonohi kaahore e kite pukapuka ana i mua atu i te haerenga mai ki te kura; ka nui kaahore kia akongia ki te kotikoti pepa ki te kuti, kaahore anoo kia kite pukapuka peeita, pukapuka tuhituhi, pukapuka koorero raanei. Ka nui nga mea kaahore he mea taakaro peenei i te taraka, motokaa, taare, me eeraa atu mea taakaro a te tamariki. He whakapau moni pai eenei mo aa taatou tamariki. Kia whai taonga ra anoo teenei mea te tangata, kaatahi anoo ia ka moohio ki te atawhai i aana taonga, i aa te tangata anoo hoki.

Na, mo te taha ki nga pukapuka nei — hei aha nga *comics.* 6
He pukapuka kee anoo eenei. He pukapuka te tino mea nui ki aa taatou tamariki o teenei whakatupuranga. Kei nga toa pukapuka eenaa mea te pukapuka papai ma aa taatou tamariki. Ko nga tino pukapuka ko nga mea whai pikitia kararehe, motokaa, taraka, tamariki, araa nga pikitia o nga mea katoa e piirangi

21.8 If our children are abused in this way, the time will come when they are unable to ask questions, one of the main ways of gaining knowledge. If parents are receptive to the questions of their children, those children will do well, carry on and achieve, and will be seen to have achieved status. 'A fern-frond dies, but another arises.' Our children today are the chiefs of the future.

9 Therefore, people, be forceful and strong in supporting them. If you have questions concerning them go and talk to your teachers, and ask your questions, or write to me at Te Whaaiti. Remember that the schools of today are not like those when we went to school, but very different. And so much better. This ends my talk for tonight.

ai te tamariki nonohi. No reira kaua e mataku ki te whakapau moni ki nga pukapuka ma aa taatou tamariki. Mehemea e rite ana eetahi o eenei i a taatou, e haapai ana taatou i a raatou mo te waa e tuupono raatou ki te haere ki te kura. No te mea koia ano eenaa ko nga tino mahi a eenei tamariki inaa tomo ki te kura. Mehemea kua rite eenei, kaahore e roa kua tatuu te noho o aa taatou tamariki i te kura, kua taunga hoki ki te aahuatanga o nga mea o te kura.

Teenei anoo teetahi. E moohio ana ahau ka nui taatou, maatua 21.7
nei, tino hoohaa ki te whakarongo ki nga koorero me nga paatai o aa taatou tamariki. Kaahore kee nga paatai e whakautua ana. Engari mea kau te mea kua riiria, kua tonoa kia haere ki waho. Koia anoo eenei nga kupu, 'Haere atu! Te hoohaa mai o te tamaiti na!'

Mehemea ka riiria peeneitia aa taatou tamariki, teeraa ka tae 8
mai te waa kua kuuare ki te patapatai. Koia nei teenei ko teetahi o nga tino huarahi ki te maatauranga. Mehemea e waimarie ana nga maatua ki nga paatai o aa raatou tamariki, kua ora eenaa tamariki, kua maaia, kua toa. Kua moohiotia he tangata. 'Mate atu he teetee kura, ara mai ra he teetee kura.' Ko aa taatou tamariki o naianei ko nga rangatira o te waa kei te haere mai.

Na reira, e te iwi, kia maaia, kia kaha ki te haapai i aa taatou 9
tamariki. Mehemea he paatai aa koutou mo te taha ki aa taatou tamariki, haere ki oo koutou maahita kura koorero ai, paatai ai i a koutou paatai, e tuhi mai raanei ki ahau, ki Te Whaaiti. Kia mahara, kaahore nga kura o teenei waa i rite ki nga kura o te waa i a taatou e haere ana ki te kura. Tino rere kee. E hia rau te painga atu o nga kura o eenei ra. Ka mutu nei aaku koorero mo teenei poo.

22 Song of the Ant and the Cicada

(traditional)

The Ant:

1 Stick to digging a burrow
To protect against the rain from above.
Gather seeds,
As food for the inner man,
In order to prosper.

The Cicada:

2 What is my pleasure? Sitting about,
Clinging to a branch,
Basking in the sun that shines,
And playing music on my wings.

22 *Te Waiata a te Poopoko-rua me te Taatara-kihi*

(Na nga tuupuna)

Poopoko-rua:

Uu mai ki te keri 1
I te rua mo te ua o te rangi,
Mo te makariri wero o te poo nei e-e,
Me te kohi mai anoo i te kaakano e-e,
Hei oo ake ma Tama-roto,
Kia ora ai e-i.

Taatara-kihi:

He pai aha koia taaku? He noho noa, 2
Piri ake ki te peka o te raakau e-e,
Inaina noa ake i te raa e whiti nei,
Me te whakatangi kau i aku paihau e-e.

23 *The Mosquito and the Sandfly*

From Tuuhoe

1 THESE TWO TRIBES are both very fierce at fighting. The humans of the island cannot escape their attacks. And the two tribes never fear to attack. Making a smoky fire is the only way to prevent them from attacking people. The sandfly represents a younger branch of the same family as the mosquito. They are descendants of Haumia, children of Moonehu, descended from Te Hekaponga — so it is for the mosquito and sandfly, and the male mantis, and spiders, and all creatures of that kind.

2 These two tribes have no chiefs. Their overlords are the north wind and the land wind. When they appear, the sandfly flees and the mosquito runs to his grandfather, Bracken-fern, and his mother, Fern Dust. The reason the sandfly attacks Tuu the man is that Namu-iria, the firstborn sandfly, was killed by Tuu because he had stolen the spiritual essence of Tuu. Hence, the attacks of the sandfly on man.

3 'Let us go and attack man!' said the sandfly to the mosquito.

4 'Wait for evening and we'll go into battle.' said the mosquito. 'Till evening, then we'll hum in his ears and make them tingle. Soon I'll get his ears twingeing and make our war successful. Don't attack in daylight or many will perish. If you confront man in the daytime, you, of the two of us, will certainly be killed.'

5 However, the sandfly stood up.

6 'Let us fight in the light of day. I'm going while it's light. Although I will die in great numbers, what does it matter, so long as his blood flows? When it is night, Mosquito, you will be smothered in smoke.'

7 So the mosquito consented, saying, 'It's up to you!'

8 Then the company of sandflies set forth, were seen by Tuu-matauenga, and died in their thousands. The mosquito saw that the sandfly was beaten and said in a song:

23 Te Waeroa Raaua ko te Namu

No Tuuhoe teenei koorero

KO EENEI IWI E RUA HE IWI kino rawa atu, raaua tokorua, ki *1*
te whawhai. Kaaore he putanga o te iwi Maaori o te motu nei. Ko eenei iwi e rua e kore e mataku ki te whawhai. Ka whakapua te tangata i te ahi, e kore e tata mai aua iwi ki te riri ki te tangata. Ko te namu he taina no te waeroa. He mokopuna raaua na Haumia, he tamariki na Moonehu, he uri no Te Hekaponga. Koia te waeroa, me te namu, me te roo taane, me puuwerewere, nga iwi peenaa te aahua.

Kaaore he rangatira o eenei iwi e rua. Oona rangatira ko te *2*
muri, ko te hau tuawhenua. Ka puta aua rangatira ka whati te namu, ka oma te waeroa ki roto ki toona tupuna, ki a Haumia, ki toona whaaea, ki a Te Moonehu. Te take o te namu i riri ai ki a Tuu, ko te tama a te namu, ko Namu-iria, i patua e Tuu, he whaanakotanga i te hau o Tuu. Koia te riri a te namu, e riri nei ki te tangata.

Kii ana mai te namu ki te waeroa, 'Taaua ka haere ki te *3*
whawhai i te tangata.'

Ka kii atu te waeroa, 'Waiho kia ahiahi ka haere ai taaua ki *4*
te riri. Kia ahiahi, hai hoohoo taringa, hai wheowheo taringa. Aakuanei ka tiioro oona taringa i a au kia pai ai hoki ta taaua riri. Kei riri taaua i te awatea, ka nui te mate. Mehemea ka riri koe ki te tangata i te awatea, ko koe o taaua ka mate.'

Tuu ana mai te namu. *5*

'Me riri awatea tonu. Kua haere au i te awatea nei. Ahakoa *6*
nui au ki te mate, hai aha i oona toto ka pakaru mai kai waho. Ko koe, e te waeroa, ka ahiahi, ka whakapuatia ki te ahi.'

Heoti anoo, whakaae mai ana te waeroa, 'Kei a koe.' *7*

Ka haere te ope a te namu ka kitea e Tuu-matauenga, he mano *8*
te namu ka mate. Ka kite te waeroa kua mate te namu, ka mea atu te waeroa ki te namu, ka waiata atu ki te namu:

22.9 I told you, brother,
To wait till evening, when we would go
To fight your kin.
I spoke, saying,
'Await the twilight
To buzz in his ears.'

I said, 'Sandfly,
Let us go by night
And attack your brother.
Though I be smothered
In the fire's smoke,
What does it matter, if his ears
Are tormented by me?'

E kii ana ahau, e taku tainaina 22.9
Waiho kia ahiahi, ka haere ai taaua
Ki te riri ki to tuakana.
Kii rawa atu au,
Waiho kia maru ahiahi
Hai wheowheo i oona taringa.

I kii atu ahau ki a koe, e te namu,
Kia ahiahi taaua ka haere ai ki te riri.
He ahakoa ahau te whakapuaria ai
Ki te auahi o te ahi,
Hai aha i oona taringa
Ka wheotia e au.

24 *Kupe's Journey From Hawaiki*

Te Whetuu of Taranaki

1 WHEN KUPE CAME to this country with his children he brought two birds named Pigeon and Toru's Shag. He journeyed here and arrived at this island. He sailed westwards, then on to Wai-te-mataa. Then on to Manu-kau. He sent the shag to check on the strength of Manu-kau's current. But, it was not strong.

2 Then he reached the Waikato River. It had no strength. On to Whainga-roa, Kaawhia, Mookau, Waitara, Paatea and Whenua-a-Kura.

3 His purpose was to name (and, therefore, claim) these places. On to Whanga-nui, he went. On to Wai-kanae, Te Rimurapa, Haa-taitai, where the sail of the canoe of Kupe was spread out. The following day he arrived at Wellington Harbour. The rock which stands at the mouth of Te Whanga-nui-a-Tara was named Kupe's penis.

4 He went on to Wai-rarapa and as far as Te Matau-a-Maaui. He came back from there to Te Rimurapa, where he remained. But, his birds flew on. Pigeon's task was to find seeds of the forest, but he failed to find any. Toru's Shag occupied himself in searching for places where the currents were strong.

5 When they arrived at Cook's Strait, they examined it and, surprisingly, found that the currents had no strength. Soon the birds of the South Island came over and saw Pigeon.

6 Pigeon asked, 'Where have you come from?'

7 'We are from the other island,' they replied.

8 'What sorts of food are there in that land?' Pigeon asked.

9 'A great many, but you should come over soon.'

10 When Toru's Shag heard this he asked, 'Say, haven't you seen a place where the sea currents are very strong? Raukawa has a fine name, but its currents have no strength.'

11 'Over there! Come!' they replied.

12 Toru's Shag said, 'Yes!'

24 *Ko te Haerenga mai o Kupe*

Te Whetuu o Taranaki

I TE WAA KA HAERE MAI a Kupe raatou ko aana tamariki me aana manu e rua, ko Rupe teetehi, ko Te Kawau-a-Toru teetehi, kaatahi ka haere mai, aa, ka tae mai ki teenei motu. Ka ahu mai ki te tai hauaauru, ka haere mai, aa, Wai-te-mataa. Haere mai, aa, Manu-kau. Kaatahi ka tukua te kawau hei titiro i te kaha o te ia o Manu-kau. Kaaore i kaha. *1*

Ka haere mai, aa, Waikato. Kaaore i kaha. Haere mai, aa, Whainga-roa. Haere mai, aa, Kaawhia, Mookau, Waitara, Paatea, Whenua-a-kura. *2*

Te take o teeraa he taunaha kaainga. Ka haere, aa, Whanga-nui. Ka haere, aa, Wai-kanae, Te Rimurapa, Haataitai, ka horahia te raa o te waka o Kupe. Ao ake, ka tae ki Whanganui-a-Tara. Ka huaina te ingoa o te toka e tuu na i te puuwaha o Whanga-nui-a-tara ko Te Ure-o-Kupe. *3*

Ka haere, aa, Wai-rarapa, aa, Te Matau-a-Maaui. Ka hoki mai i reira, aa, Te Rimurapa. Ka noho i reira. Ko aana manu kei te haere. Ko Rupe, taana mahi he kimi i nga kaakano o nga motu. Kaaore i kitea. Ko te mahi a Te Kawau-a-Toru he kimi i nga whenua kaha te ia. *4*

Te taenga ki Raukawa, te tirohanga atu, ehara, kaaore e kaha. Aakuanei, ka haere mai nga manu o teeraa motu, ka kite i a Rupe. *5*

Ka ui atu a Rupe, 'I haere mai koutou i whea?' *6*

Ka kii atu te iwi ra, 'No teeraa motu maatou.' *7*

Kaatahi a Rupe ka kii atu, 'He aha nga kai o teenaa whenua?' *8*

Kaatahi ka kii mai, 'Ka nui, otiraa, maau e haere ake aakuanei.' *9*

Ka rongo atu a Te Kawau-a-Toru, kaatahi ka kii atu, 'Teenaa, kaaore raanei koutou i kite i teetehi whenua kaha te ia o te moana? Koina hoki a Raukawa, ko te ingoa noa iho i rahi, kaaore i kaha te ia.' *10*

Kaatahi ka kii atu taua iwi, 'Kei reira. Maau e haere ake.' *11*

Ka kii atu a Te Kawau-a-Toru, 'Aae.' *12*

24.13 Then they returned to Kupe; Pigeon reported to him what he had heard and Kupe consented to his going. When Kupe had finished speaking, Toru's Shag said, 'Kupe, I have heard what the people of the other island have to say. There is a place with a strong current over there.'

14 'Good. Go and look,' said Kupe.

15 Kupe stayed at Te Rimurapa with his daughters. One was named Moohuia and the other was Toka-haere. The bird went, arriving at Puhi-kereruu where it stayed there.

16 Pigeon saw birds feeding on the fruit of a tree, and when the sun shone strongly, they went to the water (to drink). Afterwards they returned again to the tree to feed on the fruit, and then again visited the water. Pigeon went to find out what kind of food they were eating and, when he got there, he saw food aplenty. He ate until he was satisfied, and then went to the water and back again. Friends, that bird never returned to Kupe.

17 Toru's Shag and his friends went on their way; when they drew near — two miles distant perhaps — they told him, 'That's it roaring there.'

18 They went on, and when he looked at the approaching current, it seemed like a waterfall falling over a precipice. His friends said, 'Stay here awhile; wait until the tide is full.'

19 'I came for that. If I can beat it, then it will have no strength,' he replied.

20 The people of the land said, 'If you came for a contest, good. We will take a look at the tide.'

21 They looked on, and when the overfall of the current was strong the local people called out, 'The current is plunging. Try it!'

22 So he went to the overfall. He stretched out one wing, which reached the bottom and was not driven back. He knelt so that his knees were braced on the ground. He put out his other wing, just touching the water.

23 The local people watched, and some called, 'Sir, you will be beaten, beaten, beaten!'

24 One wing was in the water and had crossed to the far side while one was still above — still being carried, but not yet right down in the water. After a while, struggling and straining, it went

Ka hoki, ka tae ki a Kupe. Kaatahi a Rupe ka kii atu. Kua 24.13
whakaae a Kupe. Ka mutu to teeraa, kaatahi a Te Kawau-a-Toru
ka koorero atu i tana kupu, 'E Kupe, kua rongo au i i te koorero
a nga iwi o teeraa motu. Kei reira teetehi whenua kaha te ia o te
moana.'

Kaatahi a Kupe ka kii atu, 'E pai ana. Haere, tirohia.' 14

Ka noho a Kupe i Te Rimurapa raatou ko aana kootiro. Ko te 15
ingoa o teetehi ko Moohuia, ko Toka-haere te ingoa o teetehi.
Kaatahi nga manu nei ka haere, ka tae ki Puhi-kereruu, ka noho.

Ka titiro a Rupe ki te manu e kai ana i te hua o te raakau. Ka 16
kaha te raa, ka huri ki te wai. Ka mutu ki te wai, ka kai anoo i te
hua o te raakau. Ka mutu ka huri anoo ki te wai. Kaatahi a Rupe
ka haere, ka titiro i nga kai a te iwi e kai mai nei. Tana haerenga
atu, ka titiro, nui rawa atu te kai. Ka kai ia, ka ora. Kaatahi hoki
ia ka haere ki te wai, ka hoki ake. E hoa maa, kaaore teeraa i hoki
mai ki a Kupe.

Kaatahi a Te Kawau-a-Toru ka haere, raatou ko oona hoa, ka 17
tata, e rua maaero te mamao atu, ka kii atu nga hoa, 'Koia teeraa
e haruru mai ra.'

Kaatahi raatou ka haere. Te tirohanga atu o taua tangata ki te 18
ia e haere mai ana, e tia he rere e rere ana ki te pari. Kaatahi ka
kii atu nga hoa, 'Taihoa e haere, kia tuutuu te tai.'

Kaatahi teeraa ka kii atu, 'Ko toona tikanga teenei i haere mai 19
ai ahau. Ki te taaea e au, e hara, kaaore he kaha!'

Ka kii atu te tangata whenua, 'Mehemea he whakataetae taau 20
i haere mai ai, e pai ana. Ma maatou e titiro te aahua o te tai.'

Kaatahi ka tirohia, no te mea anoo ka kaha te tuupou o te ia. 21
Kaatahi ka karanga atu te toi whenua, 'Kua tuupou te ia. Whaka-
maatauria!'

Kaatahi ka haere atu ki te tuupouranga. Kaatahi ka tukua 22
teetehi parirau, ka tatuu, kaaore i riro mai. Kaatahi ka tuuturi nga
turi ki te whenua, ka uu. Kaatahi ka tukua iho teetehi parirau,
tau kau iho.

Titiro tonu te tangata whenua, kua karanga eetehi, 'E taa, ka 23
mate, ka mate, ka mate.'

Kaatahi ka tukua teetehi parirau. Ko teetehi parirau kei roto 24
i te wai kua whiti ki teetehi taha, kotahi kei runga anoo. Kei te

down. The water rose almost breast high, then he was whirled round.

24.25 Friend, the bird's wing was broken. Because the wing broke, there is now a passage for ships through that channel at Te Aumiti. If it had not broken the channel would be blocked. The wing that remained whole cannot be traversed by ships. So Kupe's warrior was beaten here.

26 Kupe waited a long time, and then there came a flock of terns, straight to his home. Kupe's daughter heard the flock calling out 'Dead, dead', and knew immediately that her pets were dead; she cried for them and then rushed into the sea and was drowned. Kupe saw that she was dead, and she remains there as a rock at Te Rimurapa; its name is Moohuia.

27 After the deaths of the birds and his daughter, Kupe lamented, and cut his flesh in sign of mourning, his blood flowing straight down to the shore where it remains today. If one goes there to see, it is not gone. That done, Kupe thought, 'It's no use my staying; it is better for me to go back.'

28 So Kupe returned northwards, arriving at Whanga-nui and then, still going on, to that part of the coast between Whenua-a-Kura and Paatea. There he looked away inland, and away seaward, and wept. Next day, he went on again and arrived at Waitara.

29 He then went on to Kaawhia, then to Kaipara. Departing the island, he finally arrived at Mootiwhatiwha, where he met Turi who was on his way here. They landed and greeted one another, at the end of which Kupe rose up to speak. When he had finished, Turi rose and, after he had greeted Kupe, began to question him.

30 'Oh Kupe, didn't you see any survivors on the island?'

31 'I did not see any,' Kupe replied, 'but I heard a voice saying *ngoo.* One of two was squatting on their latrine; the other was flitting about. That was all I saw on that island.'

32 In the morning it was calm. Turi called out to Kupe, 'Oh Kupe, let us both return to the land you went to.'

33 'Will Kupe return, then?' Then Kupe added, 'Turi, you go there. Let your course be past the snowy mountain. When you see a

kawe, kaare rawa i te aata tau. Naawai i kaha, i kaha, kaatahi ka tukua. Ka whano ka rite te putanga o te uma, kaatahi ka piiroria.

E hoa, ka whati te parirau o taua manu! Na te whatinga *24.25*
o teetehi parirau, i whai ara ai mo nga kaipuke ki taua awa, ki Te Aumiti; me i kore i whati kua kapi te awa. Ko te parirau i ora kaaore i haerea e te kaipuke. Ka mate i konei te toa a Kupe.

Ka tatari a Kupe, ka roa. Ka rere mai te pookai tara, tika tonu *26*
mai ki te kaainga o Kupe. Ka rongo atu te kootiro a Kupe i te iwi ra e karanga mai ana, 'Kua mate.' Moohio tonu taua wahine, kua mate aana mookai, ka tangi taua wahine. Kaatahi ka rere ki te moana ka mate. Kite noa atu a Kupe kua mate, waiho tonu iho hei koowhatu kei Te Rimurapa, e huaina ana te ingoa ko Moohuia.

I te waa ka mate nga manu me te tamaahine a Kupe, kaatahi *27*
ka tangi, ka haehae i a ia. Ka rere nga toto ki taatahi, e mau na anoo inaianei. Mei haere ana teetehi kia kite, kaaore e ngaro. Ka mutu teenaa mahi kaatahi a Kupe ka whakaaro noa iho, 'Kua kore ooku painga ki te noho, ko te mea pai ooku he hoki.'

Kaatahi a Kupe ka hoki ki raro. Ka haere, aa, Whanga-nui. Ka *28*
haere tonu, ka tae anoo ki waenganui o Whenua-a-kura me Paatea. Kaatahi ka titiro ki uta, ka titiro ki te moana, ka tangi a Kupe, ka mutu. Ao ake, ka haere ia, aa, Waitara.

Ka haere ia ki Kaawhia, ki Kaipara. Ka mahue te motu nei ka *29*
tae ki Mootiwhatiwha, ka tuutaki ki a Turi e haere mai ana. Ka uu ki uta, ka tangi. Ka mutu, kei runga a Kupe e whaikoorero ana, ka mutu. Kei runga ko Turi e mihi ana, ka mutu. Haere tonu te ui a Turi.

'E Kupe, kaahore koe i kite moorehu o te motu nei?' *30*

Ka kii atu a Kupe, 'Kaahore au i kite, engari, i rongo au ki te *31*
reo e ngoo haere ana. Ko teetehi i runga i te paepae anoo o raaua. Ko tana hoa e tiitakataka ana. Heoti anoo aaku i kite ai o teenei motu, ka mutu.'

I te ata ka aaio. Kaatahi a Turi ka karanga atu ki a Kupe, 'E *32*
Kupe, me hoki taaua ki te whenua i haerea na e koe.'

Kaatahi a Kupe ka karanga atu, 'E hoki Kupe?' Kaatahi a Kupe *33*
ka karanga atu, 'E Turi, haere. Kia maaroo to haere ki tua o te

river beyond and a bunch of herbs tied up, that is the place. Let your home be there.'

24.34 So Turi came on to Manu-kau, to Kaawhia, to Waitara, to Taranaki, and reached Paatea. Then he turned and saw the bunched up weeds at the mouth of Whenua-a-kura. He circled back and landed, settling there. After a long time he went on to Whanga-nui, to Ootaki and to Wai-kanae. There the boundary was established. Turi's boundary is Meremere.

35 Turi returned to Paatea. Later his people spread over that land and settled there. And so it ends.

25 Patrick Kahikura

Saddle-maker and everything for gigs
and carts at Taipoo, Taradale.

He has, at all times, fine saddles, harness, whips, spurs, and countless other things. Patrick Kahikura's is a most convenient place for buggy, gig, dog-cart, spring-cart and dray harness, and plough lines and saddle-bags. All of these things are made on site. Come and see for yourself.

maunga huka, e kite koe he awa kei tua. E kite koe i nga otaota i kaapuia, koia teenaa, hei konaa he kaainga moou.'

Kaatahi a Turi ka haere mai, aa, Manu-kau. Haere mai, aa, *24.34*
Kaawhia. Haere mai, aa, Waitara. Haere mai, aa, Taranaki. Haere tonu, ka tae ki Paatea. Te huringa mai, kua kite i nga otaota i kaapuia i te ngutu awa o Whenua-a-kura. Kaatahi ka hoki ki muri, kaatahi ka eke ki uta, ka noho i reira. Ka roa e noho ana, kaatahi a Turi ka haere, aa, Whanga-nui. Haere tonu, aa, Ootaki. Haere, aa, Wai-kanae. Kaatahi ka poua te rohe atu. Ko Meremere te pou a Turi.

Ka hoki mai a Turi ki Paatea. I muri ka haere atu nga iwi ki *35*
runga ki taua whenua, noho ai. Ka mutu.

25 Paateriki Kahikura

Kaihanga-tera me nga hanga katoa mo nga kiiki,
me nga kaata, kei Taipoo, Taratera.

Kei a ia, i nga waa katoa, nga tera pai rawa, haanihi, wepu, kipa, me eeraa mea e kore e taaea te tatau. Ko ta Paateriki Kahikura te whare ngaawari rawa mo te haanihi paki, kiiki, toki kaata, piringi kaata, terei, parau hoki, peeke tera hoki. Ko eenei mea katoa e hangaa ana i roto i taua toa; haere mai, kia kite tonu oo koutou kanohi.

26 A Chief at Every Bend

Sir Apirana Ngata

1 THERE LIES THE BED of the Waikato, slashing the belly of the island and cutting right through to the western sea. Te Heuheu at Tongariro is the source. There, perhaps, is the rock that was struck by the monster from which Waikato spurted, clearing a way through the middle of Taupoo and turning aside to Te Arawa, then meandering, bending at sharp angles, before pressing straight on, caressing the land and the trees, collecting the streams, small and large, and the overflow of the swamps. It reaches Ngaa-rua-waahia and there the Waipaa enters. It is Waipaa that gathers in the waters of the valleys of Maniapoto.

2 The rivers join and pierce Taupiri, pressing on towards Taamaki — Taamaki-of-a-hundred-lovers. Then, turned back by the land, the river breaks through to the sandy beaches of the west coast. The proverb 'Waikato of a hundred monsters, a monster at every bend' refers to all this winding about, but the proverb has another significance; it really refers to the prestige of men.

3 Ngaati-raukawa border the river until it reaches Maunga-tautari; from there to Ngaa-rua-waahia is Ngaati Hauaa land, the tribe of Te Waharoa. From there to the sea is home to Waikato, with its many divisions.

4 The flat lands of Waikato lie there, as if its hills had been placed in the middle as defences. Maunga-kaawaa, Maunga-tautari and Kakepuku look down on the Puuniu River, the border between Waikato and Maniapoto. Pirongia, exposed to the four winds, looks down on Kaawhia, Aotea and Raglan. Taupiri is the proverbial mountain of Waikato mentioned in the saying, 'Waikato is the river, Taupiri is the mountain and Pootatau is the man.'

5 At Taupiri the ranges squeeze in and the river passes with difficulty through to the other side. Beyond lie mountains, rivers and plains. It is appropriate that the Waikato river should be the

26 He Piko he Taniwha

Taa Apirana Ngata

TEERAA E TAKOTO ra te riu o Waikato, e hahae tonu ana i te *1*
puku o te motu, aa, tuakina rawatia atu ki te tai hauaauru. Ko Te
Heuheu i Tongariro te maataapuna. Kei reira pea te toka i patukia
e te taniwha, i pipii mai ai ko Waikato, ka ngaki mai i waenganui
o Taupoo, ka tiitaha mai i a Te Arawa, kaatahi ka koopikopiko
mai, ka whati, ka maaroo, ka miri i te whenua, i te raakau, me
te kohikohi haere i nga awa ririki, i nga awa nunui, i nga rukenga
o nga repo. Tae rawa ake ki Ngaa-rua-waahia, ka tomo mai
a Waipaa. Na reira i whakahiato mai nga wairere o nga whaa-
whaarua o Maniapoto.

Ka hui nga awa nei, ka poka i Taupiri, aa, ka maaroo te whai *2*
ki Taamaki — Taamaki-makau-rau. E hara! Ka whakahokia mai
e te whenua, aa, pakaru kee atu ana ki nga one kirikiri o te tai
hauaauru. Mo konei te kupu nei, 'Waikato taniwha rau, he piko
he taniwha, he piko he taniwha.' Araa, teetahi aaronga o taua
kupu, kei nga mana tangata ia toona tino taunga.

Ka pae i te taha o te awa nei ko Ngaati-raukawa, tae atu ki *3*
Maunga-tautari. I konaa ki te takiwaa atu o Ngaa-rua-waahia ko
Ngaati Hauaa, te iwi o Te Waharoa. Ka takoto atu i konaa ki te
moana ko Waikato, he maha nga wehewehenga i roto.

Ka takoto nga maania o Waikato, aa, waenganui tonu me te *4*
mea nei i aata whakatuuria oona pukepuke hei parepare. Ko
Maunga-kaawaa, ko Maunga-tautari, ko Kakepuku e titiro iho ana
ki Puuniu, ki te rohe wehenga o Waikato, o Maniapoto. Ko
Pirongia e toha ra ki nga hau e whaa e kite atu ana i Kaawhia,
i Aotea, i Whaaingaroa. Ko Taupiri ko te puke whakataukii
a Waikato, e kii nei, 'Ko Waikato te wai, ko Taupiri te maunga,
ko Pootatau te tangata.'

Kei Taupiri ka whakanoti nga hiwi, aa, puta uaua nga wai ki *5*
teeraa taha. Ka takoto atu i tua he maunga, he wai, he maania.
E tika ana kia waiho te wai o Waikato hei mea pepehatanga, na

subject of proverbs for it was there that the Waikato tribe originated, increased, united and became known in the land.

26.6 In its day both sides of the river were thickly populated. Today the villages are scattered and Pakeha settlements are interspersed. Waikato is a large tribe and if the tribes along its banks enter into a single alliance no tribal confederation would be their equal because, in spite of their many ancestral divisions and subtribes — Maniapoto, Raukawa, Ngaati Hauaa, Ngaati Paoa, Ngaati Maru, Ngaai te Rangi — one can say that they are all one people with Waikato. One canoe and one man in charge.

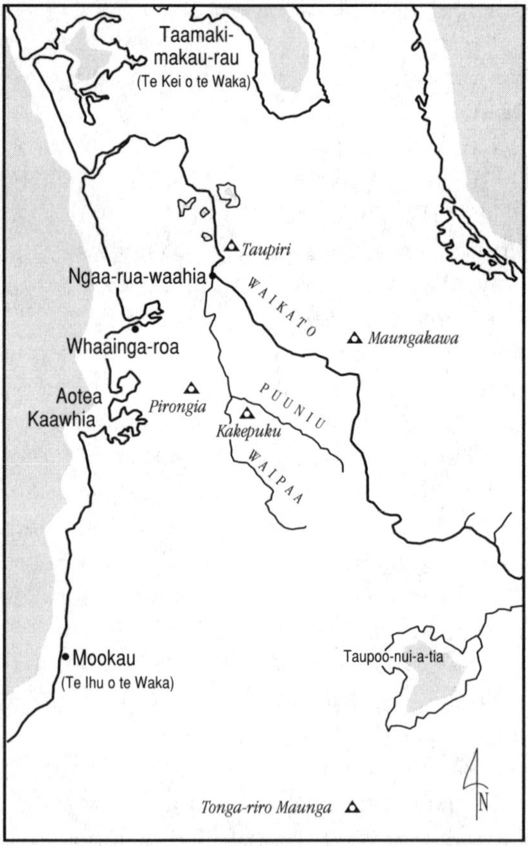

reira nei a Waikato iwi i tupu ai, i nui ai, i kotahi ai, i rangona ai e te motu.

I oona raa e maru ana teetahi taha me teetahi taha o te awa 26.6
i te tangata. Inaianei kua tuu takitahi nga paa, ka whakauruuru ko nga paa o te Paakehaa i waenganui. He iwi nui a Waikato, aa, ki te huia atu nga iwi e pae i nga taha, aa, e uru ana ki te whakahaere kotahi, kaaore he huihuinga iwi o te motu nei e rite, no te mea ahakoa he maha nga wehewehenga tuupuna, hapuu i roto, he Maniapoto, he Raukawa, he Ngaati Hauaa, he Ngaati Paoa, he Ngaati Maru, he Ngaai Te Rangi, e taaea ana te kii he kotahi eenei iwi me Waikato. Kotahi te waka taua, kotahi te tangata kei runga.

27 *Hinemoa*

Te Rangi-kaaheke of Ngaati Rangi-wewehi

1 HINEMOA WAS SET APART as a ceremonial virgin by her people — that is, by her uncles. No man was to tread the threshold of the beautiful maiden, Hinemoa. Her fame resounded in all parts of Roto-rua, Taupoo and Maketuu. Her story is written elsewhere. Tuu-taanekai's mother was Rangi-uru, her husband was Whakaue-kaipapa. Tuuwhare-toa was Rangi-uru's lover. But first, Whakaue and Rangi-uru had three children of their own. Their names were Tawake-heimoa, Ngaarara-nui, and Tuutea-iti. Afterwards Rangi-uru had an affair with Tuuwhare-toa, whose child Tuu-taanekai was. So, he was known as a bastard. But Whakaue continued to live with Rangi-uru after Tuu-taanekai was born. She conceived and bore a son named Koopako. Soon afterwards Rangi-uru was again pregnant. She had a daughter named Tuupaa. This girl was the last of Whakaue and Rangi-uru's children.

2 Now, when Tuu-taanekai the bastard was born he was treated by Whakaue as his own child. He brought up his four sons and this bastard; they heard of the beautiful maiden Hinemoa when they grew up. She was both beautiful and a chief. Her father was Umu-karia. Her mother was Hinemaru. Many people wanted this girl, including the older sons of Whakaue and their younger illegitimate brother.

3 Whakaue built a platform beside his village's palisade; when it was finished, the bastard saw it and it became his favourite place, night and day — he was his foster father's favourite, out of consideration for his not having a father and also because Whakaue greatly respected the nobility of his wife, Rangi-uru.

4 Although he was unhappy about her lapse, Whakaue repressed his thoughts, and continued to cherish his wife and her illegitimate son.

5 Whakaue lived on an island in the middle of a lake. The island was Mokoia and the lake, Roto-rua. Mokoia is the same size as Rangi-toto, off Taka-puna. Kai-weka was the actual place where

27 *Ko Hinemoa*

Te Rangi-kaaheke o Ngaati Rangi-wewehi

HE TAMAAHINE whakapuhi a Hinemoa na toona iwi, na oona maatua tungaane. Hore he tangata hei takatakahi atu i te whare o teenei puhi huumaarie, o Hinemoa. Kua pakuu toona rongo ki nga waahi o Roto-rua, o Taupoo, o Maketuu. Kei eetahi atu pukapuka nga koorero. Ko Rangi-uru te matua wahine o Tuu-taanekai, ko Whakaue-kaipapa tana taane tupu. He taane taahae a Tuuwhare-toa na Rangi-uru. Erangi ko aa raaua tino tamariki ake, araa, maataamua, tokotoru. Ko oo raatou ingoa eenei, ko Tawake-heimoa te tuatahi, ko Ngaarara-nui te tuarua, ko Tuutea-iti te tuatoru. I muri iho i eenei, ka moea taahaetia a Rangi-uru e Tuuwhare-toa, naana nei a Tuu-taanekai. No konei ia i meinga ai he pooriro. Otiraa, i moea anoo e Whakaaue tana wahine i muri i te whaanautanga o Tuu-taanekai. Ka hapuu, ka whaanau, he taane, ko Koopako te ingoa. Ka moea anoo i muri iho, ka hapuu ano a Rangi-uru. Ka whaanau he tamaahine, ko Tuupaa te ingoa. Ko te whakapaakanga teenei kootiro o nga tamariki a Whakaue raaua ko Rangi-uru. *1*

Na, ka whaanau nei teenei pooriro a Tuu-taanekai, ka atawhaitia e Whakaue aano ko tana tamaiti ake. Ka whakatupuria nei aana tama tokowhaa, me teenei pooriro. Ka whakatangata, ka puta mai te rongo o te puhi huumaarie nei, o Hinemoa. He wahine pai teeraa, he rangatira hoki ia. Ko toona matua taane ko Umu-karia. Ko toona matua wahine ko Hinemaru. Na, nui atu te piirangi o nga tini iwi ki teenei tamaahine, me te piirangi anoo o nga tamariki maataamua a Whakaue, me to raatou teina pooriro nei. *2*

Na, ka hangaa nei e Whakaue teetahi pourewa moona ki te taha o te taiepa o toona kaainga, aa, ka oti, ka kite tana tamaiti pooriro, ka waiho hei tino nohoanga mo toona tinana i te ao, i te poo, no te mea kei a ia te tino manaakitanga a toona matua whaangai a Whakaue, he whakaaro no toona ngaakau ki te kore matua mo Tuu-taanekai, aa, he whakaaro nui anoo hoki ki te rangatiratanga o toona wahine, o Rangi-uru. *3*

Whakaue's home was situated. It is at the south end of Mokoia. Tuu-taanekai cultivated a close friendship. He and Tiki were spiritually close, like older and younger brothers. Their pastime was to play on the two types of flute called *puu-toorino* and *kooauau*. In the evenings they climbed up onto their platform and played. Their music was carried ashore from Kai-weka by the land breeze that came down from the summit of Taupiri in the evening. There was praise for Tuu-taanekai's playing, which pleased the ears of many men and women — the tune of the *toorino* and the *kooauau* reached right to the village of the famous virgin, Hinemoa. Hinemoa had heard that the music was Tuu-taanekai's. She became infatuated with it. But Whakaue, too, had set restrictions on his son, Tuu-taanekai.

27.6 Now, whenever the subtribes of Roto-rua were gathered together at Mokoia, the chiefly young men would see Hinemoa sitting with the distinguished people of Tuu-hourangi. The king of Tuu-taanekai's body, the heart, sent messengers to all parts of his body and set it trembling with desire for Hinemoa. Hinemoa's eyes sought only Tuu-taanekai, the son set apart by his father, Whakaue, and whose music had travelled to her ears and delighted her.

7 Hinemoa saw Tuu-taanekai — they eyed each other and each secretly desired the other. Tuu-taanekai was not sure of himself and he thought, 'If I go to her and try to win her over, she may not like me.'

8 Furthermore, Hinemoa was also having doubts.

9 'If I send a messenger on my behalf, Tuu-taanekai may not respond to me.'

10 For many days they just stared at each other. Then Tuu-taanekai sent his messenger to Hinemoa. When she saw this she said, 'Oh, our love is mutual.'

11 Hinemoa and her people went back their homes after those meetings at Mokoia where the couple had seen each other. The people assembled in their social gatherings and Tuu-taanekai's relatives, his older brothers asked, 'Who among us has been with Hinemoa?'

12 Some said, 'Perhaps it was me.'

Ahakoa nui te poouri ki toona hara, peehia iho e Whakaue. 27.4
Kei te atawhai anoo i tana wahine me ta raaua tamaiti pooriro.

Ko te kaainga o Whakaue e noho nei, he motu kei waenga 5
moana. Ko Mokoia te motu, ko Roto-rua te moana. Heoi te nui o Mokoia, me Rangi-toto i waho atu o Taka-puna. Ko Kai-weka te tino waahi i tuu ai te kaainga o Whakaue. Kei te pito ki te tonga o taua motu nei a Kai-weka. Ka moohio haere a Tuu-taanekai ki te takataapui, araa, ki te whakahoa. Ka piri oo raaua wairua ko toona hoa takataapui ko Tiki, aanoo he teina he tuakana raaua. Ko ta raaua nei mahi taakaro he whakatangitangi puu toorino, puu kooauau. Kei te ahiahi poo ka piki raaua ki runga i to raaua nei atamira whakatangitangi ai. Ma te hau-whenua-a-poo o runga i te tihi o Taupiri e whiu ki te taha whakauta o Kai-weka. Ka tangi mai te whakamoemiti ki nga whakatangitangi a Tuu-taanekai e whakarekareka nei i roto i nga taringa o rau tangata atu, wahine atu, aa, tae noa atu ki te paa o te puhi rongonui nei, o Hinemoa, te rangi o te puu toorino, te puu kooauau. Kua rangona ra hoki e Hinemoa na Tuu-taanekai eenei mea whakatangi. Kua waiho rawa hei tuumanako mate-ngaakau o teenei puhi rongonui. Otiraa he mea whakaihi anoo hoki e Whakaue tana tama a Tuu-taanekai.

Na, i nga waa e huihui ai nga hapuu o Roto-rua ki Mokoia ka 6
kitea e te tini o te tapairu-taane, a Hinemoa, e noho ana i waenga i te hono o te kahurangi o Tuu-hourangi. Heoi anoo, ka tono karere te kiingi o te tinana, a te ngaakau, i nga waahi katoa o te tinana kia korikori ki te piirangi ki a Hinemoa. Heoi, kei te rapurapu anoo nga kanohi o Hinemoa kia kitea e ia a Tuu-taanekai, te tamaiti i whakaihia nei e Whakaue, aa, e haere atu nei hoki te tangi o aana mea whakatangitangi ki roto i oona taringa whakarekareka ai.

Ehara, kua kite rawa anoo a Hinemoa i a Tuu-taanekai ka 7
titiro-a-kanohi atu teetahi ki teetahi, e wawata puku ana teetahi me teetahi ki a raaua ake. Kaaore ia a Tuu-taanekai i moohio, engari i mahara kau, 'Ki te haere atu raanei au ki te maatoro i a Hinemoa, e kore pea ia e tahuri mai ki a au.'

Waihoki, ko Hinemoa e raupeka ana anoo. 8

'Ki te mea raanei e tonoa atu e au he karere maaku, e kore 9
pea a Tuu-taanekai e tahuri mai ki a au.'

27.13 When Tuu-taanekai was asked he said, 'I've been with Hinemoa.'

14 'No,' said his kinsfolk, 'she wouldn't turn to you, or one like you, the low-born one … the bastard.'

15 So he told his foster father to remember what he had told him, because he had been with Hinemoa. During the days they had been together, the couple had arranged a time when Hinemoa would come to Tuu-tanekai.

16 Hinemoa had asked,'What will the sign for me to come be?'

17 Tuu-taanekai had replied, 'The *puu-toorino* will play every night. Paddle your canoe to me, at Mokoia.'

18 So Whakaue held fast to the words spoken by Tuu-taanekai to him. Now, in the middle of the night Tuu-taanekai and his friend, Tiki, climbed up onto their platform, and there one played the *toorino* and the other the *kooauau*. Hinemoa heard and was keen to paddle there on a canoe. But her people had become suspicious about our heroine, Hinemoa, and the canoes, and so they had been hauled up on the shore and left there. So it went on every day and night. Her heart said, 'How can I cross to Mokoia while the people are careful with the canoes?'

19 She settled down to wait. The tune of Tuu-taanekai's flute was like an earthquake, shaking our heroine and urging her towards the darling of her heart. She thought of the lack of a canoe and said, 'Can't I swim across?'

20 She took six calabashes as floats to prevent her from sinking, three on one side and three on the other. She climbed up onto a large rock called Iriiri-kapua, then went down to the shore to the place called Warerewai and left her clothes there. She dropped into the water and swam. She came upon a post standing at the point where the shallows meet the deep water, a mooring in the lake belonging to her father, Umu-karia. Its name was Hine-whata.

21 This was the significance of the post. When a chief possessed territory he owned the land and the water, so it was said 'part of his territory is on land and part in the water'. Commoners owned no part of the lake, only the land — in the water, nothing.

22 Of course, in the water there were fishing holes and reefs with groper and *tarakihi,* currents where sharks could be found, and

He maha hoki nga rangi i titiro whakatau ai raaua teetahi ki 27.10
teetahi. I muri iho, ka tonoa e Tuu-taanekai tana karere ki a Hinemoa. Ka kite a Hinemoa, 'E-e-e, kua rite tahi koia oo maaua nei hiahia.'

I muri iho i aua huihuinga ki Mokoia i kite ra raaua ki a raaua, 11
ka hoki raatou, a Hinemoa maa, ki oo raatou waahi. Ka huihui nga whare tapere, ka mea nga whanaunga o Tuu-taanekai, araa, oona tuaakana, 'Ko wai o taatou kua paa nei ki a Hinemoa?'

Ka mea eetahi, 'Ko ahau pea.' 12

Ka uia atu hoki ki a Tuu-taanekai. Ka mea atu teeraa, 'Kua 13
paa atu au ki a Hinemoa.'

Ka mea nga whanaunga, 'Kaahore! E kore ia e tahuri atu, e 14
pai atu ki a koe, ki te tuutuuaa, ki te pooriro.'

Na, ka mea ia ki toona matua whaangai kia whakaaro ki ana 15
kupu i mea atu ra ki a ia, ta te mea kua paa ia ki a Hinemoa. Kua aata whakaritea hoki e raaua i raurangi ra, te waa hei haerenga mai mo Hinemoa ki a ia.

Ka mea a Hinemoa, 'He aha te tohu mo taku haerenga mai?' 16

Ka mea a Tuu-taanekai, 'E tangi te puu toorino i nga poo 17
katoa. Hoe mai i to waka ki a au, ki Mokoia.'

Otiraa, ko Whakaue, i pupuri tonu i te kupu a Tuu-taanekai 18
i whakapuaki atu ra ki a ia. Na, no te tuuruawee-poo ka piki a Tuu-taanekai raaua ko toona hoa, ko Tiki, ki runga ki to raaua atamira. I reira ka tango teetahi i te puu toorino, ko teetahi i te kooauau. Ka rongo a Hinemoa, ka hihiri kia hoe atu ia ki reira ma runga i te waka Otiraa, kua tuupato kee atu te iwi o tuawahine, araa, o Hinemoa ki nga waka; he mea tootoo ki te tuawhenua puukei ai. Peeraa tonu i nga raa katoa, i nga poo katoa. Ka mahara toona ngaakau, 'Me peehea ra au e whiti ai ki Mokoia, inaa hoki e moohio tonu ana teenei iwi ki nga waka?'

Whakatau noa iho ia ki te noho. Aano te rangi o te kooauau 19
a Tuu-taanekai me he runa, aanoo e ueue ana i a tuawahine kia haere atu ki te kare-a-roto o toona ngaakau. Te puta aana mahara i te kore waka ka mea ia, 'E kore raanei e whiti ki te kauhoe?'

Ka tango ia i nga tahaa e ono, hei whakatere moona i te au 20
o te moana, kei totohu ki te wai, e toru ki teetahi taha, e toru ki teetahi taha. Ka haere mai ia ki runga ki teetahi koowhatu, ko

netting banks. And so it was that Umu-karia's row of posts were arranged at the edge of the 'drop' in Lake Roto-rua, its northern end at the mouth of the Oohau Channel and extending south to Te Tawa, Te Ngae (the place where Chapman, Roto-rua's missionary, lived), and Mata-wera, before it turned west. This portion that bends to the west is perhaps ten miles long. The line belonging to Umu-karia extended from Mata-wera at Oowhata, to Oowhati-ura at the mouth of the Puarenga.

27.23 This was the purpose of the line of posts. When they were driven in and completed, and the season arrived for taking the fish of this lake, vines called *aka torotoro* were fetched from the bush. Bracken fern had been pulled up a couple of days previously. These were brought together with the vines and gathered into heaps of equal size. Then the bracken was tied to the vines in tight bundles. Others plaited ropes and ties — heaps of them — and all made ready for the work at hand, long ropes and short ropes.

24 The long ropes were called *taahuhu*. The short ropes, two or three to each *taahuhu*, were called *whakamaanawa* and *pekapeka*. Sinkers of equal weight were made ready. The chiefs and their workmen would set out in a canoe and tie one end of the *taahuhu* to the first post, then the second, and on to the the last post at the end.

25 It was then known that when fish ate bracken the first take was thin, the second was fatter, and the third was completely fat, good to eat and very sweet.

26 I have written this explanation in case you ask why Umu-karia set up these posts out in the lake. This is the reason: as anchors for the things described. They were called *tau*. The creatures caught by those things, that is the fish taken, were freshwater crayfish (cray-daddies), *toitoi*, cockabullies — three kinds of fish.

27 The purpose of the *whakamaanawa* which were tied to the posts, to the *taahuhu* was this — to entice the fish to be caught, to retain them, and to keep them together. The reason the three kinds of fish were caught in this contraption have been explained. They sought a meal of the bracken-fern tied up with vines. Those

Iriiri-kapua te ingoa. Ka haere atu ki taatahi, ko Warerewai taua waahi, i waihotia oona kahu ki reira. Ka makere ia ki te wai, kau atu ana. Ka paa atu ia ki teetahi pou e tuu ana i te taha o te taahuna, o te hoohonu, he tumu na toona matua, na Umu-karia, kei te moana. Ko Hine-whata te ingoa o taua tumu.

Ko teenei tumu ko toona ritenga koia teenei. Ka whiwhi te 27.21
tino rangatira i te oneone, whiwhi ana ki uta, whiwhi ana ki te moana, koia i meinga ai, 'kei uta eetahi o oona oneone, kei te wai eetahi'. Ko nga tuutuuaa, e kore e whiwhi ki teetahi waahi o te moana — kei uta anake, kei te wai, noohea.

Ko te wai hoki teenei he koopua ika, he toka ika, whaapuku, 22
tarakihi, he roma mangoo, he taahuna haonga kupenga. Na, waihoki mo teenei, ko te raarangi tumu a Umu-karia kei te tapa o te tino hoopua o Roto-rua e raarangi haere ana, kei te wahapuu o te awa i Oohau te upoko ki te tuaaraki haere atu ki te taha ki te hau tonga waho o Te Tawa, waho o Te Ngae (te waahi i noho ai a Te Haapimana, te minita o Roto-rua), waho atu o Mata-wera, ka ahu hoki whaka-te-hauaauru. Ko tekau pea maaero o teenei waahi ka whawhati nei ki te hauaauru. No Mata-wera kei Oowhata, no Oowhata ki Oowhati-ura te wahapuu o Puarenga, ka mutu teenei raarangi tumu a teenei rangatira, a Umu-karia.

Ko te take o teenei raarangi tumu, koia teenei toona ritenga. 23
Ka poua nga tumu nei, ka oti, ka tae ki te waa e ritea ai kia patua nga ika o teenei moana, ka tiikina he aka i te ngahere, ko te ingoa o te aka he aka torotoro. Ka muruhia ake nga rarauhe i eetahi rangi ake, e rua pea raa i mua ake. Kei te aka nei ka ruupeke eenei te mahi, kei te whakaemiemi kia kootahi purangatanga rite rawa. Kaatahi ka herea nga rarauhe ki te aka, paihere rawa, ka mutu. Me te whiri anoo eetahi atu tangata i eetahi atu taura, whiitiki rawa, puranga ake, ka rite katoa nga mea i aata whakaritea ai hei mahi mo teenei mea, nga taura roroa, nga taura popoto, ka mutu.

Ko nga ingoa o nga taura nei, ko te taura roa rawa he taahuhu. 24
Nga taura poopoto e rua, e toru raanei, ko te ingoa o teetahi he whakamaanawa, ko te ingoa o teetahi he pekapeka. Ka rite nga koowhatu whakataimaha te whakarite; ka whakatika te rangatira

who fetched them found them sleeping among the ferns, and they were taken unsuspectingly into the canoe.

27.28 A net, woven by the workers, was used to get them into the canoe. When the net was completed, two sticks were bent and the net was fastened between those sticks which had been formed into a hoop.

29 The fisherman then got into his canoe with his net. When he arrived he took hold of the vine, one end of which was secured to the end of the post, and pulled the canoe along it. When he reached the vine with the bracken at the other end of it, he put his foot on one end and lifted the bracken into the canoe. When it was aboard, he held his net under the bracken, holding it with his foot, and raised the bracken above it.

30 Then he shook it until it was empty and returned the bracken to the water. The fish were left in the net. They were gathered into a basket, and lay flapping in the canoe. This is how they were taken.

31 This was the purpose of the post, Hine-whata, set up in the water by Umu-karia and swum to by his daughter who was seeking her sweetheart, Tuu-taanekai, who was playing his flute on the platform at Mokoia. He lived at Kai-weka. The girl came right up to the post, Hine-whata, which stood there in the lake. She grasped it with her hands, and floated there to regain her strength and her breath, thinking of the dark lake she was swimming across. How was it to be? Would it be life or death? Would she see her heart's desire in this life or in the next? So, she caught her breath.

32 Her breath regained and the tiredness in her shoulders eased, she swam on. When she tired again, she floated on the lake's surface, drifting along on the calabashes. When her weariness abated she swam on again, but it was so dark that she could not see Mokoia. The tune from Tuu-taanekai's flute was her guide. It pointed her straight to Wai-kimihia.

33 So Hinemoa landed on Mokoia. The actual spot was a thermal spring called Wai-kimihia. In Roto-rua such a spring is called

ki te waka, me aana kaimahi, kei te whiitiki i teetahi pito ki te
pou tuatahi, haere atu, te pou tuarua, taaea noatia te pou mutunga
mai o teetahi pito.

I moohiotia ai e kai ana nga ika i nga rarauhe, koia teenei, 27.25
i te tuatahi o te tikinga atu e tokoroa ana; te tuarua kua nuku ake
te moomona; te tuatoru kua hinu anake, kua pai te kainga, kua
reka rawa.

Ko te aahua teenei o nga mea i tuhia iho nei e au hei moohio- 26
tanga, kei rapu kau koutou he tumu aha ra na Umu-karia i pou
ai ki te au moana. Koia teenei, hei tumu herenga mo nga mea e
mau iho nei te aahua. Ko te ingoa o teenaa mea he tau. Ko nga
mea e patua ai e taua mea, araa, nga ika e mate mai, he kooura,
he toitoi, he kookopu — ka toru nga ika i mate mai.

Ko te ritenga o te ingoa nei o te whakamaanawa i herea nei 27
ki te tumu, ki te taahuhu, koia teenei, hei whakamaanawatanga
e mau ai, hei pupuri, hei whakauu. Ko te take i mate mai eenei
ika e toru i teenei mea kua oti nei te whakaahua. I whai mai nga
ika nei ki nga rahurahu e mau na i te aka te here, hei kai ma aua
ika nei. Pono atu te kaitiki atu i eenei ika e moe ana i roto i aua
rarauhe nei, tango ware ki te waka.

Ko te mea hei tango ake ki runga ki te waka he kupenga anoo, 28
he mea taa e nga kaimahi. Ka oti, ka whakapikoa nga raakau e
rua, ka whiitikiria ki waenga o aua raakau i porotakatia nei.

Haere ana taua tangata nei ki runga ki toona waka me toona 29
kupenga. Tae atu, ka mau ki te aka e mau ra i te pito o te tumu,
kei te kumekume. Tae atu, ka mau ki te aka kei te rarauhe nei
teetahi pito, ka takahia ki te waewae teetahi pito ka hikoia te
rarauhe ki te waka. Ka eke ake, ka tukua iho te kupenga ki raro
o te rarauhe, ka takahia ki nga waewae, ka maroke ki runga.

Kaatahi ka ruuruuhia, ka ruupeke, ka whakahokia te peka ra 30
ki te wai. Ka mahue iho nga ika ra ki roto i te kupenga ra, ka
aohia ki roto i nga kete, ki runga noa iho raanei i te waka
koowhetawheta ai. Ko toona patu teenei, me toona mahinga.

Ko te ritenga teenei o teenei tumu, o Hine-whata i poua ai ki 31
te wai e Umu-karia. Te kaunga atu nei o tana tamaahine ki te
whai i te kai o toona manawa, i a Tuu-taanekai e whakatangi mai

'chiefly water', but other tribes call it simply 'hot water' or 'warm water'. It wasn't burning hot. It was a bathing pool, and Tuutaanekai's home stood above it.

27.34 The origin of the term chiefly water is this. The phenomenon of thermal water did not come here because of any other chief or priest. Ngaatoro-i-rangi alone called for it to be brought from Hawaiki and his sisters fetched it. So it extends throughout this island.

35 Tonga-riro, the snow-covered mountain at Taupoo, was where Ngaatoro' called for the hot water from. Let me explain. Soon after crossing to this land and performing some rituals, Ngaatoro' went to Taupoo.

36 He saw the many mountains rising there, set in a row. Their names were Tonga-riro, Ngaauru-hoe, Pare-te-tai-tonga and Ruapehu. They are high mountains covered with snow.

37 Now, this hero's task was to climb to the summits of these mountains. When he and his servants came to the base of the mountains, he said, 'Stay here. I must climb these mountains lest no one else is able to, and lest the strength of their iciness remains supreme and men are increasingly overcome by them. If I tread the summits of these mountains and mark them with my sign, man and his crops will flourish. If I do not reach the tops, man and crops alike will perish.'

38 He instructed his companions, 'After I leave, do not eat until I have reached the top of the first mountain, when you will see my sign suddenly appear over it. The sign that I have reached the top will be thunder, lightning and rain. When you see the snow disappear from these mountains you will know that their power has been expended and my *mana* has triumphed.'

39 He finished speaking and off he climbed.

40 He left early in the morning. When the sun was high, he was halfway up. When the sun was at the zenith, most of the mountain was behind him and only a small part lay ahead. His companions became hungry and thought, 'Oh, our companion has been killed by the power of the mountain.'

41 His servants looked up to the sky. It seemed as if snow was falling from the sky above the mountains, and all was dark. So

ra i toona puu toorino i runga i toona atamira i Mokoia. Ko te
waahi ia i noho ai ko Kai-weka. Pono rawa atu nei te wahine ra,
tuutaki puu ki a Hine-whata e tuu ana i te moana; ka mau oona
ringaringa, ka maanu ia i reira, ka whakataa i toona ngenge, me
toona manawa, aa, ka whakapau hoki i ana whakaaro mo teenei
moana tuaa-uriuri ka kauria nei e ia. 'Peehea? Ko te ora raanei
ia, ko te mate raanei? E kite ora raanei i te kai o toona manawa,
e kite mate raanei.'

Ka taa toona manawa, ka kau anoo ia i te mutunga o te ngenge *27.32*
o oona pokohiwi. Na, kauhoe atu ia, ka ngenge, ka maanu anoo
ia i te au o te moana, e tere tonu ana hoki ia i runga i nga kiiaka.
Aa, ka ngaro te ngenge, ka kauhoe anoo a Hinemoa, otiraa,
kaaore ia i aata kite atu i Mokoia i te poouri o te poo. Ko toona
kaitohutohu ko te rangi o te kooauau a Tuu-taanekai. Ko te tohu
teeraa i tika atu ia ki Wai-kimihia.

Aa, ka uu atu a Hinemoa ki Mokoia. Ko te tino waahi i uu ai *33*
ia he waiariki, ko Wai-kimihia te ingoa. He waiariki hoki te ingoa
ki nga taangata o Roto-rua, he wai wera, he wai mahana te ingoa
ki nga iwi atu ra. Ehara i te wera rawa; he wai nohoanga tangata.
Kei runga atu hoki o te waiariki ra te kaainga o Tuu-taanekai.

Ko te take o te ritenga o teenei ingoa o te waiariki, koia teenei *34*
toona ritenga. E kore teenei mea te wai wera e tae mai ki teenei
motu, ki Aotea-roa nei i teeraa atu o te rangatira, o te tohunga.
Na Ngaatoro-i-rangi anake i karanga atu ki Hawaiki, ka haria mai
e oona tuaahine. Koia ka toro haere i teenei motu.

Ko te nohoanga o Ngaatoro-i-rangi i karangatia ai kia haria *35*
mai te wai wera nei ko Tonga-riro, maunga hukarere i Taupoo
ra. Oti ra, me aata koorero e au. I muri rawa iho i eetahi mahi
tohunga a Ngaatoro-i-rangi i te whitinga mai ki teenei motu ka
haere atu ia ki Taupoo.

Ka kite atu ia i te tini maunga ra e tuu mai ana, he mea raarangi *36*
tonu te tuu. Ko nga ingoa o eenei maunga ko Tonga-riro, ko
Ngaauru-hoe, ko Pare-te-tai-tonga, ko Rua-pehu. He maunga
ikeike eenei, ngaro katoa ai i te hukarere.

Na, ko te mea i whakataetae ai te maaia nei ko te piki atu ki *37*
nga keokeonga o eenei maunga. Ka tae atu raatou ko oona
mookai ki te take o nga maunga nei, ka karanga atu ia, 'Hei konei

his servants deduced that their lord was dead. They ate food for their bellies. At the very time they were eating, Ngaatoro-i-rangi reached the peak of Tonga-riro. When he did so, he was struck hard by the cold. Because his servants were eating their food, the cold intensified and was most severe on him; he was lost from sight in the snow beneath him. His heart was troubled because his companions had not been attentive to his first words. Because his words had been trampled on by his servants, the wrath of the god came down on him.

27.42 Soon his head was buried beneath the snow and the god felt compassion for him, causing his heart to turn towards life.

43 He stood up, and turned his heart and his face towards Hawaiki, speaking to his grandmothers, 'Old ladies, bring me some fire. I am dying of cold!'

44 He spoke once, then twice; finally the old ladies came across the surface of the water. They took breath only at White Island. There the fire of the old ladies is still burning. Then it spread on to the island like this, the old ladies coming to him and bearing fire for him. He saw it appearing from within the mountain, steaming. Well, the power of the frost diminished and he was revived. Now, if his friends had not eaten, cold would not be severe in this country. It is from these circumstances that hot-pools are called chiefly water, because the thermal water was called here by the high chief, and so it arrived here and spread. That is why it is called chiefly water and not hot water.

45 Hinemoa stayed in that hot water to warm herself for she was shivering with cold from her swim in Roto-rua lake, but perhaps shyness of Tuu-taanekai was a second cause of her shivering. While Hinemoa was warming herself in the water, Tuu-taanekai thirsted for a cool drink and he sent a servant to fetch water for his master.

46 Hinemoa saw him and said, 'Who is that drawing water? Bring me some! Now then, who is your water for?'

47 'For Tuu-taanekai,' replied the servant.

48 'Well, bring me some!'

koutou noho ai. Me tino piki atu au ki runga i nga maunga nei, kei kore he tangata hei pikipiki i eenei maunga, kei mana rawa atu te haupapa o eenei maunga, aa, ka kaha rawa atu te hautopenga o te maatao ki te tangata. Engari, e hoa ma, ki te tae atu au ki runga i eenei maunga takatakahi ai, me taku tohu ano, ka ora te tangata me te kai. Ki te kore au e tae atu, ka mate te tangata me te kai.'

Ka ako iho ia ki nga hoa, 'I muri i a au, kaua e kai ake kia 27.38
eke atu au ki runga i te tihi o te tuatahi o nga maunga nei, aa, kia kite koutou i te putanga whakareretanga mai o taku tohu ki runga ki teenei maunga. Ko te tohu teenei i a au i runga, e puta mai nga whatitiri me nga uira, me nga ua. Ka kite koutou ka ngaro haere nga hauhunga o runga i nga maunga nei, hei reira koutou moohio ai kua pau te mana o eenei maunga, ka nui ake tooku.'

Ka mutu eenei kupu, ka piki atu ia. 39

He tino ata ka piki atu teenei tohunga. Mo runga noa mai te 40
raa ka noho waenganui ia e piki ana. Poutuu maaroo noa te ra, ka nui te maunga nei ki muri, ka iti ki mua i a ia. Ka puta mai te matekai ki oona hoa, ka mahara hoki, 'Ee, kua mate to taatou hoa i te mana o te maunga nei.'

Ka titiro ake hoki oona pononga ki te rangi. Ma runga i nga 41
maunga nei, aanoo te hukarere ka makere iho i te rangi, poouri kerekere ana. No reira i moohio ai oona pononga kua mate to raatou ariki. Kai ana raatou i te kai mo oo raatou puku. Kai rawa ake, kua eke rawa a Ngaatoro-i-rangi ki te tihi o Tonga-riro. Eke rawa ake kua huupaitia i te maaeke. Huia ruatia e to raatou kainga i te kai, ka tino nui rawa te kaha o te maaeke ki a ia, ka ngaro rawa ia i te hauhunga ki raro. Kua poouri toona ngaakau, kua wareware raatou ki aana kupu tuatahi. No te mea kua takahia aana kupu e aana pononga, kua puta mai te riri o te atua ki a ia.

Mea ake ka ngaro toona maatenga ki raro i te huka, ka tino 42
puta mai te aroha o te atua ki a ia, ka whakatahuritia toona ngaakau ki te ora.

Ka whakatika ake ia ki runga, ka ahu toona ngaakau me toona 43
mata ki Hawaiki, ka puaki toona reo ki oona tuupuna, 'E kui ma, e-e! Haria mai he ahi mooku. Ka mate au i te maaeke.'

Roto-rua, with Mokoia Island in background, early nineteenth century.

27.49 He brought it, and Hinemoa took it and drank. As soon as she finished drinking she smashed the calabash.

50 'Why have you smashed Tuu-taanekai's water gourd?' cried the servant.

51 But Hinemoa did not say a word.

52 The servant returned and his master said, 'Where is your water?'

53 'It was smashed by a woman sitting in the hot pool.'

54 'Well then, go back again.'

55 The servant went back to draw more water.

56 Hinemoa stood up, 'Who are you, then, and who is your water for this time?'

57 'It is me again,' said the servant, 'and the water is for Tuu-taanekai.'

58 'Well, come here and give me that water.'

59 The servant gave the water once more to Hinemoa, she drank and threw the calabash down so that it broke. So the servant went back.

60 'Where's the water, boy?' said Tuu-taanekai.

61 'It has been smashed again by the woman or the man sitting in the water.'

62 Tuu-taanekai said, 'He heard that the water was for me and he smashed the vessel! That really annoys me.'

Kotahi anoo aana kupu, ko te rua. Teenei rawa ano nga kuia 27.44
ra te haere mai nei kei runga i te kare o te wai. Taa rawa mai te manawa kei Whakaari. Kei reira e kaa ana te ahi a nga kuia ra. Heoi anoo, ka toro haere ki teenei motu. Peenei anoo na, kua tae atu oona kuia ki a ia, me te mau atu anoo i te ahi moona. Kite rawa ake ia, e puta ake ana i roto i te maunga, ka puia. Ehara! Kua pau te kaha o te hauhunga, kua ora rawa ia. Na, me kaua oona hoa i kai, e kore e nui te maaeke ki teenei motu. No konei i meinga ai teenei mea te wai wera he wai-ariki, no te mea, na te tino ariki teenei mea i karanga, i tae mai ai ki teenei motu ngiha ai. Koia i peeneitia ai toona ingoa he wai-ariki; kaaore, he wai wera kee te ingoa.

Ka uu atu a Hinemoa ki te wai wera raka, kei te whakamahana 45
i a ia, he wiri noona i te maaeke, i te kauanga mai i te poo i te moana o Roto-rua, i te whakamaa hoki pea ki a Tuu-taanekai, ko te rua teeraa o oona wiringa. I a Hinemoa anoo e whakamahana ana i a ia i roto i te wai nei ka totoko ake te hiainu wai maatao o Tuu-taanekai, ka tono atu i tana pononga. Haere ana ki te tiki wai mo toona rangatira.

Ka kite atu a Hinemoa, 'Ko wai teeraa e utu wai ra? Haria mai 46
mooku teetahi. Peehea? Mo wai to wai?'

Ko te pononga, 'Mo Tuu-taanekai.' 47

'Aa, haria mai mooku teetahi.' 48

Ka haria atu, ka tango atu a Hinemoa, kei te inu. Mutu kau 49
te inu, paakarua iho te tahaa.

Ko te pononga, 'He aha koe i waahi ai i te wai o Tuu-taanekai?' 50

Hore he kupu a Hinemoa. 51

Ka hoki te pononga ra, ka mea te rangatira, 'Kei whea to wai?' 52

'Kua paakarua e teetahi wahine e noho ake ana i roto i te 53
waiariki nei.'

'Aa, teenaa, e hoki ano.' 54

Ka hoki anoo te pononga ra, kei te utu wai anoo. 55

Ka maranga ake anoo a Hinemoa, 'Ko wai anoo koe, aa, mo 56
wai ano hoki toou wai?'

Ko te pononga, 'Ko au anoo. Mo Tuu-taanekai teenei wai.' 57

'Aa, haere mai anoo. Hoomai te wai na ki a au.' 58

27.63 Tuu-taanekai took his thickest cloak, placed a cape over it and took his club in hand. He went down to the water and said, 'Where is the person who smashed my calabash?'

64 Hinemoa recognised his voice and knew that it was her beloved, so she hid herself under the overhanging rock ledge of the thermal pool. But she wasn't really hiding, just egging Tuu-taanekai on.

65 He looked carefully along the sides of the pool, where she was lying under the overhanging ledges. He seized her arm and started up, 'Ha, who is this?'

66 Hinemoa said, 'Tuu-taanekai, it's me.'

67 'Oh maiden, welcome, welcome!'

68 When he had finished greeting his sweetheart he said, 'Let's go up to the house.'

69 'Yes.'

70 The woman rose from the water, her skin like a white hawk's. There she stood at the edge of the pool like a white heron.

71 (A *tapu-koorako* is a hawk. There are two hawks, one reddish and the other white. The white hawk is the *koorako,* so it is said of a white skin, 'So-and-so's skin is like that of the sacred white hawk.' What is more, the *kootuku* is also white, so it may be said of skin, 'Well, So-and-so's skin is really white, like a white heron.')

72 Tuu-taanekai took one of his cloaks and covered her. She held it fast, and they went to the house and slept. This is the old Maori way. They were not formally wed.

73 They slept that night. As day broke, all the people of the village came out to light the oven fires. They all rose and ate, the people of that place, Kai-weka. But Tuu-taanekai was still inside his house. Whakaue, his father, thought, 'This is the first morning he has slept in, perhaps he is sick?'

74 He commanded his servant, 'Fetch Tuu-taanekai. Get him up!'

75 When the servant looked into the house which was obscured by smoke, he finally saw and exclaimed, 'Oh, there are four feet protruding from the coverings!'

76 He marvelled and hurried back.

77 When he reached Whakaue he explained, 'I saw four feet!'

Ka hoatu anoo e te mookai ra ki a Hinemoa. Inu ana ia, aa, 27.59
waahia iho te kiiaka, kua pakaru anoo i teenei wahine.

Hoki ana te mookai. Ko Tuu-taanekai: 'Kei whea to wai, e taa?' 60

'Kua pakaru anoo i te wahine, i te tangata raanei e noho ake 61
nei i te wai nei.'

Ko Tuu-taanekai, 'Kua rongo anoo ia mooku te wai nei, aa, 62
he waahi anoo naana i te wai? Ka mate au i te whanowhanoaa.'

Na, ka mau a Tuu-taanekai ki oona kaakahu kahakaha, me te 63
taawari ki waho, me tana patu anoo ki toona ringa. Ka tae ki te
wai ra, kei te paatai, 'Kei whea te tangata i waahi nei i ooku wai?'

Ka moohio ake a Hinemoa ki te reo, araa, ko te kai pea a roto 64
teenei, inaa te aahua o te reo. Heoi, ka whakapupuni ia ki nga
tauwharewharenga koowhatu o te wai-ariki. Otiraa, e hara i te
huna pono, he whakangaio naana ki a Tuu-taanekai.

Ka haha te tangata ra i nga pareparenga o te waiariki ra, rapu 65
rawa atu, e takoto whakamaoko ana i raro i nga tauwharenga
koowhatu. Ka mau a Tuu-taanekai ki te ringa, ka whakaara ake,
'Ha, ko wai teenei?'

Ko Hinemoa: 'Ko au ra, e Tuu-taanekai.' 66

'E-e! E hine, nau mai! E hine, nau mai!' 67

Ka mutu tana mihi ki tana whaiaaipo, ka mea iho, 'Hoake ra 68
taaua ki te whare.'

'Aae'. 69

Ka whakatika ake i roto i te wai te wahine ra. Aanoo te kiri 70
me he tapu-koorako. Tuu ka tuu, ki uta o te wai, me he kootuku.

(Te ritenga o te tapu-koorako, he kaahu. E rua hoki nga kaahu, 71
kotahi mea whero, kotahi kaahu maa. Anaa, ko te kaahu maa te
koorako. Koia i whakataukiitia ai te kiri maa, 'me tapu-koorako
te kiri o Mea'. Waihoki ko te kootuku, he maa no te huruhuru
o te kootuku, koia te kiri i whakaritea ai, 'Ehara! Maa tonu te hiako
o mea, me he kootuku.')

Ka tae a Tuu-taanekai ki teetahi o oona kaakahu ka whaka- 72
horoa atu ki a ia. Ka mau ia, na, ka haere raaua, ka tae ki te whare
ka momoe. Ko ta te Maaori ritenga tawhito teenei — e kore e
maarenatia.

Ka moe i te poo ra, ka hii te ata, ka puta katoa ki waho nga 73
taangata o te paa nei ki te tahu haangi. Ka ara katoa, ka kai katoa

27.78 Whakaue asked, 'Who is his companion? Go back and look!'

79 He went back and looked, and there were still four feet. He looked carefully — it was Hinemoa. Then came the call, 'It is Hinemoa. Hinemoa is with Tuu-taanekai!'

80 The whole tribe heard and it was shouted from the ramparts of Kai-weka.

81 'It is Hinemoa. Hinemoa is with Tuu-taanekai!'

82 Tuu-taanekai's older brothers heard and said, 'Nonsense!'

83 But no, they were just jealous. Tuu-taanekai and his wife came out.

84 The brothers looked, 'Indeed, it is Hinemoa. It's true, it's Hinemoa.'

85 After this Tiki thought, 'Tuu-taanekai has his sweetheart. I had better go back to my own island, to my own place, and live there. It was unfortunate that I was brought here.'

86 Tiki had been Tuu-taanekai's friend while they were growing up.

87 Tiki spoke to his friend, who listened. Then Tuu-tanekai said, 'Wait a while before you go back and let us be together for a few days longer.'

88 Tiki agreed to this.

89 Then Tuu-taanekai spoke to his foster-father, Whakaue, 'Sir, I feel sorry for my friend, Tiki.'

90 Whakaue said, 'Then what do you have in mind, son?'

91 'Won't you marry my sister to my friend Tiki?'

92 'Yes, what you say is good,' his father replied. 'I hear you, my son.'

93 And so it was agreed; this woman, Tuupaa, married Tiki.

94 But, the descendants of Hinemoa and Tuu-taanekai, those who live here in Roto-rua never stop talking about the beauty of Hinemoa and her swim across the lake. Hence the words of the song: 'Mine is the ancestor who swam here. I am Hinemoa.'

nga taangata o te paa nei, o Kai-weka. Ka whakaroa a Tuu-
taanekai ki roto ki toona whare. Ka whakaaro a Whakaue, toona
matua, 'Kaatahi te ata o taku pootiki i momoe roa ai, he mate
pea.'

Kei te ngare atu ki te pononga, 'Tiikina a Tuu-taanekai, 27.74
whakaarahia mai.'

Kei te titiro atu ki te whare i taia atu i te puta auahi, titiro rawa 75
atu, 'E-e-e! E whaa nga waewae e puta mai ana i roto i nga
kaakahu.'

Ka miiharo atu, heoi, ka nunumi kino toona hokinga. 76

Ka tae ki a Whakaue, 'Araa, e whaa nga waewae i kite atu ai au.' 77

Ko Whakaue, 'Ko wai ra te hoa? E hoki anoo, tirohia!' 78

Ka hoki anoo, titiro rawa atu, e whaa anoo nga waewae. 79
Kaatahi ka aata tirohia atu, ananaa! ko Hinemoa. Kaatahi ka
karangatia, 'Ko Hinemoa, e-e! ko Hinemoa kei a Tuu-taanekai!'

Ka rongo te iwi katoa, ka karangatia haeretia i runga i nga 80
paekiri o Kai-weka.

'Ko Hinemoa e-e-e! ko Hinemoa kei a Tuu-taanekai!' 81

Ka rongo nga tuaakana o Tuu-taanekai, 'He horihori!' 82

Kaaore, he puuhaehae no raatou. Ka puta atu a Tuu-taanekai 83
me tana wahine ki waho.

Ka kite atu nga tuaa-kana, 'Koia anoo, ko Hinemoa! He tika, 84
ko Hinemoa!'

I muri i teenei ka whakaaro a Tiki, 'Kua whiwhi a Tuu-taanekai 85
ki tana whaiaaipo, erangi me hoki au ki ooku motu ake, me taku
waahi noho ai. Hauaa hoki au i kawe mai ki konei.'

He hoa takataapui a Tiki no Tuu-taanekai i to raaua ohinga 86
ake.

Ka whakapuaki atu a Tiki i aana korero ki toona hoa, ki a Tuu- 87
taanekai, me te whakarongo mai o te hoa. Mutu rawa ka mea atu
te hoa ki a Tiki, 'Taihoa e haere, kia nohonoho anoo taaua i eetahi
raa torutoru.'

Aae atu ana a Tiki. 88

I muri o eenei kupu ka puta atu te kupu a Tuu-taanekai ki 89
toona matua whaangai, ki a Whakaue, 'E koro, ka mate au i te
aroha ki tooku hoa, ki a Tiki.'

Ko Whakaue atu: 'Ki te aha, e tama?' 90

Church, Taupiri

28 Prayers

The Lord's Prayer

1 Our Father in Heaven, may your name be sacred.
May your chieftainship arrive.
May your will be done on earth, as in Heaven.
Give us taro now, for this day.
Wipe away our wrongs, as we wipe away (the sins) of those who do wrong to us.
Let us not be carried away by temptation,
But save us from evil.
Yours is the chieftainship, the strength and the glory
For ever, amen.

Benediction

2 May there rest on us all the kindness of our Lord,
Jesus Christ, and the love of God,
And the possession together of the Sacred Spirit.
Amen.

Koia atu, 'E kore koia koe e pai mai ki taku tuahine kia whakamoea ma tooku hoa takataapui ma Tiki?' 27.91

Ko te matua, 'Aae, e pai ana to kupu. Ka whakarongo atu au, e tama.' 92

Na, whakaaetia ana. Na, ka moe teenei wahine, ko toona ingoa nei ko Tuupaa, ka moe i a Tiki. 93

Erangi, ko nga uri o Hinemoa raaua ko Tuu-taanekai, koia e noho mai i Roto-rua nei, kaaore e makere i nga ngutu nga koorero o te huumaarietanga, me te kauanga hoki o Hinemoa i te wai. No reira teenei waiata: 'Nooku anake ra te tupuna i kau mai, ko Hinemoa, ko au, i-i.' 94

28 *Nga Inoi*

Te Inoi a Te Ariki

Ee to maatou Matua i te rangi, kia tapu toou ingoa. 1
Kia tae mai toou rangatiratanga.
Kia meatia taau e pai ai ki runga ki te whenua, kia rite anoo ki too te rangi.
Hoomai ki a maatou aianei he taro ma maatou mo teenei ra.
Murua oo maatou hara, me maatou hoki e muru nei i oo te hunga e hara ana ki a maatou.
Aua hoki maatou e kawea kia whakawaia,
Engari whakaorangia maatou i te kino.
Noou hoki te rangatiratanga, te kaha, me te korooria,
Aake, aake, aamine.

Inoi Whakamutunga

Kia tau ki a koutou katoa te atawhai o te Ariki, 2
O Ihu Karaiti, me te aroha o te Atua,
Me te whiwhinga tahitanga ki te Wairua Tapu.
Aamine.

Luke 1:46–55

28.3 And Mary said, 'My spirit magnifies the Lord, my spirit rejoices in the Lord my Saviour, who looks upon the least of his servants; because now I shall be called by all generations to come, a happy woman. Great are the deeds of the Almighty to me, and his name is sacred. He preserves those who fear him, in every generation. He has revealed the power of his hand. He scatters the presumptuous ones with their own thoughts. He has thrown princes from their thrones and raised on high the small ones. He has filled the hungry with good things and sent away the wealthy. He has supported Israel, his servant who has remembered his teaching, and Abraham and his family, forever, just as he told our fathers.'

Psalm 23

4 The lord is my shepherd; I shall not be overlooked.
He makes me lie down in grassy places;
He leads me beside gently flowing rivers;
He sends back my spirit.
He leads me on the paths of rightness, thinking on his name.
Yes, though I travel in the valley of the shadow of death, no evil will make me fear,
Because you are at my side, your weapon and your staff.
Those will sustain me.

5 You place a table before me in the face of my enemies;
You anoint my head with oil.
My cup overflows.
It is true that prosperity and kindness will follow me as long as I live,
And I will live in the house of Jehovah, forever.

Ruka 1:46-55

A, ka mea a Meri, 'Ka whakanui tooku wairua i Te Ariki, e hari 28.3
ana tooku wairua ki Te Atua, ki tooku Kai-whakaora; moona
i titiro ki te iti o tana pononga; ta te mea hoki kaatahi ahau ka
kiia e nga whakatupuranga katoa e haere ake nei, he wahine hari.
He nui hoki nga mahi a te Mea Kaha ki ahau; he tapu hoki toona
ingoa. He mahi tohu taana ki te hunga e wehi ana ki a ia, ki teenei
whakatupuranga, ki teenei whakatupuranga. Kua whakaputaina
he kaha e ia, araa, e toona ringa; naana te hunga whakakake
i marara ai, i te whakaaro o oo raatou ngaakau. Kua whakatakaa
e ia nga piriniha i oo raatou torona, a whakateiteitia ake ana te
hunga iti. Kua whakakiia e ia te hunga mate hiakai ki nga mea
pai; kua tonoa kautia atu te hunga taonga. Kua tautokona e ia
a Iharaira, tana pononga, he whakamahara hoki ki tana mahi tohu;
ki a Aaperaahama raatou ko tana whaanau, aake tonu atu, peeraa
hoki me taana i koorero ai ki oo taatou maatua.'

Ko Ihowa tooku Heepara

Ko Ihowa tooku heepara; e kore ahau e hapa. 4
Ko ia hei mea kia takoto ahau ki nga waahi tarutaru.
E arahi ana ia i ahau ki te taha o nga wai aata rere.
Ko ia hei whakahoki ake i tooku wairua.
E aarahi ana ia i ahau i nga ara o te tika he whakaaro ki
  toona ingoa.
Aae, ahakoa haere ahau i te awaawa o te aataarangi o te
  mate, kaahore he kino e wehi ai ahau,
No te mea kei tooku taha koe, ko taau raakau, ko taau
  tokotoko.
Ko eenaa hei oranga ngaakau mooku.

E takaa ana e koe he teepu ki tooku aroaro 5
  i te tirohanga a ooku hoariri,
E whakawahia ana e koe tooku maatenga ki te hinu.
Puurena tonu taku kapu.
He pono e aru i ahau te pai me te atawhai
  i nga raa katoa e ora ai ahau,
Aa, ka noho ahau ki te whare o Ihowa, aake tonu atu.

29 A Letter

By Urupeni Puuhara

Pakipaki,
Hastings,
15 August, 1876.

To the Editor,
Friend, greetings!

1 Publish this notice of mine about a communication by the people of Mokowhiti which I saw in *Te Waka Maaori* so that it may be seen by our Maori and Pakeha friends, by the great council of the Colony of New Zealand and by the two Houses of Parliament.

2 That notice said that Heenare Rata was like a scotch-thistle spread by the wind and covering all the land, stealing it.

3 Now, listen while I explain carefully the substance of my communication — the lands of Aarihi Te Nahu are her own. The reason she retained them was her marriage to Hiiraka Te Aroatua.

4 Heenare Rata's actions were in accordance with the words of the sacred book which says, 'I take you, Aarihi, as my wedded wife, to be constant to me, now and forever, for good or for bad, in wealth or poverty, in sickness or health. I will love you, and cherish you, and we will be separated only by death. This, my assent, is according to God's sacred law.'

5 Now, friends, pay no attention to Maangai Uhuuhu's notice, for it is falsely said by him to have been written by himself and Pera Wheeraro, Kereeme Neta, and Karauria Haawea, and sent by them to *Te Waka Maaori*.

6 The only people associated with that letter were Maangai Uhuuhu, Haamiora Tuupaea and Aarihi Te Nahu.

7 One part of that communication went like this: they had thought that the monster called Te Parata, which engulfs the

29 *He Reta*

Na Urupeni Puuhara

Pakipaki,
Heretaunga,
15 Aakuhata, 1876.

Ki te Etita,
E hoa, teenaa koe!

Tukua atu e koe taku paanui kia rongo nga hoa Maaori, Paakehaa, me te ruunanga nui o te kooroni o Niu Tiireni, me nga ruunanga e rua o te Paaremata, mo teetahi paanui i kitea e au i *Te Waka Maaori,* na nga taangata o Mokowhiti. *1*

E kii ana taua paanui, e rite ana te aahua o Heenare Rata ki te kootimana e puuhia ana e te hau, aa, kapi katoa i a ia te whenua te taahae. *2*

Na, whakarongo mai kia aata whakamaaramatia e au te ritenga o taaku paanui — ko nga whenua o Aarihi Te Nahu kei a ia anoo. Ko te tikanga naana i here, ko te maarena o Aarihi raaua ko Hiiraka Te Aro-atua. *3*

Koia te ritenga o te mahi a Heenare Rata, i runga i te kupu o te pukapuka tapu e kii nei, 'Ko ahau ka tango i a koe, e Aarihi, hei wahine maarena maaku, aa, ka puumau koe ki ahau aianei aake tonu atu, ahakoa pai, ahakoa kino; ahakoa hua te taaonga, ahakoa rawakore; ahakoa mate, ahakoa ora. Ka arohatia koe e ahau, aa, ka atawhaitia, aa wehea noatia raa anoo taaua e te mate. Ka rite anoo ki ta Te Atua ture tapu ko taaku whakaaetanga teenei te tukua atu nei ki a koe.' *4*

Na, e hoa ma, kaua e tirohia iho te paanui a Maangai Uhuuhu, na te mea he koorero parau na taua tangata, e kii nei na raatou ko Pera Wheeraro, ko Kereeme Neta, ko Karauria Haawea taua paanui i tuku ki *Te Waka Maaori.* *5*

Heoi anoo nga taangata naana taua paanui ko Maangai Uhuuhu, ko Haamiora Tuupaea, me Aarihi Te Nahu. *6*

ocean, was far away, but it was not so, for Heenare Rata himself was the ocean-engulfing, land-consuming monster.

29.8 Now, listen! Those people themselves are like the mouth of the monster, and the scotch-thistle, which, when sown, takes over all the land. Such is their gaping mouth for the money of Heenare Rata and the government. Because Heenare Rata would not give them money to buy liquor, they turned away to the Government's money.

9 Here is another story: that same person went from Mokowhiti to the Department at Napier, and was asked by Te Heemara, government interpreter, and Locke, Judge of the Court, to fetch Hiiraka Te Aro-atua. Hiiraka was at the office of *Te Waananga*. Maangai Uhuuhu was given one pound. When he returned he was given three more pounds because his man Hiiraka had been caught by him.

10 Hiiraka had gone to authorise Aarihi's sale of Pukekura to Williams, and seventy pounds had been paid for that land. Hiiraka was given twenty or thirty pounds. The swindle was caught in the very act by John Hiiana, lawyer for the Maori interests. Te Hiiana asked Hiiraka, 'Have I caught you?' and Hiiraka agreed. Hiiana went on, 'Where is the money?' and Hiiraka took it out of the lining of his hat and gave it to Te Hiiana and Heenare Rata. That money was a deposit.

11 Heenare Rata and Heenare Matua told Te Hiiraka not to go and authorise the sales by Aarihi Te Nahu, but to leave it to Aarihi to destroy her own lands. Hiiraka was not to do it. What is the nature, then, of Heenare Rata's theft? He said be careful about getting into debt, not to do it lest misfortune follow. Heenare said at the meeting at Pakipaki, 'Be patient. Don't go back and sell it a second time, or mortgage it. The sale by Aarihi at Hastings was invalid, because she sold it when she was a minor. Let that be that.'

12 Here is something else. The people of Mokowhiti were being taken off to jail concerning some money, two hundred pounds, belonging to the Pakeha, James by name, who lives at Puke-roo-whitu. They were rescued by Heenare Rata. And so I say, let us not turn to slander, lest we come to grief over it.

Teetahi waahi o te kupu o taua paanui i kii peenei: mahara 29.7
noa raatou kei taawaahi noa atu teenei hanga a Te Parata e horomi nei i te moana, kaaore ia ko Heenare Rata tonu, taua Parata horo moana, horo whenua.

Na, whakarongo mai! E rite ana aua taangata ki te waha o Te 8
Parata, me te kootimana e ruia nei, kapi katoa i a ia te whenua te noho. Peenaa tonu te haamama o te waha, ki te moni a Heenare Rata raaua ko te Kaawanatanga. No te kore e hoomai e Heenare Rata he moni hei hoko waipiro na konaa i kotiti atu ai ki te moni a te Kaawanatanga.

Teenei teetahi kupu: i haere atu taua tangata i Mokowhiti tae 9
atu ana ki te tari i Neepia. Tonoa atu ana e Te Heemara, kai-whakamaaori o te Kaawanatanga, me Raka, te kai-whakawaa o te Kooti, ki te tiki i a Hiiraka Te Aro-atua. I te tari o *Te Waananga* a Hiiraka. Utua atu ana taua Maangai Uhuuhu kotahi paauna. No toona hokinga mai ka utua anoo e toru paauna. Hui katoa e whaa paauna, i te mea hoki kua mau toona tangata a Hiiraka Te Aro-atua i a ia.

Kua haere atu hoki a Hiiraka ki te whakamana i te hoko 10
a Aarihi mo Pukukura ki a Te Wiiremu. Aa, riro ana mai nga moni o taua whenua e whitu tekau paauna. Ka hoatu ki a Hiiraka e rua tekau paauna, e toru tekau raanei. Heoi, i taua takiwaa anoo ka mau i a Hone Hiiana, rooia o te taha Maaori, taua mahi taahae. Uia atu ana e Te Hiiana ki a Hiiraka, 'Kua mau koe i a au?' Ka whakaae mai a Hiiraka. Ka kii atu anoo a Hiiana, 'Kei whea te moni?' Ka tangohia ake e Hiiraka i roto o te raaina o toona pootae, ka hoatu ki a Te Hiiana raaua ko Heenare Rata taua moni. He tiaki taua moni.

Ka mea atu a Heenare Matua raaua ko Heenare Rata ki 11
a Hiiraka kia kaua ia e haere atu ki te whakamana i nga hoko a Aarihi te Nahu, kia waiho atu anoo ma Aarihi e whakamate atu oona whenua. Kaua a Hiiraka e mahi i taua mahi. Aa, he aha ianei te taahae o Heenare Rata? I kii atu ia kia aata nama, aa, kaua e mahi i taua mahi kei mate. I koorero a Heenare i waenganui o te whakaminenga i Te Pakipaki nei, kia manawanui, kaua e hoki tuarua ki te hoko me te mookete na te mea hoki ko te hoko a Aarihi i Heretaunga, kaaore i tika. I hoko tamariki hoki ia. Heoi teenaa.

29.13 If there had been no Heenare Rata at that time we would have fared very badly, and been like horse-dung lying in heaps on the road. Now, my friends, cease what you are doing to the names of Heenare Rata and Heenare Matua.

That is all,
Your humble servant,
Urupeni Puuhara.

Teenei hoki teetahi. Ko nga taangata o Mokowhiti e riro ana 29.12
ki te whare herehere, mo nga moni e rua rau paauna a te Paakehaa e noho ana ki Puke-roo-whitu, ko Heemi te ingoa. Na Heenare Rata, ka puta mai teenaa iwi i te mate. Kaatahi nei ka mahara ake ahau, kaua taatou e tahuri ki te taawai, kei hinga taatou mo teenaa mahi.

Mehemea hoki kaaore a Heenare Rata i aua raa, kua mate noa 13
atu taatou, peenei anoo me te tuutae hooiho nei te puukai ana i te rori. Na, e hoa ma, me mutu ta koutou mahi i te ingoa o Heenare Rata raaua ko Heenare Matua.

Heoi aaku kupu,
Na ta koutou pononga iti rawa,
Na Urupeni Puuhara.

30 *The Door of the Night-World*

W. Te Kaahui Kararehe

1 THIS HOUSE WAS BUILT BY MIRU.[11] It was the house to which Ihenga and Rongomai went, together with a large party of followers to learn history, witchcraft, incantations, and so forth. Descent-from-day was the name of the rope they used to climb down to The Door-of-the-night-world. That rope had been made from Tau's stand of flax. It was cut and plaited, and when finished was let down, as a means of descent for them, so they could reach Miru.

2 When they had all gathered together below, Ihenga said, 'Rongomai, I will go ahead; you stay outside to keep our party in rank, so that everyone is together.'

3 So the party went on until they arrived at The Door of the Night-world. When Miru saw them she invited them into the house. They stayed there acquiring knowledge by day and by night. They stayed there for many nights learning the numerous incantations. So much for that.

4 But wait! After the party had gone, the owner of the flax plantation arrived. When he saw his flax had been cut he followed after them and discovered the suspended rope. He then descended himself, and went secretly to Miru, saying, 'The people have cut my flax.'

5 Miru replied to Tau, 'Go back! When you arrive above, pull up the rope and cut it so the people have no means of getting up, will become confused, and may die as payment for my teaching. Don't let Ihenga and Rongomai live to take my teaching to the world and become famous on earth.'

6 So when they had finished talking, Tau returned and climbed up the rope. On reaching the top he cut it and took it away. So much for that.

11 In Maori myth, Miru is a goddess of the underworld mentioned in many old songs. She is also known in the Cook Islands and in Hawai'i. See Edward Tregear, *Maori–Polynesian Comparative Dictionary* (Wellington: Lyon and Blair, 1891), under 'Miru' for a summary.

30 Te Tatau-o-te-Poo

Te Kaahui Kararehe o Taranaki

NA MIRU TEENEI WHARE. Ko te whare i haere ai a Ihenga raaua ko Rongomai, me to raaua hokowhitu. I haere ki te ako i nga koorero, mauii, karakia, aha, aha noa. Ko Te Tukutuku-o-te-rangi te taura i heke ai raatou ki Te Tatau-o-te-poo. Ko taua taura no te paa harakeke a Tau. Tapahia, whiria, ka oti. Ka tukua taua taura ki raro hei rerenga mo raatou ki raro, kia tae ai raatou ki a Miru. *1*

Ka ruupeke raatou ka karanga a Ihenga ki a Rongomai, 'Ko au ki mua, ko koe ki waho hei pakipaki i ta taaua ope, kia piri te haere.' *2*

Ka haere te ope nei ka tae raatou ki Te Tatau-o-te-poo. Kua kite mai a Miru, ka whakaurua ki roto ki te whare. Ka noho te ope ra, me te ako i nga koorero, i te raa, i te poo. He nui oo raatou poo e noho ana, e ako ana i nga tini karakia. Heoi eenaa. *3*

Taihoa. I muri o te ope ra ka haere mai te tangata naana te paa harakeke. Te tirohanga kua tapahia toona paa harakeke ka whaaia i muri. Tuupono atu ko te taura e taarewa ana. Ka heke te tangata nei. Kaatahi ka haere ngaro atu ki a Miru. 'Kua tapahia e te iwi nei taku paa harakeke.' *4*

Ka karanga ake a Miru ki a Tau, 'E hoki koe. Ka tae koe ki runga ka huti koe i te taura, ka tapahi kia kore he ara hei ekenga atu mo te iwi nei, kia pooauau noa iho i konei ka matemate hei utu mo aku koorero. Kei ora a Ihenga raaua ko Rongomai ka riro aku koorero ki te ao ka ingoa nui raaua ki te ao.' *5*

Heoi anoo; ka oti ta raaua koorero, ka hoki a Tau, ka piki i te taura ra. Ka eke ki runga ka tapahia te taura, ka riro i a Tau. Heoi eeraa. *6*

Kaaore te iwi nei i te moohio atu kua tapahia to raatou ara. Aakuanei kua tae te tohu ki a Ihenga. 'He aha teenei mea? Aanoo pea he raru mo maatou ko taku ope!' *7*

Ka whakapiri atu a Ihenga ki a Rongomai, 'Kua kite au i te raru mo taatou. He tohu kua tae mai ki a au. Mo aapoopoo ka hoki taatou. Kia tuupato te kookiri ki waho i te ata.' *8*

30.7 The people below did not know that their way was cut off. Soon, a portent came to Ihenga, who said, 'What is this? It seems like some trouble for our party.'

8 He then approached Rongomai and said, 'I am afraid that there is trouble in store for us; a sign has come to me. Let's return tomorrow and be careful when we set out in the morning.'

9 Ihenga had also observed Miru's manner, which was quite changed. Ihenga was suspicious. In the morning he stood up to say goodbye to Miru. Then he said to his company, 'Let's be off! Hurry! hurry!'

10 So the people lined up in the house and charged out. Miru saw they were in single file, and sprang forward and stood at the door. There were two dawdlers. Miru closed the door, and the way was barred. The two were cut off inside.

11 The rest of them gathered together and reached the path they had come down on. When they looked, their rope had been cut. They were baffled. Where was there a way? Ihenga and Rongomai now thought they and their party would die.

12 Ihenga called out, 'Count our party!'

13 They were counted. Two men, Ngoo and Kewa, were missing. Ihenga knew that they had been cut off by Miru as payment for the teaching.

14 So the party set off back. When they reached the house, Ihenga called out, 'O Miru!'

15 'Yes.'

16 'Deliver up Ngoo and Kewa!'

17 Miru replied, 'O Ihenga!'

18 'Yes.'

19 'Leave them as your gift to me, as payment for my teaching, that is, for our conversations.'

20 Then Ihenga understood that those men would be obstinately retained. Next, Miru killed Ngoo and Kewa.

21 Naturally, Ihenga was very sad and angry. The party returned to the place where they had descended. They lay down there and talked about burning Miru in her house, to avenge their loss. After everything was prepared, Miru was put to sleep by spells. They arrived and surrounded the house, and set fire to it. Miru

Kua titiro hoki a Ihenga ki te aahua o Miru kua rere kee. 30.9
Tuupato tonu a Ihenga. I te ata ka tuu a Ihenga ki te poroporoaki
ki a Miru. Ka mutu ka karanga a Ihenga ki toona hokowhitu,
'Tutuku! Tutuku tahi! Pepeke! Pepeke tahi!'

Heoi anoo ka whakaio te iwi i roto i te whare ka kookiri ki 10
waho. Kua titiro mai a Miru kua angiangi haere te tangata kua
peke mai a Miru ka tuu i te tatau. E rua nga takamuri. Kaatahi ka
tuutakina e Miru te tatau, kua kati. Ka mutu eenei taangata tokorua
ki roto.

Kua ruupeke te nuinga, kua tae ki to raatou ara i heke iho ai. 11
Te tirohanga atu kua tapahia to raatou taura. Harapuka noa!
Harapuka noa! Kei hea he ara? Ka mahara a Ihenga raaua ko
Rongomai kua mate raaua me to raaua ope.

Ka karanga a Ihenga, 'Tataungia taatou!' 12

Kaatahi ka tataungia. E rua nga taangata kua ngaro i roto i te 13
ope nei, ko Ngoo raaua ko Kewa. Kua moohio a Ihenga kua
tuutakina atu e Miru hei utu mo nga koorero.

Heoi anoo ka whakahokia te ope ra. Ka tae ki waho o te whare 14
ka karanga atu a Ihenga ki a Miru, 'E Miru e-e!'

'Oo!' 15

'Tukua mai a Ngoo raaua ko Kewa!' 16

Ka karanga mai a Miru. 'E Ihenga e-e!' 17

'Oo!' 18

'Me waiho mai eenei hei koha maau ki a au hei utu mo nga 19
koorero, araa, mo aa taaua koorero.'

Heoi anoo, kua rongo atu a Ihenga e whakapakeketia mai 20
ana nga taangata. Kaatahi ka patua a Ngoo raaua ko Kewa e Miru.

Heoi anoo kua poouri a Ihenga. Kaatahi ka hoki te ope nei 21
ka tae ki to raatou ara. Ka takoto i reira ka tuuria te koorero kia
tahuna a Miru ki roto ki toona whare kia ea tata to raaua mate.
Ka oti nga whakariterite ka tukua kia moe a Miru. Ka tae ki te
waa ka haere te ope nei. Ka tae, ka karapotitia te whare, kaatahi
ka tuungia ki te ahi. Ka pau a Miru i te ahi me ana hoa katoa. Ka
wera Te Tatau-o-te-poo, ka ea te mate o Ngoo raaua ko Kewa.

Ka pungarehutia te ahi ka tuu a Ihenga ki runga ka mau ki 22
tana tokotoko ka poua ki runga ki te pungarehu o te whare nei,
ki nga pungarehu hoki o nga wheua o Ngoo raaua ko Kewa. Ko

and all her companions were consumed by the fire. The Door-of-the-night-world was burnt, and the deaths of Ngoo and Kewa were avenged.

30.22 When the fire was reduced to ashes, Ihenga arose, and taking his spear, planted it in the ashes of the house, in the ashes of the bones of Ngoo and Kewa. His spear was named Tuu-taariaria. Then he sang his song of revenge. Here it is:

23 Slide the door, let it resound,
Slide the door, so that it is ajar,
Open up the solitary house of Miru.
Arise, arise, the murmuring house!
Arise, arise, the talking house!
Rise from your pillow,
Rise from your bed.
Stand up and go,
The whirlwind of earth forms;
The whirlwind of heaven forms.
You will be cast down into deep darkness,
Cast down into the night of Hine-ruaki-moe.
While I shall survive,
To subdue you, to thoroughly subdue you.

24 Who were the warriors who died in that house?
The multitude of dawdlers,
Who went forth in their obstinacy,
To attack and be attacked,
To placate and be placated,
To destroy and be destroyed,
It was said, 'Do not follow closely,
Do not press close to the decoy,
Let me escape with the survivors of Tuu.'

25 Who were the warriors who died in that house?
Ngoo and Kewa.
Kindle the fire, let it blaze.
Let the fire warm, let it heat.

te imgoa teenei o tana tokotoko ko Tuu-taariaria. Ka whakahua i tana tau takitaki mate, koia teenei:

Tauia te papa, kia haruru, *30.23*
Tauia te papa, kia ngaatata,
Te huakina i te whare mehameha i a Miru.
E ara! E ara, e te whare koomuhumuhu nei;
E ara! E ara e te whare koorero nei;
E ara i to urunga!
E ara i to moenga!
Ka matike tuu, ka haere tuu!
Ka tutuu aawhiowhio-nuku!
Ka tutuu aawhiowhio-rangi!
Te turakina atu ki te poouriuri,
Te turakina atu ki te poo i a Hine-ruaki-moe,
Te ora mai hoki ki a au nei.
E whanatu nei kia maahaki, maahaki maarire.

Wai te toa i mate ki te whare na? *24*
Ko te tini o Te Poopoo-rooroa.
I whano ki aa raaua whainga tohe,
Ki te tai atu, ki te tai mai,
Ki te miri atu, ki te miri mai,
Ki te huna atu, ki te huna mai,
Ka pou te kii atu, 'Kaua ra e piri-hongo,
Kaua ra e piri-katea, te takitaki a manu,
Kia whakaputa au i te rerenga o Tuu, ki waho.'

Wai te toa i mate ki te whare na? *25*
Ko Ngoo raaua ko Kewa.
Hikaia te ahi, kia mura!
Inaina te ahi, kia mahana!
Tahuna te Tatau-o-te-poo kia haruru!
Rere te kora, rere ki te uru o Mata-te-raa.
Ka noho mai Tau i te uru o Mata-te-raa
Te tukua iho ai, kia whakaputa au,
I te kaha o Ihenga raaua ko Rongomai.

Burn The Door-of-the-night-world, let it roar.
Let the sparks fly up to the summit of Mata-te-raa.
Tau is there on the summit of Mata-te-raa.
He did not leave the rope down,
So that I could escape,
By the rope of Ihenga and Rongomai.
Twist a rope, a rope to raise the earth,
A rope to raise the fixed horizon of Whiti.
Tie it fast, fast!
Hui e-e! Taaiki e-e!

30.26 Here ends the song. Next, Ihenga called out, 'Let us explore. If we are as good as dead, where can we go? Let's explore all of this land. Perhaps we shall live, perhaps die ... so be it. But, people, everyone should conserve their supplies. If you use them up too quickly you will die. You won't be pitied, because you will have gobbled down your rations yourself.'

27 The food of the party was dried *kuumara* and dried fish, from their own home. Miru gave them none during their stay in her house. It was their own food they consumed there. They had thought that their path would not be cut off.

28 And so the people explored the land, ignorant of it. The greedy ones soon consumed their food. As a result they wandered aimlessly, falling down and calling out to those with food remaining to give them some dried sweet-potato. But, because the others feared succumbing themselves, none was given.

29 Only a few of them died. The saying that we preserve here in Tara-naki is 'Greedy Ruu dies, but Frugal Ruu lives'.

30 And so the people were ill with hunger. Nights and days came and went. They travelled as if in a dream with the people spreading out in search of food. A few died, but most survived. Their salvation was arriving at the home of Haa-huia and Mata-tirotaa and their people. There the group was restored to health with food.

31 Ihenga and Rongomai stayed there to recover themselves. They were saved; they had found kind hosts.

Whiria he kaha, he kaha ranga-nuku,
He kaha ranga-pae, tuturu o Whiti.
Whakamaua kia tina! tina!
Hui e-e! Taaiki e-e!

Ka mutu i konei te tau nei. Heoi anoo, ka karanga a Ihenga, *30.26*
'Me tahawhenua taatou. E te iwi, me puta ra ki whea i te mea
kua mate taatou? Me haere noa atu i te nuinga o teenei whenua.
Nana, ka puta taatou, nana ka mate, heoi anoo! Engari, e te
iwi, tiaki i oou oo, i oou oo! Kei hohoro te pau oou oo, ka
mate koe! Kaaore koe e arohatia. Naau i hohoro te kai i aau
kai.'

Ko nga kai a te ope nei he kao maroke, he ika maroke; no *27*
to raatou whenua mai. Kaaore a Miru i hoomai kai ma raatou i to
raatou nohoanga i roto i te whare o Miru. Na raatou anoo aa
raatou kai i pou i roto ki taua whare. I hua hoki raatou, kaaore
to raatou ara e tapahia.

Heoi anoo, kaatahi te iwi nei ka tahawhenua haere, ka haere *28*
kuuare noa iho i teeraa whenua. Ko te tangata puukino ki te kai,
ka hohoro oona te pau. Heoi anoo, ka haere noa iho, ka hinga ki
raro. Ka karanga atu ki te tangata e toe ana oona oo kia hoomai
eetahi kao maana. Kaaore e hoatu, kei hinga hoki aaianei ki te ara.

Tokoruarua nei te tangata i mate. Koia te whakataukii e mau *29*
nei i runga i a maatou nei, i a Tara-naki 'Ka mate Ruu-kai-horo,
ka ora Ruu-kai-whakatonu.'

Heoi anoo, mate kau ake te tangata. Haere te poo, haere te *30*
ao. Whakarite kau te moe ka haere, me te hora haere te tangata
i te putanga a te kai. He iti te iwi nei i mate, he nui ki te ora. Te
putanga o te iwi nei, i puta ki a Haa-huia raaua ko Mata-tirotaa
me to raaua iwi. Ka ora te ope nei i te kai.

Ka noho a Ihenga raaua ko Rongomai i reira whakamauru *31*
ai i a raatou. Heoi anoo, kua ora hoki, kua whai ariki mo
raatou.

Ka roa te iwi nei e noho ana i te kaainga ra, kua hiahia raatou *32*
kia haaua he waka mo raatou, hei whakawhitinga mo raatou ki
to raatou whenua. Ka takoto ta raatou koorero, ka oti, ka paatai

30.32 After the people had dwelt there a long time, they wanted to carve out a canoe for themselves, which they would use to cross over to their own country. They discussed the matter fully, and then Ihenga asked the ones who owned the land, Haa-huia and Mata-tirotaa, who replied that there were plenty of trees.

33 Ihenga was still grieving for his warriors Ngoo and Kewa. He had two braves left, Heavenly Calm, and Hot-head. So they went into the forest and felled two trees. They split into two groups. Hot-head and his party making their own canoe, and Heavenly Calm and his party theirs.

34 Ihenga and Rongomai were with Heavenly Calm because he was a competent director and had some knowledge of the ocean, such as its favourable and unfavourable periods. For Hot-head there was no right or wrong, no success or defeat. There were only his bad management and poor planning.

35 The canoes were completed and Heavenly Calm's canoe was named Clear Sky. I don't know the name of Hot-head's canoe. Anyway, the canoes were left lying on the shore to dry out.

36 After some time seasoning, Hot-head noticed that the sea was becoming less rough, day by day.

37 So he called out, 'It is calm!'

38 'What?'

39 'Load up! Let's go! The sea is becoming calmer.'

40 Heavenly Calm replied, 'Look, the sea is still rough. Wait until it's calm so that the people won't be killed in large numbers.'

41 Hot-head did not agree. That evening he farewelled Haa-huia and Mata-tirotaa, loaded up his canoe and when all was ready, put out to sea. The sun set and he was lost from sight of those on shore. When the sun rose they climbed the mountain and gazed out.

42 There was the red keel of the canoe in the surf. Ihenga remembered that his party had suffered four setbacks: the cutting-off of their route, the deaths of Ngoo and Kewa, the deaths by hunger during their wanderings, and now these deaths at sea.

43 So they stayed on. When the sea became calm Heavenly Calm called out, 'The sea is calm and we are crossing to our country.'

44 Ihenga said, 'Will we get there?'

a Ihenga ki te tangata noona te whenua, ki a Haa-huia raaua ko
Mata-tirotaa, ka whakahokia mai ka nui te raakau.

Teenei te mihi tonu nei te ngaakau o Ihenga ki oona toa, ki 30.33
a Ngoo raaua ko Kewa. E rua oona toa e ora nei, ko Aaio-rangi,
ko Uru-ngangana. Heoi anoo, ka tomo ki te motu, ka hinga nga
raakau e rua. Ka wehe i konei raatou. Ko Ngangana me toona
roopuu ki to raatou nei waka, ko Aaio-rangi me toona roopuu ki
to raatou nei waka.

Ko Ihenga raaua ko Rongomai, kei a Aaio-rangi raaua no te 34
mea, he tangata whakahaere tika teeraa, he moohio oona ki nga
tikanga o te moana, mo te kino, mo te pai. Ko Ngangana, kaaore
ana tika, kaaore ana hee, kaaore ana mate, kaaore ana ora. Heoi
anoo, ki a ia kee ana whakahaere kino, whakaaro kino.

Ka oti nga waka ra, ka tohia te ingoa o te waka o Aaio-rangi, 35
ko Rangi-takoo. Kaaore au nei e moohio ki te ingoa o to Ngangana
waka. Heoi anoo, ka takoto nga waka ra ki te takutai, ka waiho
hoki kia maroke.

Peewhea ra te roa o te maroketanga, kua titiro atu a Ngangana, 36
kua tuku haere te toa o te moana, i teenaa rangi, i teenaa rangi.

Heoi, kua karanga a Ngangana, 'E Aaio, e-e!' 37

'Oo!' 38

'Me uta, me haere; kua tuku te kaha o te moana.' 39

Ka utua mai e Aaio-rangi, 'Titiro atu, kei te ngangana tonu 40
mai te moana. Aata tukutuku maarire, kaua te iwi e koohurutia.'

Kaaore i whakaae a Ngangana. I te ahiahi ka poroporoaki 41
a Ngangana ki a Haa-huia raaua ko Mata-tirotaa, ka utaina te waka
ra, ka ruupeke, ka rere i te moana. Ka too te raa, ka ngaro i nga
taangata o taahaki. Ao ake te raa, ka pikitia e nga taangata o
taahaki ki runga ki te maunga titiro atu ai.

Ko te waka ra, e whero mai ana te takere i te kare o te moana. 42
Ka whakaaro a Ihenga, ka whaa nga matenga o toona ope, ko
te tapahanga i to raatou huarahi; ko Ngoo raaua ko Kewa; ko te
matematenga o te iwi i te taha-whenuatanga i te mate o te kai;
ko te matenga hoki ki te moana.

Heoi anoo, ka noho nei raatou. Ka tae ki te aaiotanga o te 43
moana, kaatahi ka karanga a Aaio-rangi, 'Kua aaio te moana, kua
whiti taatou ki to taatou whenua.'

30.45 'Yes.'

46 So Ihenga and Rongomai said goodbye to their hosts, loaded up and put out to sea. Night succeeded day; and day, night. They reached their land, Hawaiki. Then the canoes of Hawaiki came on to this country, Hukurangi, Land-of-long-daylight. They brought this story here.

[Translation adapted from S. Percy Smith.]

Kaatahi ka kii atu a Ihenga, 'Ka whiti raanei taatou?' *30.44*

'Aae!' *45*

Heoi anoo, ka poroporoaki a Ihenga raaua ko Rongomai ki *46*
oo raatou ariki, ka utaina, ka rere i te moana. I te poo, i te raa, i te poo, i te raa; ka whiti raatou ki to raatou whenua, ki Hawaiki. Ka rere tonu mai nei nga waka ki teenei motu, ki Hukurangi, araa, Aotearoa — nga waka anoo o Hawaiki. Na eenei waka i hari mai teenei koorero.

31 *The Meeting of Oo-Maahu*[12]

1 ON 8 MARCH 1877 the meeting was opened at 8 p.m. to appoint a chairman. A great assembly of chiefs from all parts of the land was present. Manaena proposed that Heenare Matua be chairman. Karaitiana Takamoana seconded. Peetera Rangi-hiiroa proposed Heenare Toomoana for chairman. Temuera seconded the motion. A vote was taken and, as there were more votes for Heenare Toomoana, he was elected.

2 Then a vote was taken for a secretary for the meeting; W. H. Grace was elected. The meeting was then closed and the chairman proposed that the meeting reconvene on the morrow, at 12 noon.

9 March 1877

3 The chairman read the notice announcing the meeting. He then addressed the meeting, saying, 'Greetings, friends. There will be laid before you at this meeting certain matters of great importance for your consideration and I say to you, be clear, work well and patiently. Do not treat the matters presented to you carelessly.'

4 He then read the items which were to be discussed by the meeting.

5 ✧ The first task of the meeting is to reaffirm the promise to live peacefully under the sovereignty of the Queen and her laws.

6 ✧ The meeting thanks Parliament for its careful consideration of matters affecting the Maori people, although many big problems remain to be dealt with.

12 See Keith Sinclair, *Kinds of Peace: Maori People after the Wars, 1870–85,* Auckland, Auckland University Press, 1991, p. 109 for mention of this meeting. This translation differs considerably from that published in the *Hawke's Bay Herald.*

31 Te Hui ki Oo-Maahu

I TE WARU O NGA RAA O MAAEHE i te tau kotahi mano, e waru 1
rau, e whitu tekau maa whitu i huihui te hui i te waru o nga haaora o te ahiahi, ki te whakatuu tumuaki mo te hui. Ka nui nga rangatira o nga whenua katoa i reira. Na Manaena i mootini, ko Heenare Matua hei tiamana. Na Karaitiana Takamoana i tautoko. Na Peetera Rangi-hiiroa i mootini, ko Heenare Toomoana hei tiamana. Na Temuera i tautoko. Kaatahi ka waahi te hui, aa, kitea ana he maha kee nga taangata i pooti mo Heenare Toomoana, aa, tuu ana ia hei tiamana mo te hui.

Kaatahi ka pootitia he karaka mo te hui; tuu ana ko W. H. 2
Kereehi. I konei ka mutu nga mahi mo teenei raa; kiia ana e te tiamana, hei aapoopoo i te 12 o nga haaora o te awatea, ka huihui anoo te hui.

9 Maaehe 1877

I koorerotia e te tiamana te paanui karanga i teenei hui. Ka 3
mea atu ia ki te huihuinga, 'Teenaa koutou e hoa maa! Ka whakatakotoria ki oo koutou aroaro eetahi puutake nunui hei whiriwhiringa ma koutou, aa, he mea atu taaku ki a koutou, kia maarama, kia pai ta koutou mahi, kia manawanui. Kaua e mahia poorahutia nga puutake ka hoatu nei kia mahia e koutou!'

Kaatahi ka paanuitia e ia nga puutake hei whiriwhiringa ma 4
te hui:

- Ko te mahi tuatahi a teenei hui he whakahoou i te kii, kia 5
noho pai i raro o te mana o te Kuiini me ana ture.

- E whakapai ana te hui ki te paaremata mo tana aata 6
whiriwhiri i nga mea e paa ana ki te iwi Maaori, ahakoa he maha nga mate nunui kei te toe hei mahinga.

- E koa ana te hui i te rongonga kua mutu rawa te hoko a te 7
kaawanatanga i nga whenua Maaori.

31.7 ✧ The meeting is glad to hear that the Government have entirely ceased purchasing Maori land.

8 ✧ The meeting is happy that Maori members are given equal standing with European members, and that this equality has been confirmed. But, the meeting refers to their request of a previous meeting for a new definitive law, to relate the number of Maori members to the Maori population, and European members to the European population, and to do away with the present electoral boundaries.

9 ✧ The meeting is glad that a new act for the Maori Land Court is being drafted. The Maori people have suffered greatly through the defects of the laws concerning Maori lands. Under the bad laws, evil Europeans have plundered the Maori lands in Hawke's Bay and elsewhere.

10 ✧ The meeting calls for the passing of a law allowing Maori persons to sit on juries in European courts when they are adjudicating on Maori matters.

11 ✧ The chiefs and intelligent persons of all the tribes of the island should be allowed to name persons fit to vote, to be placed on the electoral roll.

12 ✧ The Government should be more energetic in establishing schools in every part of the island, so that the children may learn English; by this means they will become like Europeans and acquire the skills that have made the European people great.

13 ✧ The meeting praises Sir George Grey for his energetic prosecution of matters concerning the Maori people, and also those members who supported him in looking after and actioning Maori matters in Parliament.

✧ E koa ana te hui ki te whakaritenga o te tuu o nga mema 31.8
Maaori ki te tuu o nga mema Paakehaa, araa, ko te rite teenei kua puumau; engari, e mea ana te hui mo ta raatou tono o teeraa hui, kia hangaa teetahi ture hoou, ture tuuturu, kia riterite nga mema Maaori mo nga taangata Maaori, ki nga mema Paakehaa mo nga taangata Paakehaa, aa, kia whakareerea nga takiwaa pooti o naaianei.

✧ E koa ana te hui kei te hangaa he ture hoou mo te Kooti 9
Whakawaa Whenua Maaori. Nui atu te mate o te iwi Maaori i nga tau ka pahemo nei, i te kino o nga ture mo nga whenua Maaori. Na te kino o nga ture ka murua noatia e te Paakehaa kino, nga whenua o te Maaori i Haaki Pei, me eetahi atu waahi.

✧ E tono ana te hui kia whakamana he ture mo te Maaori kia 10
uru ki nga huuri o nga kooti Paakehaa, inaa whakawaa i nga mea e uru ai te Maaori.

✧ Ko nga rangatira, me nga taangata moohio o nga iwi katoa 11
o te motu nei, me mea e raatou nga ingoa o nga taangata e tika ana kia whai pooti, kia eke ki runga i te pukapuka pooti.

✧ Ko te Kaawanatanga me kaha atu tana mahi ki te whaka- 12
tuu kura ki nga waahi katoa o te motu, kia moohio ai nga tamariki Maaori ki te reo Paakehaa; ma teenei hoki ka rite ki te Paakehaa, ka moohio hoki ki nga mahi naana nei i whakanui te iwi Paakehaa.

✧ Ko te hui e whakamoemiti ana ki a Taa Hoorii Kerei mo 13
tana kaha ki te mahi i nga mea mo te iwi Maaori, ki nga mema hoki i tautoko i a ia ki te tiaki, ki te whakahaere i nga mea a te Maaori i roto i te paaremata.

31.14 ✧ It is proper and highly desirable, in our opinion, that the tribes of New Zealand should be united as one people, that we should meet, and see each other, and discuss our grievances, and assemble the appropriate matters to be sent on to the Colonial Government to be discussed there.

15 ✧ All the chiefs of the tribes should ban alcohol, and pass a law allowing prosecution of persons taking alcohol in Maori dwelling places.

There were other matters presented to the meeting for discussion. When the reading of the agenda concluded, Moa Hianga prayed that the meeting might be granted wisdom when it discussed matters presented for its consideration.

- He mea tika, he mea tino pai rawa ki to maatou whakaaro 31.14
kia whakakotahitia nga iwi o Nui Tiireni, aa, kia huihui maatou, kia kite maatou i a maatou, kia koorerorerotia oo maatou mate, kia kohikohi maatou i nga koorero e pai ana kia tukua ki te paaremata nui o teenei koroni, hei take koorero mo taua paaremata.

- Ko nga rangatira katoa o nga iwi, me turaki i te kai waipiro, 15
aa, me mahi he ture e taaea ai te whakahara i te tangata kawe atu i te waipiro ki nga kaainga Maaori.

Teeraa atu anoo eetahi puutake i whakatakotoria ki te aroaro 16
o te hui, hei koorero ma te iwi. Ka mutu te paanui ka inoitia e Moa Hianga kia hoomai he moohiotanga ki te hui, ki te whiriwhiri i nga mea kua hoatu nei hei mahi ma raatou.

32 *The Many-Pointed Star*

Dr Tuutere Wiirepa

Part One

1 THIS IS AN ANCIENT FORTRESS. The name Te Whetuu-matarau[13] comes from Hawaiki itself. The name of the village where this fortress, Te Whetuu-matarau, is situated is Te Kawakawa, that is Te Kawakawa-from-afar. This name comes from Hawaiki itself. The new name of the place is Te Ara-roa (the Long Path), a name taken from the missionary settlement where Kissling and other missionaries lived. This was the name given by Maori in response to a request from the Post and Telegraph Department that Te Kawakawa be deleted because there are many places named Te Kawakawa in New Zealand and letters were going astray. So the name Te Ara-roa superseded Te Kawakawa.

2 But, Te Kawakawa is the name known by the elders of other tribes. It was a famous place in ancient times and it retains its fame now, being the home of Te Hati Hou-kaamau, chief of Ngaati Porou. 'A place is known by its chiefs.'

3 Te Ara-roa's outstanding feature is its mountains. It resembles Zion, sung about by David, King of Israel — 'Jerusalem, surrounded by mountains'. To the north of Te Ara-roa lies the sea; on the east is Maunga-roa; on the south is Te Whetuu-matarau; to the west is Puke-aa-maru.

4 Two rivers separate these mountains. Awa-tere is between Maunga-roa and Te Whetuu-matarau. Karaka-tuuwhero ('the ripening *karaka* berries'), a creek, separates Puke-aa-Maru to the west of Te Whetuu-matarau. The mountains screen off the fine lands behind, so that they are not seen by visitors approaching from the sea. To such visitors, Te Ara-roa is nothing but a rocky cliff and deep creeks.

13 Situated a few miles from East Cape, Whetuu-matarau is on top of the cliff immediately behind the small township of Te Ara-roa.

32 Ko te Whetuu-Matarau

Tuutere Wiirepa

Waahanga Tuatahi

HE PAA TAWHITO TEENEI. No Hawaiki mai ra anoo teenei ingoa 1
a Te Whetuu-matarau. Ko te ingoa o te kaainga kei reira teenei paa ko Te Kawakawa, araa, ko Te Kawakawa-mai-tawhiti. No Hawaiki mai anoo teenei ingoa. Te ingoa hoou o taua kaainga ko Te Ara-roa, he ingoa no te kaainga mihinare i noho ai a Te Kihirini me eetahi atu o nga mihinare. Ko te ingoa teenei i hoatu e nga Maaori i runga i te tono a te tari poutaapeta kia whakakorea a Te Kawakawa, he maha rawa no nga Kawakawa kei Niu Tiireni, aa, ka pooheehee nga reta. No konei te ingoa nei a Te Ara-roa ka whataa ki runga ki Te Kawakawa.

Ko Te Kawakawa ia te ingoa e moohiotia ana mai e nga 2
kaumaatua o eetahi iwi. He kaainga rongonui teenei o mua iho, aa, naana i pupuri taua rongo i muri nei. Ko te kaainga noho hoki teenei o Te Hati Hou-kaamau, rangatira o Ngaati Porou. 'Ma te rangatira hoki ka kiia te kaainga he kaainga.'

Te tino mea whakamiiharo o Te Ara-roa ko oona maunga. 3
I rite ia ki Hiiona i waiatatia nei e Raawiri, kiingi o Iharaira: 'E karapotia ana a Hiruhaarama e nga maunga.' Kei te taha raki o Te Ara-roa ko te moana; kei te taha raawhiti ko Maunga-roa; kei te taha tonga ko Te Whetuu-matarau; kei te taha hauauru ko Puke-aa-maru.

E rua nga awa naana i wehewehe eenei maunga. Ko Awa- 4
tere kei waenganui o Maunga-roa me Te Whetuu-matarau. Na Karaka-tuuwhero i wehe atu a Puke-aa-maru i te taha hauaauru o Te Whetuu-matarau. Na eenei maunga hoki i aarai atu nga whenua aataahua ki muri, aa, kaaore e kitea atu e nga manuhiri o te moana. Ki eenei manuhiri ka mutu anoo a Te Araroa he pari koohatu, he manga hoohonu.

Kei te take o Maunga-roa, ko Oo-kau-wharetoa, paa o Tuu- 5
whakairi-ora, tipuna nui o Ngaati Porou; kei te tihi o Te Whetuu-

32.5 At the foot of Maunga-roa is Oo-kau-wharetoa, fort of Tuu-whakairi-ora, the great ancestor of Ngaati Porou; on the peak of Te Whetuu-matarau is the *paa* of the same name, which this story is about. At the foot of Te Whetuu-matarau is Te Ara-roa and its church, which was opened by the Bishop of Waiapu at the *hui* of February, 1918.

6 At this time it is not clear who constructed Te Whetuu-matarau fortress, but it is a very old fort — far older than the time of Poomare, and before Te Whaanau-a-Tuu-whakairi-ora became a major tribe. However, present-day orators know that this is the fortress where the founding ancestor of Te Whaanau-a-Tuu-whakairi-ora lived, which is to say, the progenitor of all of Ngaati Porou. Her name was Tamatea-upoko; her husband was Ue-kaiehu. These were the chiefs of the land between Awatere and Karaka-tuuwhero, from the sea to the Rau-kuumara range, and these lands are owned by their descendants today.

7 While they were living in this fort a wandering tribe appeared. That tribe's name was Ngaa Oho. They met and Tamatea-upoko's people were defeated. Ue-kaiehu was killed, and the fort and the land went to Ngaa Oho. Tamatea-upoko and her children migrated to Whaangaaraa. When Tamatea's children grew up they returned and conquered Ngaa Oho, and again held the land of their mother, Tamatea-upoko, and their fortress Te Whetuu-matarau.

8 To the west of the fort there is a small division called the fort of Te Ao-taaihi. Te Ao-taaihi was a grandchild of Tamatea-upoko. The name Te Ao-taaihi has been given to the child of Te Teira Tiaki-tai, chief of Wai-maarama, Heretaunga. On the east side, a ridge descends to the Awatere river where there is a small fort named the Fernroot-store-of-Haere-waru.

9 Two large war parties from Ngaapuhi have reached Te Kawakawa. The first was that of Hongi Hika. Oo-kau-wharetoa was the fortress of Te Whaanau-a-Tuu-whakairi-ora at that time. At the foot of Oo-kau-wharetoa is the small stream Oo-taawhao. It is said that Oo-taawhao was full of heaped up bodies.

matarau, te paa nei a Te Whetuu-matarau, moona nei eenei
koorero. Kei te take o Te Whetuu-matarau a Te Araroa, me toona
whare karakia i whakatuwheratia e te Piihopa o Waiapu i te hui
o Peepuere, 1918.

Kaaore e maarama i teenei waa na wai taua paa i hanga. Engari 32.6
he paa tawhito teenei. No mua noa atu i a Poomare. No mua atu
hoki i te tipunga o Te Whaanau-a-Tuu-whakairi-ora hei iwi nui.
Engari e moohiotia ana e nga puu-koorero o naianei, ko te paa teenei
i noho ai te tipuna o Te Whaanau-a-Tuu-whakairi-ora, araa, o Ngaati
Porou katoa. Toona ingoa ko Tamatea-upoko; toona taane ko Ue-
kaiehu. Ko eenei taangata hoki nga rangatira o te whenua
i waenganui o Awatere me Karaka-tuuwhero, o te moana tae atu ki
Rau-kuumara maunga; aa, kei oo raaua uri aua whenua i teenei raa. 7

I a raaua e noho ana i teenei paa, ka puta teetahi iwi haere
noa. Te ingoa o taua iwi ko Ngaa Oho. Ka whakawhaaitia, ka
hinga te iwi o Tamatea-upoko. Ka mate a Ue-kaiehu. ka riro te
paa me te whenua i a Ngaa Oho. Ka heke a Tamatea-upoko
raatau ko ana tamariki ki Whaangaaraa. Ka pakeke nga tamariki
a Tamatea-upoko, ka hoki mai raatau ka raupatutia a Ngaa Oho,
ka riro anoo i a raatau te whenua o to raatou kookaa, o Tamatea-
upoko, me to raatou paa, me Te Whetuu-matarau.

Kei te taha ki te hauaauru o taua paa teetahi waahanga iti, e 8
huaina ana toona ingoa ko Te Paa o Te Ao-taaihi. He uri
mokopuna a Te Ao-taaihi na Tamatea-upoko, i tapaia hoki taua
ingoa a Te Ao-taaihi ki te tamaiti a Te Teira Tiaki-tai, rangatira o
Wai-maarama, Heretaunga. Kei te taha raawhiti, he tau e heke
ana ki Awatere awa. Kei reira teetahi paa iti. Toona ingoa ko Te
Whata-aruhe-a-Haere-waru.

E rua nga ope nunui a Ngaapuhi i uu ki Te Kawakawa. Ko te 9
ope tuatahi na Hongi Hika. Ko Ookau-wharetoa te paa o Te
Whaanau-a-Tuu-whakairi-ora. Kei te take o Oo-kau-wharetoa
teetahi awa iti, ko Oo-taawhao. E kiia ana i puni a Oo-taawhao
i te putu o te tangata.

Ko te ope tuarua na Poomare, rangatira o Tau-maarere. 10
I huihui te whaanau a Tuu-whakairi-ora ki toona paa ki Te
Whetuu-matarau. I konei nga hapuu katoa o Tuu-whakairi-ora,

32.10 The second expedition was by Poomare, chief of Taumaarere.[14] The Whaanau-a-Tuu-whakairi-ora gathered in their fortress, Te Whetuu-matarau. All the subtribes of Tuu-whakairi-ora were there, from Horoera to Whare-kahika,[15] together with their chiefs. These are the subtribes: Te Whaanau-a-Hine-rupe, Te Whaanau-a-Te-Ao-taaihi, Te Whaanau-a-Tuu-te-rangi-whiu, Te Whaanau-a-Kahu, Te Whaanau-a-te-Aopare, Te Whaanau-a-Hunaara, Te Whaanau-a-te-Rangi-te-keehua, and Te Aitanga-a-Tiki.

11 These are some of the chiefs: Te Rangi-i-paaia and her husband Nga Rangi-tokomauri, Te Ua-a-te-rangi, Te Rangi-tee-kii, Huripuku, Rangi-i-taakina, Te Perehia, Pokia, Te Mataiata, Koohua Taawhaki, Te Maatorohanga, Whai-kootuku, Paa-tauaki, Houtuurangi, Kaamura-te-rangi, and others too many to name. The fact is that all of today's generation had ancestors in Te Whetuu-matarau at the siege of Poomare. Te Matau-rua was a child at that time. Te Hou-kaamau was at Taitai fort in the Waiapu valley.

12 The fort was besieged by Poomare, but it did not yield. Poomare remained on his vantage point, a hillock that has been named the Resting-place-of-Poomare. He shouted and called up to Nga Rangi-tokomauri within the fort, 'Sleep with our wife tonight, friend; tomorrow night I will have her.'

13 Te Rangi-i-paaia, Nga Rangi-tokomauri's wife, was the most famous person in Te Whetuu-matarau.

14 It is true that Te Whetuu-matarau could not be overthrown by force. It is a lofty cliff. There are two ascents to the fortress, one from the east and one from the west. These ascents are high and narrow. The war-party would be unable to charge up such narrow paths. The front of the fortress is a bare cliff two hundred feet high. Bullets from the guns of those days could not reach that high. The fort itself is a beautiful flat area of perhaps forty acres, more or less.

15 Poomare besieged the fortress for a long time, six months or more. But perhaps it was only a month, because some of the

14 In the Bay of Islands, not far from Kawakawa.

15 That is, from East Cape to Hick's Bay.

mai i Horoera ki Whare-kahika, me nga rangatira. Ko nga hapuu
eenei: Te Whaanau-a-Hine-rupe, Te Whaanau-a-te-Ao-taaihi, Te
Whaanau-a-Tuu-te-rangi-whiu, Te Whaanau-a-Kahu, Te Whaanau-
a-te-Aopare, Te Whaanau-a-Hunaara, Te Whaanau-a-Te-Rangi-te-
keehua, me te Aitanga-a-Tiki.

Ko eetahi eenei o nga rangatira. Ko Te Rangi-i-paaia me toona *32.11*
taane me Nga Rangi-tokomauri, ko Te Ua-a-te-rangi, ko Te Rangi-
tee-kii, ko Huripuku, ko Rangi-i-taakina, ko Te Perehia, ko Pokia,
ko Te Mataiata, ko Koohua Taawhaki, ko Te Maatorohanga, ko
Whai-kootuku, ko Paa-tauaki, ko Hou-tuurangi, ko Kaamura-te-
rangi me eetahi atu, kaaore e taaea te tatau. Otiraa, te iwi katoa
o teenei raa he tiipuna oo raatau i roto o Te Whetuu-matarau i te
haonga a Poomare. E tamariki ana a Te Matau-rua i taua waa. Ko
Te Hou-kaamau i Taitai paa ki Waiapu.

Ka haoa te paa e Poomare, kaahore i tahuri. Ka noho ia i runga *12*
i toona taumata. Kua tapaia taua pukepuke ko Te Taumata o
Poomare. Ka mapu ia, ka karanga ake ki a Nga Rangi-tokomauri
i roto o te paa, 'Moe mai ra, e hoa, i ta taaua wahine i teenei poo;
ko a teeraa poo te riro ai i a au.'

Ko te ingoa rongonui teenei o Te Whetuu-matarau ko Te *13*
Rangi-i-paaia.

Ka tika tonu kia kore a Te Whetuu-matarau e huri i te ringa *14*
kaha. He pari tiketike hoki. E rua anoo nga ara pikinga ki te
paa: kootahi kei te taha raawhiti; kotahi kei te taha raa too.
He teitei aua pikinga, he whaaiti hoki. Kaaore e taaea e te
ope te kookiri i aua ara kuiti. Ko te aroaro o te paa, he tino
pari horehore e rua rau putu pea te teitei. Kaaore tonu e eke
te mataa o nga puu o taua waa. Ko te paa ake he raorao
aataahua e whaa tekau eka pea, nuku atu, hoki iho raanei,
te nui.

He roa te whakamiieretanga a Poomare i te paa nei. E ono *15*
marama pea, nuku atu raanei. Oti ra, kotahi marama noa raanei,
inaahoki i kainga rawatia e ia eetahi. Mehemea hoki i tino roa
rawa te whakamatekaitanga i te paa, e kore rawa teetahi tangata
e pai mo te kai.

Ka hemokai te paa. Ka kai ki te raakau, tae atu ki te tangata. *16*
I hokohoko nga waahine i aa raatau tamariki ki a raatau anoo hei

people were eaten by him. If the starving of the fort had gone on for a very long time, no one would have been worth eating.

32.16 In the fort, people were starving. They ate everything from trees to men. The women traded their children to each other to eat. Hence the name of a certain woman, Rebecca Kai-hoko, mother of Hamahona Puuhaa.

17 Poomare knew that the *paa* was starving. He conceived a cunning plan by which it would fall. The people inside the *paa* wanted to come out and look for food. Poomare knew this much about the people he had encircled.

18 Early one morning, Ngaapuhi roused themselves as if they were returning to their home. The local people looked down and were overcome with joy. But at first they were suspicious. After a time the war-party dragged their canoes, and launched them and paddled to the north. As they turned Te Whai-a-Pawa point, the besieged were certain that Ngaapuhi were really going back. Night fell. They should have reached Tikirau[16] or Waikawa if they had paddled on. Then the people in the *paa* burst out and scattered in search of food.

19 In the middle of the night Poomare landed at Te Kawakawa. The *paa* was attacked and fell — it was wide open with no guards on the gates. The people were killed and some were eaten. Te Rangi-i-paaia was taken prisoner.

20 Some people think mistakenly that Ngaapuhi did not practise cannibalism at Te Whetuu-matarau. There are many witnesses of our own generation that men were eaten. Just recently Wii Huihui died. His full name was The Crowded-ovens-of-Te-Whetuu-matarau. He has many living relatives. There is another called Mat-plundering, named after the mats that covered the cannibal ovens of Te Whetuu-matarau. And there are others.

21 The Whetuu-matarau fell and the survivors fled to Houtuu-paakoke *paa*, seventeen miles away. One of the high-born women in Te Whetuu-matarau was Hine-tawhirangi, wife of Te Perehia. Some of her children were captured and eaten when the *paa* fell. She escaped. While she was at Houtouu-paakoke

16 Cape Runaway.

kai. No reira te ingoa o teetahi wahine, a Riipeka Kai-hoko, kookaa o Hamahona Puuhaa.

Ka moohio a Poomare ka mate te paa i te kai. Ka whakatakoto 32.17
ia i teetahi tikanga maatau e tahuri ai te paa. Ko te iwi o te paa kei te hiahia kia puta ki waho ki te rapa kai. E moohio ana a Poomare ki taua aahua o te iwi e haoa ra e ia.

I te ata tonu o teetahi rangi ka takatuu a Ngaapuhi, aanoo te 18
aahua e hoki ana ki to raatou nei whenua. Ka kite iho te tangata whenua, ka wehe i te rekareka. Otira i tuupato anoo raatau i te tuatahi. Naawai, aa, ka tootoo te taua i oo raatau waka, aa, ka maanu, aa, ka hoe whakararo. Ka huri i Te Whai-a-pawa ka tino moohio te paa, he hoki tika te hoki a Ngaapuhi. Ka poo teenaa raa. Heoi anoo, ka taaea teenaa a Tikirau, a Waikawa raanei e hoe ana. Kaatahi ka pakaru te paa ki waho ka haere noa atu, ka haere noa atu ki te kimi kai.

I waenganui poo ka uu a Poomare ki Te Kawakawa. Ka koo- 19
kiritia te paa, ka tahuri — e tuwhera noa ana ra hoki — kaaore he kai-tiaki o nga kuuwaha. Ka patua i konaa te tangata, aa, ka kainga eetahi. Ka riro herehere a Te Rangi-i-paaia.

Kei te pooheehee pea eetahi taangata kaaore i kai tangata 20
a Ngaapuhi i Te Whetuu-matarau. He maha nga kai-whakaatu ki to taatau nei whakatipuranga i kainga te tangata. Inaa tata nei, i mate atu ai a Wii Huihui. Te roanga atu o toona ingoa ko Te Umu-huihui-o-Te-Whetuu-matarau. He maha oona uri kei te ora. Ko Muru-whaariki, kookaa o Hoori Mahue o Te Ara-roa, toona ingoa no nga rau raakau i whaarikitia ai nga umu tangata a Te Whetuu-matarau. Teeraa atu eetahi.

Ka horo a Te Whetuu-matarau, ka oma nga moorehu ki Houtuu- 21
paakoke paa. Tekau ma whitu maaero te tawhiti. Teetahi wahine rangatira i roto o Te Whetuu-matarau paa ko Hine-tawhirangi, wahine a Te Perehia. Ko eetahi o ana tamariki i mau i te horonga o te paa, aa, ka kainga. Ko ia i puta ki waho. I a ia i Houtuu-paakoke, ka tangi taua wahine i oona tangi mo ana tamariki, mo te iwi hoki. He tino taonga eenei waiata na teenei iwi:

Erangi ra ia ko Te Raa-too-rua 22
Ko toona moorehu;

this woman sang laments for her children and for the tribe. These songs are real treasures of the people.

32.22 Even the battle of The Twice-setting-sun[17]
Had its survivors;
For Rongo-ua-roa leapt forth from the hull of the canoe
When it came ashore,
And was seen at the feast.

23 Just so, my friend,
You set forth on your journey,
Your face turned back in grief
As you left this land.

24 I search in vain.
Where are you hidden?
Within the thatch of the great house?
Wait until the sun lowers,
And then return
So that we may sleep together.

25 I cannot see clearly,
Te Awhenga,
Because of the tears in my eyes,
Falling without restraint.

26 A terrible grief
Is felt by our people.
Remain there, friends,
Suffering the winds
Of captivity's clothing,
Sent from afar.

17 See John White, *Ancient History of the Maori, His Mythology and Traditions*, 6 v., Wellington, Government Printer, 1887–90, v. 3 p. 9 for an account of this battle.

Ka peke mai Rongo-ua-roa i te purupuru o te waka
Ka paea ki uta,
Ka kitea ki te kai haukai.

Koia ra teenaa, e hika, 32.23
Takiri rawa koe i te haere
He korou ka tuu,
He aro ka huri kino,
Ka wehe i te whenua.

Kimikimi noa ana; 24
Kei hea e ngaro nei?
Kei te rau ra koe o te whare nui?
Taaria e hoki mai,
Ka marumaru te raa
Ka ahu mai ai kia moe taaua.

Tee aata kitea atu, 25
E au Te Awhenga,
I te wai o te kamo,
E maringi noa nei.

He mamae ka nui 26
Ka rangona e te iwi.
Ki konaa ra, e hika ma,
Kai noa atu ai ki te hau
Ki te maro here ra
I tuku mai i raawaho

Ka ura hoki ra, e hika maa 27
Te manakotanga atu.
Ka tuku atu anoo
Te moenga kino nei
Ki te kahu koohatu
Ka wehe i ahau.

32.27 For my friends, here is the fierce burning
Of vengeful thoughts.
They were despatched
To the sleep of death,
To a cloak of stone,
And separated from me.

28 One of Hine-tawhirangi's children was taken prisoner. His name was Te Haa-mai-waho. He was the oldest son of that family.

29 When Ngaapuhi's war-party reached Rurima island outside of Whakataane, Te Haa-mai-waho's canoe went ashore. It is said that this was to flee to Hine-rori. Which Hine-rori was this? If it was Hine-rori, wife of Te Pori-o-te-rangi, I am puzzled by this story. But, if Hine-rori took a man from Whakataane as her husband after the death of Te Pori-o-te-rangi, then it becomes clear. Hine-rori's home was at Whare-kahika (Hick's Bay) which is only seven miles from Te Whetuu-matarau. If Hine-rori was at Whakataane it was appropriate that Te Haa-mai-waho should think of her, for they were both descendants of Hika-ruku-tai, a child of Apanui and an ancestor of the Whaanau-a-Apanui tribe.

30 Te Haa-mai-waho's canoe capsized between Rurima Island and Whakataane. When the news arrived, Hine-tawhirangi sang another song:[18]

31 Alas, kinsman, sorrow consumes me wholly.
You hurried away when the tide was slack,
Beyond Te Ihiwa,[19] in the bay
of Tangaroa's garden,
At the bows of your double-canoe.

18 The translation of the following song is adapted from that by Dr Pei Te Hurinui Jones, appearing in Sir Apirana Ngata, *Nga Moteatea*, part I, Wellington, Polynesian Society, 1959, p. 103 (song 29). The original Maori text in *Nga Moteatea* differs from that in *He Whiriwhiringa* in having the first two stanzas in reverse order. The notes are by Sir Apirana Ngata.

19 Te Ihiwa — a rock on the seaward side of Whanga-o-kena.

Ko teetahi o nga tamariki a Hine-tawhirangi i riro herehere. 32.28
Toona ingoa ko Te Haa-mai-waho. Ko te tama maataamua tonu
teenei a taua whaanau.

I te taenga o te ope a Ngaapuhi ki Rurima motu i waho o 29
Whakataane, ka oma te waka o Te Haa-mai-waho ki uta. E kiia
ana, he oma taua oma ki a Hine-rori. Ko teewhea Hine-rori ra
teenei? Mehemea ko te Hine-rori, wahine a Te Pori-o-te-rangi
teenei, ka nui te kore maarama ki a au o teenei koorero. Engari,
mehemea i moe a Hine-rori i te taane o Whakataane i muri o te
matenga o Te Pori-o-te-rangi, kaatahi ka maarama. Inaahoki ko
Whare-kahika kee te kaainga o Hine-rori. Ko Whare-kahika e
whitu maaero noa te tawhiti atu i Te Whetuu-matarau. Mehemea
i Whakataane a Hine-rori, e tika ana a Te Haa-mai-waho kia
koonohi ki reira, he uri hoki raaua tahi na Hika-ruku-tai, tamaiti
a Apanui, tipuna o Te Whaanau-a-Apanui.

I tahuri te waka o Te Haa-mai-waho ki waenganui o Rurima 30
motu me Whakataane. Ka tae mai te rongo, ka waiata anoo
a Hine-tawhirangi:

E hika e, kai rawa koe i ahau, 31
Kia horo te tahuti, nga tai ka taui,
I waho o Te Ihiwa, kei te whanga o
Te maara na Tangaroa;
Kei nga ihu waka taurua.

Kia rere koe tama, tuu ana i te haamanu. 32
E hika maa ee, utaina mai ra,
Ki runga te kanoi kia tika ko te hono,
Ka haere ai ra i te tira o Karika
I te mate i whanga ka eke mai kei runga
Naaku i moumou na Pawa i whakarere
Koia Maroheia e awhi mai ra i Ihu-toto.

Hei konei tonu au, kairangi atu ai 33
Ki te ao rere mai ra runga i Tootara.
Kei tua aku mea e aroha nei au.
I moea ki te poo, he tamaiti wairua

32.32 He rushed off, and then was laid low by a blow.
Friends, support
Our pedigree and clarify our ties
As he now travels with Karika's band,[20]
The ones who awaited his death, and he rises above us.
I squandered you, as Pawa[21] cast away
Maroheia,[22] who cling there to Ihu-toto's cliff.

33 Here I am now, wandering about
Like the clouds flying there over Tootara.[23]
Beyond are the ones I love.
I lie dreaming in the night
Of a spirit child
Sleeping here beside me;
Kinsmen, I am bereft — take me to the stream to wash.
Will a sneeze return to the nose?

Part Two

34 This is the second part, in which Te Rangi-i-paaia is returned by Poomare, and peace is made between Ngaapuhi and Ngaati Porou.

20 Karika and Raumati were killed by Haa-tupatu in revenge for Raumati's burning the Te Arawa canoe. See George Grey in H. W. Williams, *Nga Mahi a nga Tupuna* (3rd ed.), New Plymouth, Thomas Avery, 1928, p. 89.

21 Pawa — according to Ngaati Porou traditions, Pawa was the chief on board the Horouta canoe, and it was he who named some of the coastal landmarks on the east coast.

22 Mohi Ruatapu had this to say about Maroheia: on reaching Whare-kahika (Hick's Bay), Pawa stayed and left the child, Maroheia, there, where he instantly turned into stone. The stone is at Matakaoa Point, on the headland out from Whare-kahika. It may be seen there adhering to a rock, named Ihu-toto. This is a figure of speech by the composer, Hine-tawhirangi, for Te Haa-mai-waho, who, when dead, lay on the rock platform at Whakataane.

23 Tootara — a fortified *paa* above Te Kawakawa (Te Ara-roa); it is identical to the one mentioned in the lament for Te Whetuu-kamokamo below.

E moe nei maaua.
He pani au, e hika maa, kia kawea ki te wai ope ai;
He matihe ia nei, e hoki mai ki te ihu?

Waahanga Tuarua

Teenei anoo te upoko tuarua: te whakahokinga mai a Poomare 32.34
i a Te Rangi-i-paaia, me te houanga o te rongo a Ngaapuhi raaua ko Ngaati Porou.

Kaaore e moohio i a au te tau o te horonga o te Whetuu- 35
matarau i te ope a Poomare. Heoi anoo taaku e moohio ana, e tuutata ana taua waa ki nga raa o te taenga mai o te whakapono ki Aotea-roa nei. No mua tata atu raanei, no muri tata mai raanei i te taenga mai o Te Maatenga. Ko te tangata tuatahi teenei naana i kawe mai te whakapono ki to taatou whenua. No te Kirihimete o te tau 1814, ka kauwhau ia i toona kauwhau tuatahi ki a Ngaapuhi i Oo-ihi, ahakoa ra, kaahore i tere tonu te mutu o te patu tangata, me te kai tangata a te Maaori. No reira au ka mahara, ka aahei noa atu taatou ki te kii no muri mai i te tau 1814 taua tauaa a Poomare ki Te Whetuu-matarau. Ma te roanga o teenei koorero e whakatau, no mua, no muri raanei o taua tau. Oti ra, no roto i nga raa o te puu Paakehaa taua ope.

I te waahi tuatahi o teenei koorero, ka kite taatou i riro a Te 36
Rangi-i-paaia, wahine rangatira o roto o te paa, i a Poomare. Teeraa atu te tini o te tangata i riro i te taua a Poomare. Engari ko te ingoa matarahi teenei o taua paa ko Te Rangi-i-paaia. Ka whaka-huatia te horonga o Te Whetuu-matarau, ka taapiritia atu e te mahara te ingoa o Te Rangi-i-paaia. No reira, e tika ana nga iwi o tawhiti kia paatai, ‘Ko wai teenei tangata, wahine raanei, a Te Rangi-i-paaia?’

Teeraa teetahi pukapuka Paakehaa, toona ingoa *Ko nga* 37
Whawhai Whakamutunga a te Maaori. Te kaituhituhi o taua pukapuka ko S. Percy Smith, timuaki kairuuri o Nui Tiireni, i eeraa raa. Kei roto i taua pukapuka eetahi koorero mo Te Whetuu-matarau. Kei te pooheehee taua kaumaatua ki Te Rangi-i-paaia nei. Toona whakapapa i roto i toona pukapuka i whakaputaia e ia a Te Hati Hou-kaamau i roto i taua Rangi-i-paaia i riro ra i

32.35 I do not know the year that Te Whetuu-matarau fell to Poomare's war-party.[24] This is all I know: that it was near the time when the gospel arrived in New Zealand. It was a little before, or a little after the arrival of Samuel Marsden. He was the man who first brought the faith to our land. At Christmas in the year 1814, he preached his first sermon to Ngaapuhi at Oo-ihi, but warfare and cannibalism did not cease immediately after that. However, I think we can say that Poomare's expedition to Te Whetuu-matarau occurred after 1814. Let this story's conclusion show whether it was before or after that year. At any rate, the expedition occurred in the days of firearms.

36 In the first part of this story we saw that Te Rangi-i-paaia, chiefly woman of the fortress, was carried off by Poomare. There were many people carried off by Poomare's expedition, but the greatest name in that *paa* was that of Te Rangi-i-paaia. If the fall of Te Whetuu-matarau is mentioned, Te Rangi-i-paaia's name comes to mind. Therefore, it is reasonable for strangers to ask, 'Who is this man or woman, Te Rangi-i-paaia?'

37 There is a book, written in English and titled *The Last Wars of the Maori* [sic].[25] The author was Percy Smith, Chief Surveyor of New Zealand at that time. In the book is an account about Te Whetuu-matarau. The author is at fault concerning Te Rangi-i-paaia. In the genealogy in his book, Te Hati Hou-kaamau is shown as a descendant of the Te Rangi-i-paaia who was captured by Poomare at the fall of Te Whetuu-matarau. There were two Rangi-i-paaias, a man and a woman. The male Te Rangi-i-paaia was a grandfather of the female Te Rangi-i-paaia who was in our fortress. Te Hou-kaamau descends from the male Te Rangi-i-paaia. Heenare Pootae is the descendant of the female Te Rangi-i-paaia. Here is the genealogy: [see diagram on page 163].

24 1820, according to S. Percy Smith in his book *Maori Wars of the Nineteenth Century: The struggle of the northern tribes against the southern Maori tribes prior to the colonisation of New Zealand in 1840*, Christchurch, Whitcombe and Tombs, 1910.

25 S. Percy Smith, *Maori Wars of the Nineteenth Century*.

a Poomare i te horonga o Te Whetuu-matarau. E rua nga Rangi-i-paaia, he taane, he wahine. Ko Te Rangi-i-paaia taane, he tipuna no Te Rangi-i-paaia wahine, o roto o ta taatau paa. E puta ana a Te Hou-kaamau i roto i Te Rangi-i-paaia taane. Ko Heenare Pootae te uri a Te Rangi-i-paaia wahine. Ko te whakapapa teenei:

Taane (males)		*Waahine (females)*
Tuu-whakairi-ora	=	Rua-taupare
Tuu-te-rangi-whiu	=	Te Ao-taaihi
Te Hukarere	=	Puatohi-maru
Rerekohu	=	Taapara-puukaha
Te Uhunui-o-te-rangi	=	Te Uru-ahi
Tataenga-o-te-rangi	=	Hine-awe
Te Rangi-i-paaia	=	Te Whakahara
Te Pori-o-te-rangi	=	Hinerori

Whakataha-te-rangi	Te Rangi-i-paaia
Hou-kaamau	Maakere Mate-ronia
Hati Hou-kaamau	Heenare Pootae

Ka maarama inaianei, ko Te Rangi-i-paaia tuarua kee taua 32.38
Rangi-i-paaia o nga koorero o Te Whetuu-matarau, araa, ko te tipuna o Heenare Pootae, rangatira nui o Tokomaru, araa, o Ngaati Porou katoa i oona raa.

32.38 It is now clear that it was the second Te Rangi-i-paaia who was concerned in the story of Te Whetuu-matarau, that is to say, the grandmother of Heenare Pootae, paramount chief of Tokomaru and of all of Ngaati Porou in his time.

39 Te Rangi-i-paaia was carried off perhaps as far as Tau-maarere, a place in Ngaapuhi territory, and Poomare took her as a wife. I do not know how many years she was away from her own land. She lived in servitude, and her thoughts returned to her people and her land left behind to the south.

40 Her thoughts were like those of the bard who sang, 'I live beside the waters of Babylon, weeping as I think of you, oh Zion.' Yes, Te Rangi-i-paaia wept, and here is the embodiment of her lamentation:

41 Let death hurry to me,
So that I can reach Taupoo all the sooner;
Do not let me remain in this world wandering
Like the clouds of the south driven to this place
Above the ridge at Tikirau,[26]
Beyond which you live, my rescuers.

42 I eat our foods,
But I am wasted away by my many thoughts.
I am without desires, though still alive;
Awaiting death, I gather my memories.

Poomare's Good Deed

43 During those years when Te Rangi-i-paaia was away in Ngaapuhi territory her husband, Poomare, turned Christian. Then he felt sorry for his wife and her people dwelling in grief in their land. He decided to go and return Te Rangi-i-paaia to her land, and to make Ngaapuhi's peace with Te Rangi-i-paaia's people, the Ngaati Porou. This expedition of Poomare's to return Te Rangi-i-paaia is known among Ngaati Porou as Poomare's Good Deed.

26 Cape Runaway, Te Kaha.
27 A mountain on Matahia station, near Ruatoria.
28 Between Ruatoria and Tikitiki.

Ka riro a Te Rangi-i-paaia, tae atu pea ki Tau-maarere, waahi 32.39
o Ngaapuhi. Ka moea e Poomare hei wahine. Kaaore au e maarama e hia oona tau e ngaro atu ana ki taua whenua. Ka noho taua wahine i roto i te whare pononga, ka hoki oona mahara ki toona iwi, ki toona whenua hoki i mahue mai nei ki te puu o te tonga.

Ka rite oona mahara ki oo te kai-waiata, 'I te taha o nga wai 40
o Paapurona au e noho ana, ka tangi, i a au i mahara ki a koe, e Hiiona.' Aae, ka tangi a Te Rangi-i-paaia. Anei te whakatinanatanga o ana roimata:

Kai wawewawe ra, e te mate, i ahau, 41
Kia wawe te wairua te tae ki Taupoo;
Koi noho i te ao, kairangi atu ai
Ki te ao o te tonga e koheri mai ra
Ra runga ana mai te hiwi ki Tikirau,
Kei tua koutou o te ora i ahau.

Kainga iho ana e au nga kai e, 42
Rinoi tonu ake e aku tini mahara.
He mea korou kore i te waa i ora ai,
Taaria nei kia mate, ka hao au te mahara.

Te Pai a Poomare

I roto i aua tau e ngaro ana a Te Rangi-i-paaia ki Ngaapuhi ka 43
huri toona taane a Poomare ki te whakapono Karaitiana. Ka puta mai te aroha ki a ia ki toona wahine, ki te iwi hoki o toona wahine, e noho mai ra i roto i te poouritanga i to raatou nei whenua. Ka taka te whakaaro i a ia kia haere ia ki te whakahoki i a Te Rangi-i-paaia ki toona whenua, ki te hohou hoki i te rongo a Ngaapuhi ki te iwi o Te Rangi-i-paaia, araa, ki a Ngaati Porou. Ko teenei ope a Poomare ki te Tai-raawhiti ki te whakahoki i a Te Rangi-i-paaia, e huaina ana toona ingoa ki roto ki Ngaati Porou, ko Te Pai a Poomare.

I te horonga o Te Whetuu-matarau i a Poomare, ka hoki maaha 44
ia ki toona whenua, ka mahue mamae iho i a ia te ngaakau o

32.44 When Te Whetuu-matarau was taken by Poomare, he returned contented to his home and left behind him the grieving hearts of Ngaati Porou. The vanquished thought to revenge their defeat. The survivors of Ngaati Porou assembled in their great fortresses at Taitai[27] and Whaka-whitiraa.[28] The great chiefs of that time whose fame has come down to us were Uenuku, Ngaaripa, Rangi-whakatatae, Te Mimi-o-Pawa, and Te Kauru-o-te-rangi. In the years following the defeat of Te Whaanau-a-Tuu-whakairi-ora at Te Whetuu-matarau, a war-party from Ngaapuhi suddenly attacked at the mouth of the Waiapu River. That section of Ngaapuhi was called Ngaati Wai. They were defeated by Ngaati Porou, whose desire for revenge was appeased and their confidence increased.

Poomare's Second Expedition[29]

45 It is said that news of Poomare's second expedition had already reached Ngaati Porou, and its purpose, peacemaking, was well known. Because at that time there was no telegraph, or airplane, or horses, or roads, and it was difficult for one tribe to visit another, how did Ngaati Porou know so quickly that Poomare was approaching and that his purpose was peaceful? Perhaps it was a runaway slave from Ngaapuhi who brought the news. The main thing was that news of the expedition had arrived before it landed at Te Ara-roa, that is at Te Kawakawa-mai-tawhiti.

46 The people of Ngaati Porou were not well disposed towards Poomare's peaceful overtures. Their skins were still smarting from the defeat at Te Whetuu-matarau, and with the memory of their victory shortly before in the fight with Ngaati Wai at the mouth of Waiapu. The tribe assembled in its fortress at Whaka-whitiraa and boasted of its prowess. There was a wise old man there, a prophet. His name was Te Kake-whati ('the broken trigger'), and he was the old Ngaati Porou prophet whose word might be likened to the word of Mikaia, son of Imira and a prophet of Israel at the time when the king asked whether or not he should go to Ramoth Gilead.[30] This was what Te Kake-whati said, 'Go gently. Ngaapuhi are well-armed these days.'

29 1823
30 I Kings 22:15

Ngaati Porou. Ko te whakaaro a te hunga i mate ko te ngaki i to raatou mate. I huihui nga moorehu o Ngaati Porou ki roto i oo raatau paa nunui, araa, ki Taitai, ki Whaka-whitiraa. Oona rangatira nunui o taua waa i hau mai nga rongo ki oo taatau nei ra, ko Uenuku, ko Ngaaripa, ko Rangi-whakatatae, ko Te Mimi-o-Pawa, ko Te Kauru-o-te-rangi. I nga tau i muri mai i te matenga o Te Whaanau-a-Tuu-whakairi-ora ki Te Whetuu-matarau, ka paaha te kookiri a teetahi taua o Ngaapuhi ki te ngutu awa o Waiapu. Taua waahanga o Ngaapuhi ko Ngaati Wai. I hinga taua ope i a Ngaati Porou, a ngata rawa te hiahia mo te ngakinga mate, ka tipu ake ko te whakatenetene.

Te Ope Tuarua a Poomare

E kiia ana ko nga rongo o te ope tuarua a Poomare kua tae noa mai ki roto ki Ngaati Porou. Te kaupapa o taua haere, he rangimaarie, kua moohiotia noatia atu. I aua waa o te kore waea koorero, rererangi raanei, kore hooiho hoki, kore rori, uaua hoki te kitekite a teetahi hapuu i teetahi hapuu, na te aha ra, i tere ai te moohio a Ngaati Porou kei te haere mai a Poomare, a ko toona kaupapa he maunga-a-rongo? Teeraa pea ia he herehere oma mai i Ngaapuhi, naana i kawe mai te rongo. Heoi anoo te koorero nui, i tae mai te rongo o taua ope i mua o toona uunga ki Te Ara-roa, araa, ki Te Kawakawa-mai-tawhiti. *32.45*

Kiihai a Ngaati Porou i aro ake ki taua kaupapa rangimaarie a Poomare. Kei te ongaonga tonu hoki toona kiri i te hinganga i Te Whetuu-matarau, me te mahara ake anoo i toa ia i muri iho i teeraa whawhai ki a Ngaati Wai, i te ngutuawa o Waiapu. Ka huihui anoo te iwi ki toona paa ki Whaka-whitiraa ka whakatuu mo te toa. I reira teetahi kaumaatua maarama, aahua poropiti tonu atu. Toona ingoa ko Te Kake-whati, ko ia anake hoki te poropiti o Ngaati Porou i rite taana kupu ki te kupu a Mikaia, tama a Imira, poropiti o Iharaira i te paataitanga a te kiingi me haere raanei ia ki Ramotokireara, me kauaka raanei. Ko te kupu teenei a Te Kake-whati, 'Kia aata neenene. Aakuanei a Ngaapuhi te whai ringaringa ai.' *46*

Kiihai i whakarangona toona reo. *47*

32.47 But his voice went unheeded.

48 The survivors of Ngaati Porou assembled at Ookau-wharetoa to await Ngaapuhi's war-party. At the appointed time it landed at Te Ara-roa. According to Maori custom in connection with truce-making, Te Rangi-i-paaia crossed the river ahead of the army. This is called a *tama-wahine*. There was only one warrior with her and one gun. The warrior was called Taotao-riri the Peacemaker.

49 Poomare's army approached Ookau-wharetoa on a broad front. They reached Te Uma-o-Te-Ao-wehea (the home of Hoori Mahue at this time), and Te Rangi-i-paaia faced the fortress and slapped the inner sides of her thighs. This was a sign to the *paa* and to the tribe that the expedition was a peaceful one, a truce-making. There were, perhaps, other signs given by Poomare to Ngaati Porou that his journey was a peaceful one.

50 Soon they reached the Awatere River. Ngaati Porou did not respond to Poomare's proposal. They attacked him. Then Poomare ordered Taotao-riri to fire. Many died at this point, the most prominent among them being Te Whetuu-kamokamo ('the twinkling-star'), a supreme chief from the headwaters of the Waiapu River. When this chief died, Ngaati Porou broke and fled, returning to their *paa* at Whaka-whitiraa and waiting there. They retreated some twenty miles. At that place, Te Whetuu-kamokamo was mourned by his people. This is the lament for him:[31]

51 Shine down, sun,
Relaxing my skin
And easing my bones.
Here below I feel listless,
For I have lost my Lucky Fish-hook,[32]

31 See *Nga Moteatea,* part I, 1959, pp. 77–79 for a longer version of this song with translation and notes. The song translated here appears as one of four stanzas in Ngata's version and the two Maori texts differ slightly.

32 Lucky Fish-Hook (*matau a ika* or *matau wahaika*) — a man lucky at fishing. On days when fish were coming to the bait, they would single this fish-hook out for favour. Although there might be many hooks on the line, all with bait, that particular hook would be the first to catch fish; hence the hook preferred by 'the mouth of a fish'. The reference is, of course, to Te Whetuu-kamokamo.

Ka hui nga moorehu o Ngaati Porou ki Ookau-wharetoa ki te 32.48
whanga ki te taua a Poomare. I toona waa anoo e rite ana, ka uu
te taua nei ki Te Ara-roa. I runga i te tikanga Maaori, he
rangimaarie te haere nei, ka whitia ko Te Rangi-i-paaia ki mua
o te ope. E kiia ana he tama-wahine. Kotahi te toa o te ope nei,
kotahi anoo te puu. Te ingoa o taua toa ko Taotao-riri.

Ka whakahaangai te haere a te ope a Poomare ki Ookau- 49
wharetoa. Ka tae ki Te Uma-o-Te-Ao-wehea (te kaainga o Hoori
Mahue i eenei raa), ka anga te aroaro o Te Rangi-i-paaia ki te
paa, ka patu ki waenganui i oona kuuhaa. He whakaatu teenei
ki te paa, ki te iwi hoki, he tamawahine te haere nei, araa, he
maunga-a-rongo. Teeraa atu pea eetahi tohu a Poomare hei
whakaatu ki a Ngaati Porou he rangimaarie toona haere.

Naawai, aa, ka tae ki Awatere. Kaaore a Ngaati Porou i aro 50
ake ki te kaupapa a Poomare. Ka kookiri ki runga ki a Poomare.
Kaatahi anoo a Poomare ka whakahau ki a Taotao-riri kia
pupuhi. Ka hinga i konaa te takitini pea, aa, ko Te Whetuu-
kamokamo to raatou mea ingoa nui. He ariki teenei tangata no
te pito ki uta o te awa o Waiapu. No te hinganga o te taniwha
nei, ka pakaru a Ngaati Porou ka whati. Hoki rawa atu ki toona
paa ki Whaka-whitiraa, whanga mai ai. E rua tekau maero te
tawhiti o teenei whati. Kei reira ka tangihia a Te Whetuu-
kamokamo e toona iwi. Ko te tangi teenei o Te Whetuu-
kamokamo:

E whiti, e te ra, paarore ki te kiri, 51
Ka roha i aku iwi.
Hei raro nei au whakamaengarangi;
Ka ngaro hoki ra te matau a ika.
Na Here-taatua, na Puai-te-rangi,
Na Hauiti koe, na Kahungunu rawa.
Ko Tipu-whakaruhi na Rongo-wai-kino.
Ka rutua e te hau, ka koo ki runga o Tootara,
Ka tau kei raro kei Manga-o-Uira.
Ka puta te hauwai no roto i Koopua-pounamu,
Kia roha mai koe i waenga taahuna
Ko he ika whakawere no roto o te kupenga

The descendant of Here-taatua and Puai-te-rangi,
Of Hauiti, even of Kahungunu.
Tipu-whakaruhi of Rongo-wai-kino,
Tossed by the wind that blows over Tootara
Has settled below at Manga-o-Uira.[33]
The *paaua* comes forth from the Greenstone Pool,[34]
To lie outstretched on the sands,
You, the fiercest fish in the net.
There, Te Wharaupoo[35] crouches in fear
Offshore at Diving Spring.[36]

32.52 The chief's net is rent
On the fishing ground yonder at Te Omanga.[37]

53 Once again, the victory was Poomare's. His war-party remained resting at Te Kawakawa while he considered what to do. He decided to go through with the mission which had caused him to assemble his army at home, namely, to make peace with Te Rangi-i-paaia's tribe.

The Peacemaking

54 Poomare told Taotao-riri to go inland to Waiapu. It was his task to challenge the warrior bands of Ngaati Porou. Taotao-riri obeyed and prepared himself for battle. He had two cartridge boxes strapped on his back and his double-barrelled muzzle-loader in his hand. He rose and set off alone, according to the story, on this twenty mile journey through enemy territory. His only companions were Poomare's words sounding in his ear and the steadfastness of his own heart. Perhaps he had guides to point out the way and people to carry the provisions, but these are not

33 Manga-o-Uira — a stream south of Tootara running into the Awatere river.
34 Greenstone Pool (Koopua-pounamu) — one of the main tributaries of the Awatere.
35 Te Wharaupoo — a sorcerer of the *hapuu* known as Te Piri-raakau.
36 Diving Spring (Punaruku) — a place at the end of the beach north of Te Kawakawa.
37 Te Omanga — *haapuku* fishing ground outside Te Kawakawa.

Na Te Wharaupoo e huiki tuu mai ra
Kei waho kei Punaruku e.

Haehaetia ra te matarau o te puhi e-e, 32.52
Kei waho kei Te Omanga e!

Ka riro anoo i a Poomare teenei wikitooria. Ka noho toona 53
ope i Te Kawakawa whakangaa ai, me ia hoki whakaaro ai. Ka puta te mahara i a ia, kia tutuki ra anoo toona take ki a Ngaati Porou i whakatuu mai ai toona tira i te kaainga, araa, kia mau toona rongo ki te iwi o Te Rangi-i-paaia.

Te Maunga-a-rongo

Ka tono a Poomare i a Taotao-riri kia haere ki roto ki Waiapu, 54
maana hoki e matataki nga maatua a Ngaati Porou. Ka uu a Taotao-riri ka whiitiki i a ia. E rua oona haamanu ki toona tuaraa, ko toona tuupara ki toona ringa. Ka whakatika, ka haere ia (toona kotahi e ai te koorero) i teenei rua tekau maero o te whenua o te hoariri. Heoi anoo oona hoa ko te kupu a Poomare i roto i oona taringa, ko te manawanui i roto i toona ngaakau. Teeraa anoo pea oona kaitohutohu i te huarahi, me nga taangata mau oo, otiraa kaaore eenei e koorerotia ana. Te huarahi i haere ai ko Pakiaka-nui, ka puta atu ki teeraa paa ki Houtuu-paakoke.

Ka tae ki reira ka huri whakauta, ka tae ki Whaka-whitiraa. 55
Te taenga atu, e hui ana nga maatua a Ngaati Porou. Ka maatakitakitia e ia nga maatua a Ngaati Porou. Ko nga moorehu kaumaatua kei te moohio ki te aaronga o teenei tira ra. E kiia ana e nga kai-koorero, ka rawe taua tangata. Rere mai ana te wehi, me te ihiihi o te toa. Kaatahi nga tuutuu waewae a te toa nei, ka rua, ka toru, ka maranga nga rau o Ngaati Porou ki te whai i toona tangata.

Maranga ana a Ngaati Porou tuu ana a Uenuku i waenganui 56
o te iwi, me Taotao-riri. Ka aaraia te whakaaro kino o te iwi, ka whaikoorerotia a Taotao-riri. Ka mutu te whai-koorero a Uenuku, ka ngaawari te iwi. Kaatahi ka whakatika a Rangi-whakatatae, ka tukua toona wahine, a Te Hiku-poto hei wahine ma Taotao-riri.

mentioned. The road he took is known as Pakiaka-nui, and it comes out at the *paa* called Houtuu-paakoke.

32.55 When he reached there he turned inland and came to Whaka-whitiraa. When he arrived there the companies of Ngaati Porou were assembling. He watched the Ngaati Porou warriors. The old men knew the purpose of his journey. The storytellers say that his appearance was magnificent. He inspired the awe and fear of a warrior. He danced his war dance, twice and thrice, then the multitudes of Ngaati Porou rose up to pursue their victim.

56 As they rose, Uenuku stood between them and Taotao-riri, preventing the evil intentions of the tribe, and allowing him to be formally welcomed. When Uenuku had finished speaking the people had calmed down. Then Rangi-whakatatae stood up and gave his wife, Te Hiku-poto, as a wife for Taotao-riri.

57 This was the peacemaking between Ngaati-Porou and Ngaapuhi, confirming the mercy of Poomare. Ngaapuhi, living there at the Tail-of-the-fish-of-Maaui, give me your hand to shake at this time. [See genealogy on page 175.]

Conclusion

58 Poomare waited, then returned home. Te Rangi-i-paaia went with him. Kai-uku, daughter of Hou-tuurangi, also went from here. In later years[38] Poomare was killed by Waikato. Te Rangi-i-paaia was widowed and then married Te Kariri. This man brought her back to Ngaati Porou for the second time. On their arrival, Ngaati Porou were living at Whaka-whitiraa. A child of Te Whaanau-a-Whaaita had been born shortly before. When she saw the child, Te Rangi-i-paaia named her Sealing-wax Eyes in memory of her father, Te Pori-o-te-rangi. The Whaanau-a-Apanui had filled the eyes of Te Pori-o-te-rangi's skull with red sealing-wax. The child called Sealing-wax Eyes was Mohi Tuurei, celebrated minister among Ngaati Porou in his time. Mohi Tuurei told me this story. It is also in the writings of Herbert Williams.

38 Poomare was killed on the Waipaa River in 1826 (S. Percy Smith, *Maori Wars of the Nineteenth Century*, p. 377).

Ko te maunga teenei o te rongo a Ngaati Porou ki a Ngaapuhi, 32.57
ka tutuki i konei Te Pai a Poomare. Ngaapuhi, e noho mai ra i te hiku o Te Ikaroa-a-Maaui, hoomai te ringa kia whariruu taaua i teenei raa.

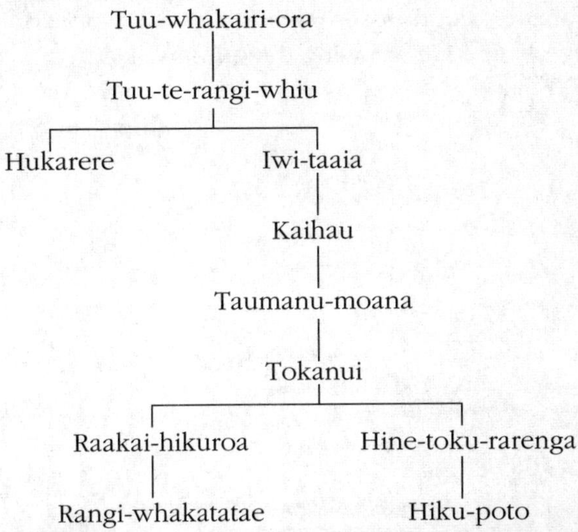

Kupu Whakamutunga

Ka noho a Poomare, aa, ka hoki ki toona whenua. I hoki tonu 58
a Te Rangi-i-paaia i a ia. Ka haere i konei a Kai-uku, tamaahine a Hou-tuurangi. I nga tau o muri mai, ka mate a Poomare i a Waikato. Ka noho pouaru a Te Rangi-i-paaia, aa, ka moea e Te Kariri. Na teenei taane te whakahokinga tuarua mai i a ia, a Te Rangi-i-paaia ki Ngaati Porou nei. Tae mai e noho tonu ana a Ngaati Porou i Whaka-whitiraa. Kua whaanau teetahi tamaiti o te Te Whaanau-a-Whaaita i mua tata atu. Te kitenga o Te Rangi-i-paaia i taua tamaiti ka tapaia e ia ko Te Karu-harare, hei ingoa mo toona paapaa mo Te Pori-o-te-rangi. I whakakiitia hoki e Te Whaanau-a-Apanui nga konohi o te angaanga o Te Pori-o-te-rangi ki te waki, araa, ki te Maaori he harare. Taua tamaiti i tapaia nei ko Te Karu-harare, ko Mohi Tuurei, minita rongonui o Ngaati

32.59 Down to the time of my childhood, the middle section of Waiapu was lacking a minister. One was sought everywhere, including Ngaapuhi, the land of the Gospel. Aareka Whare-umu was sent here; he was a child of Taotao-riri and Te Hiku-Poto who participated in the peacemaking process spoken of above, Poomare's good deed. Friends, this is a wonderful thing to my way of thinking, a loving thing in my heart.

[translation by Chris Lane]

Nineteenth century *paa* (Maunga Wao)

Porou i oona ra. Na Mohi Tuurei tonu teenei koorero ki a au; kei roto anoo hoki i nga tuhituhi a Haapata Wiremu.

Tae mai ki nga raa o tooku tamarikitanga, ka noho puare *32.59*
a waenganui o Waiapu i te kore minita. Ka kimihia i hea he minita, ka kimihia i Ngaapuhi, te whenua o te whakapono. Ka tukuna mai ko Aareka Whare-umu, tamaiti a Taotao-riri raaua ko te Hiku-poto o te maunga-a-rongo kua koorerotia ake nei, araa, o Te Pai a Poomare. E hoa ma he mea whakamiiharo teenei ki roto ki ooku mahara, he mea aroha ki roto ki tooku ngaakau.

33 Lip Tattooing

Te Rangi-kaaheke

1 Lie there, girl, *piirori e-e!*
So that your lips may be tattooed, *piirori e-e,*
For your trips to the dancing house.
People are saying, 'Where goes this ugly woman
who approaches?' *piirori e-e!*

2 AT THE TIME DECIDED ON by the father, the subtribe and the whole tribe, to announce a daughter's lip-tattooing, fine foods are gathered and collected together in the village. Other girls from her subtribes are nominated in addition to the highly-ranked girl for whom the lip-tattooing has been arranged, the chiefly girl of these subtribes. Now, the food, the garments, the albatross down, the tropic-bird feathers and the people are all ready in one place. Two or three other girls are appointed to be 'mats' for the chiefly girl. To us (i.e., Maori people), the 'mats' are the girls who will be tattooed alongside the one whose lip-tattooing it is.

3 They are tattooed. The 'mat' girls are tattooed first. After they have been done, the chiefly girl is tattooed. The ground coverings are fine flax floor-mats, with cloaks covering them and the patient lying on top to be tattooed. According to our custom, the women being tattooed are considered patients. When the tattooing is complete, she is washed and clothed with the many garments, adorned with the albatross down ear-ornaments, and with *huia* plumes stuck in her hair, and albatross plumes and Tropic Bird plumes from the many feathers collected there.

4 About the albatross belly: the down from the belly and breast of the albatross is for ear ornaments. The plumes come from the tail of the albatross. Two days after the lip-tattooing the expert and his companions, or his wives, go home. When he leaves, all the food and the garments and everything else is given to the tattooing expert.

[translation adapted from Helen Cullen]

33 *Te Taainga Ngutu*

Te Rangi Kaaheke

Takoto ra, e hine, piirori e-e! 1
Kia taaia oo ngutu, piirori e-e!
Mo to haerenga atu ki nga whare tapere,
E kiia ana, 'Ko whea teenei wahine kino
  e haere mai nei?' piirori e-e!

I TE WAA, e whakaritea ai e te matua, e te hapuu, e te iwi katoa, 2
kia karangatia he taainga ngutu mo taana tamaahine, ka whakaemia he kai papai, ka ruupeke ki te kaainga. Ka whakaritea eetahi atu kootiro o oona hapuu hei taapiri i te tino kootiro i whakaritea ai teenei taainga ngutu, te tino tamaahine a te tino rangatira o eenei hapuu. Na, kua rite katoa nga kai, nga kaakahu, nga toroa, nga raukura, me nga taangata ki te waahi kotahi. Na, tokorua, tokotoru raanei nga kootiro kee atu i whakaritea hei whaariki mo te tino kootiro nei. He whaariki hoki ki a maatau nga kootiro i haere atu kia taaia tahitia me teenei kootiro noona nei teenei taainga.

Ka taaia nei. Ko nga kootiro whaariki, ki mua taaia ai. Kia oti 3
te taa o eenei, kaatahi te tino kootiro nei kei muri ai i taaia ai. Ko nga whaariki mo te whenua he takapau, he kaitaka ki runga ake, ka takoto iho ai nga tuupaapaku ki runga, taaia ai. Ki to maatau nei tikanga, he tuupaapaku hoki nga waahine e taaia iho nei. Ka oti te taa, ka horoia, ka whakakaakahutia ki te tini o te kaakahu, ka poohoia ki te koopuu toroa, ka tiaina ki te huia, ki te kaiwharawhara, nga raukura tiatia o te tini hiapo nei.

Te koopuu toroa, no te koopuu, no te poho nga huruhuru awe 4
o te toroa, hei poohoi eeraa. No te kootore o te toroa nga huruhuru kaiwharawhara. Na, e rua nga raa i muri o teenaa taainga ngutu, ka hoki te tohunga naana i taa, me oona hoa pea, waahine raanei. Hoki ana, tukua katoatia atu ana nga kai i aamitia ra, me nga kaakahu i aamitia ra, me nga mea katoa mo te tohunga taa ngutu.

34 A Letter

Native Office,
Wellington.
18 November 1884
To Wiremu Kaatene,
Waimate.

Friend,

1 Greetings. I have here the letter you wrote on 20 October to the Governor, who sent it on to his ministers — words you wrote concerning Ngaapuhi's idea of sending some of our chiefs to deliver a petition to the British Government on the subject of some of the problems they believe have been besetting the Maori people.

2 Friend, you asked for comments on whether sending the Maori people's petition to the British Parliament would be justified. This is my answer. I tell you most definitely, no matter how influential the people are who claim to be friendly towards you, flattering, befriending you, indeed, encouraging you to go to England and present your petition, this will be no cure for your grievances. The reason for this is obvious, and is one which perhaps Maori have reason to know full well. This is the situation. Colonial governments and parliaments are the Colony's own responsibility, so neither the Government nor the Parliament of Britain would be able to discuss ways to accomplish peace, security and good government for the people of this Colony. As you know, it is a fact that all the petitions sent to England are returned to the authorities here.

3 So the appropriate thing is for Maori to send their demands for redress of their grievances to our own Parliament here. Their Maori spokesmen are right there and it is their own fault if they do not do that.

4 However, I cannot understand why you should be so confused about the matter of sending petitions to England; you have great

34 He Reta

Te Tari Maaori,
Pooneke.
18 Nooema 1884
Ki a Wiremu Kaatene,
Waimate.

E hoa,

Teenaa koe. Teenei te pukapuka i tuhia e koe ki te Kaawana 1
i te rua tekau o nga ra o Oketopa, naana i tuku mai ki ana minita. He kupu mai naau mo runga i te whakaaro o Ngaapuhi ki te tuku i eetahi o oo taatou rangatira ki te kawe pitihana ki te Kaawanatanga o Ingarangi, mo runga i eetahi mate e kiia ana e raatou kua paa ki te iwi Maaori.

E hoa, e mea ana koe kia whakaaturia atu ki a koe, mehemea 2
ka whai tikanga te tuku pitihana o nga iwi Maaori ki te Paaremete o Ingarangi. Ko taaku kupu whakahoki teenei. Kua kii tuuturu atu ahau ki a koe, ahakoa kaha eetahi taangata, e mea ana he hoa raatou noou, ki te whakapatipati, ki te whakahoa ki a koe, ki te whakawai hoki i a koe kia haere ki Ingarangi ki te kawe i ta koutou pitihana, e kore e puta mai he ora mo aa koutou mate i reira. He take maarama te take nei, kei te moohio anoo pea nga Maaori. Koia teenei. He kaawanatanga, he paaremete to te Kooroni no te Kooroni anoo, aa, e kore te Kaawanatanga me te Paaremete o Ingarangi e aahei te whai kupu mai mo nga tikanga whakahaere e tau ai te rangimaarie, te aata noho, me te whakahaere pai o te Kaawanatanga ki nga taangata o te Kooroni nei inaahoki e moohio ana koe, he mea whakahoki katoa mai ki te Kooroni nei nga pitihana e tukua atu ana ki Ingarangi.

Na, ko te mea tika me tuku nga Maaori i oo raatou tono kia 3
whakaorangia raatou i oo raatou mate ki to taatou nei Paaremete anoo. Kei reira anoo hoki oo raatou reo Maaori, aa, mehemea e kore nga Maaori e peeraa, na raatou anoo te hee.

chiefly influence, and are a past member of the House; indeed, a member of the Governor's select committee; also, you are well acquainted with the processes of our own Parliament.

Your affectionate friend,
Ballance

[translation adapted from Helen Cullen]

Engari, kaahore ahau i maarama ki te take i aahua pooheehee ai koe ki runga i teenei mea, ki te tuku pitihana ki Ingarangi. He rangatira hoki koe, he mema no Te Whare i mua, he mema hoki no Te Ruunanga Whiriwhiri o Te Kaawana, aa, kei te moohio anoo hoki koe ki nga tuu whakahaere o to taatou nei paaremete. *34.4*

Na to hoa aroha,
Na Te Paranihi

35 The Driftwood Path

Haamiora Pio of Ngaati Awa[39]

1 THE FIRST INHABITANTS of this island were Maaui, followed by Tiiwakawaka and later by Toi. Pou-rangahua lived in the east. The people from Hawaiki who crossed to this land at Whakataane were Hoaki and Taukata. They were the sons of Rongo-a-tau, the chief of Hawaiki. They came to search for their sister, Kanioro. This woman married Pou-rangahua. Pou's home was at Tuuranga (Gisborne). The brothers came on the canoe Tuutara-kauika; they had rations of *kuumara.* They were from Kaaka-horoa.

2 When they landed, there was a woman passing by. She was Te Kura-whakaata, daughter of Tama-ki-hikurangi. She had come down from the fort Kaapuu-te-rangi[40] to the shore, to bathe. As she neared the rock which stands at the mouth of the Whakataane river, she saw Taukata with his older brother, Hoaki, both men lying face down in the sand to warm themselves.

3 Te Kura heard them praying for warmth to shine on them, that is for the sun to shine on them. This was their spell:

4 Head! head! Shine, sun!

5 She went back to the fort and called out to her father, Tama-ki-hikurangi, 'Sir, there are people on the beach!'

6 Her father replied, 'Go and fetch them. Bring them here to the fort.'

7 So they were fetched.

8 'Where are you from?' Te Kura asked.

9 'From Hawaiki, from Mataora.'

10 'Let's go up to Kaapu-te-rangi.'

39 A very similar text by Pio is published in Hirini Moko Mead (ed.), *Nga Taonga Tuku Iho a Ngati Awa o te Awa-a-te-Atua, o Rangitaiki, o Whakatane: Ko nga tuhituhinga a Hamiora Tumutara Te Tihi-o-te-Whenua Pio, Te Teko (1885–1887)*, Wellington, Department of Maori Studies, Victoria University of Wellington, 1981, pp. 1–3. See also p. 159.

35 Ko te Ara-taawhao

Haamiora Pio o Ngaati Awa

KO NGA TAANGATA O TEENEI motu ko Maaui, i muri ko Tii- 1
wakawaka, i muri mai ko Toi. Ki te Tai Raawhiti ko Pou-rangahua. Ko nga taangata tuuturu eenei o Aotea-roa. Ko nga taangata o Hawaiki i whiti mai ki teenei motu, i tae mai nei ki Whakataane, ko Hoaki, ko Taukata. Nga tama eenei a Rongo-a-tau, te rangatira o Hawaiki. Too raaua take i haere mai ai, he kimi i to raaua tuahine, i a Kanioro. I moe taua wahine i a Pou-rangahua. Te kaainga o Pou kei Kiri-kino, kei Tuuranga. To raaua waka mai ko Tuutara-kauika; to raaua oo mai he kao kuumara. To raaua kaainga i tae mai ai ko Kaaka-horoa.

I te uunga mai, teeraa te wahine ra te haere atu ra. Taua wahine 2
ko Te Kura-whakaata, te tamaahine a Tama-ki-hikurangi. Ka heke iho i te paa, i Kaapuu-te-rangi, ki taatahi, ki te kaukau. Ka tata atu ki te koohatu e tuu i roto nei o te puaha o Whakataane, ka kite ia i a Taukata e taapapa ana i te one, raaua ko toona tuakana ko Hoaki, e taapapa nei kia mahana raaua.

Ka whakarongo atu a Te Kura e karakia ana kia whiti mai te 3
mahana ki a raaua, araa, mo te raa kia whiti iho ki runga ki a raaua. Ko ta raaua karakia teenei:

> Upoko, upoko, whiti te raa! 4

Ka hoki te wahine ra ki te paa, ka karanga ki toona paapaa, 5
ki a Tama-ki-hikurangi, 'E koro ee! He tangata kai taatahi!'

Kaatahi ka karanga atu toona paapaa, 'Tiikina, mauria mai ki 6
te paa nei!'

Kaatahi ka tiikina. 7

Ka ui atu a Te Kura, 'No hea koorua?' 8

Ka mea mai, 'No Hawaiki, no Mataora.' 9

Ka mea atu a Te Kura, 'Me piki taatau ki Kaapuu-te-rangi.' 10

Ka piki raatau, ka eke, ka karanga a Te Kura, 'He manuhiri 11
kei a au! Te Hapuu-oneone ee, he manuhiri kei a au, no Hawaiki!'

35.11 They went up and, when they reached the top, Te Kura called, 'Te Hapuu-oneone, I have guests … guests from Hawaiki!'

12 The visitors were apprehensive, but so were the Hapuu-oneone, fearful of the name Hawaiki.

13 They set about preparing food for the guests, food of those days: fern-root, tree-fern, *whiinau* berries, *tawa* berries, cabbage-tree hearts and other foods of the past. This is the meaning of the term 'wood-eater', referring to Toi. The relish was fish, birds, rat, worms and young fern-fronds. These were the foods prepared for those Hawaiki people, Taukata and Hoaki. When the fern-root was roasted the two visitors asked, 'What is that noise?'

14 It was the sound of the fern-root pounders.

15 The hosts replied, 'Indeed, it is Haumia-roa.'

16 Haumia-roa is fern-root. That was the staple food of this people, the Hapuu-oneone.

17 Cabbage-tree heart and tree-fern fronds were sought out in the food bowls and offered to Hoaki and his young brother. They asked, 'Has the precious *kuumara* of Hawaiki reached Aotea-roa?'

18 'No, these foods are from this land.'

19 So they ate, considering the food to be like wood.

20 Then Taukata said, 'Now then, pour me some water.'

21 Water was poured into a bowl. Then Taukata reached into his girdle, a double belt, and removed the dried *kuumara* from within and squeezed it up in the bowl; then he took the mashed *kao* and gave it to the local people. They ate and so for the first time knew the *kuumara*.

22 Tama-ki-hikurangi tried it and said, 'This is the treasure of Hawaiki!'

23 Tama, Rongomai and Puhi-ariki asked, 'Where is this food from?'

24 'From Hawaiki,' replied Taukata.

25 Tama and the others went on, 'How does one get there?'

26 'By canoe. Build a canoe and cross to Hawaiki.'

27 Tama asked, 'Where is there a tree?'

28 Taukata called out, 'Here's the drift log that stubbed my toe there on the beach.'

Ka wehi nga taangata. Ka wehi hoki a te Hapuu-oneone, ka 35.12
mataku i te ingoa o Hawaiki.

Ka tahuri te iwi ki te taka kai ma te ope ra, araa, i oo mua kai, 13
i te aruhe, i te mamaku, i te whiinau, i te tawa, i te tii kouka
i eeraa atu kai o mua. Koinei te tikanga o te kai raakau a Toi.
Nga kiinaki he ika, he manu, he kiore, he toke, he pikopiko
mauku. Koia nei nga kai i taka ma nga taangata o Hawaiki, ma
Hoaki raaua ko Taukata. Ka tunua mai nga aruhe, ka whakarongo
nga taangata ra, ka mea, 'He aha ra teenei e haruru nei?'

Ko te haruru o te patu o te aruhe. 14

Ka kii atu te tangata whenua, 'Ehara! Ko Haumia-roa!' 15

He aruhe a Haumia-roa. Koia nei te kai tuuturu a te iwi nei, 16
a te Hapuu-oneone.

Ka rapua te mamaku, te tii, ki roto i te oko maire, ka hoomai 17
ma Hoaki raaua ko toona taina. Ka mea raaua, 'Kua whiti mai te
kura kuumara o Hawaiki ki Aotea-roa?'

Ka kiia mai, 'E hara, no teenei motu tonu eenei kai.' 18

Kaatahi raaua ka kai, ka mea raaua he raakau kee. 19

Ka mea atu a Taukata, 'Teenaa, utuhia mai he wai!' 20

Ka utuhia mai te wai ki roto i te oko ipu Maaori. Kaatahi 21
a Taukata ka hiko ki toona taatua — he taatua puupara taua taatua
oona — ka unuhia nga kao kuumara i roto i toona taatua, ka rapua
ki roto ki te ipu, ka pupuru te para o te kao, ka hoatu ki te tangata
whenua. Ka kai taua iwi, kaatahi teenei iwi ka kite i te kuumara.

Ka whakamaatau a Tama-ki-hikurangi, ka mea, 'Koia te kura 22
kei Hawaiki!'

Ka uia mai e Tama, e Rongomai, e Puhi-ariki, 'No hea teenei kai?' 23

Ka karanga atu a Taukata, 'No Hawaiki.' 24

Ka paatai anoo a Tama maa, 'Me aha ra e taaea ai a Hawaiki?' 25

Ka kii atu a Hoaki, 'Me waka. Me taarai ki te waka, ka whiti 26
ki Hawaiki.'

Ka uia mai anoo e Tama, 'Kai hea ra he raakau?' 27

Ka karanga a Taukata, 'Aanei te poro taawhaowhao i tuutuki 28
tooku waewae ki raawaahi na!'

Ka tirohia te raakau taawhaowhao paenga tai i teeraa taha o 29
te awa, ka mahia hai waka, koia a te Ara-taawhao. Na Hoaki, na
Taukata i mahi, i taareia.

35.29 The stranded drift log on the other side of the channel was inspected and made into a canoe, hence the name of the Driftwood Path. Taukata and Hoaki made it, adzing it out.

30 This was the canoe the people of Aotea-roa used to fetch *kuumara* from Hawaiki. Well, the canoe was launched on the Sea of Toi'. The people who paddled to Hawaiki to fetch *kuumara* from Pari-nui-i-te-raa, from Ngaruru-kai-whatiwhati were the original people of this land, Aotea-roa. The people living on the land now are just newcomers. The people of Aotea-roa were not evil. The real people of Aotea-roa were good people, who had no wars. They were corrupted by the people who came from Hawaiki. The people who came from Hawaiki were like those who came from England, the Pakeha. The people who owned this land, Toi' and his subtribes, lived peacefully.

31 When the people of this land had reached Hawaiki and got *kuumara* at Pari-nui-i-te-raa, they built a canoe to return. This was Maataatua, which brought Ngaati Awa's *kuumara*. Their canoe is Maataatua. Only then did the canoes come: Maataatua, Te Arawa, Tainui, Taaki-timu, Kura-haupoo. Later, many canoes came from Hawaiki to Aotea-roa.

32 Let's be clear. Te Ara-taawhao's captain was Tama-ki-hikurangi. His spells enabled Te Ara-taawhao to cross to Hawaiki. When Te Ara Taawhao reached Hawaiki, people of the world knew of this other land for the first time. So some ancestors paddled here to Aotea-roa. The Hapuu-oneone alone are the people of Aotea-roa.

33 Te Ara-taawhao landed at Hawaiki. Rongo-a-tau, chief of Hawaiki, heard; his home was up at Whaakao. Hoaki left Te Ara-taawhao in Hawaiki. The canoe Hoaki built to return people to Aotea-roa was called Maataatua. Maataatua was a food-carrying vessel which took them home to Aotea-roa. Later some tribes came to this land in Waru-paatote,[41] arriving when the *raataa*[42]

40 A hill *paa* on the ridge behind Whakataane town.

41 A rather obscure term for the eighth month of the Maori year, which began about the middle of June, so January – February.

42 The *poohutukawa* (*Metrosideros excelsa*) is called *raataa* in some eastern dialects.

Koia nei te waka o Aotea-roa i haere ai nga taangata o Aotea- 35.30
roa, he tiki kuumara i Hawaiki. Heoi, ka rewa te waka ki te moana a Toi'. Ko te iwi i hoe nei ki Hawaiki ki te tiki kuumara i Pari-nui-te-raa, i Ngaruru-kai-whatiwhati, koinei nga taangata tuuturu o teenei motu, o Aotea-roa. Ko nga iwi e noho nei i te motu nei, he iwi hoou anake. Kaaore he kino o nga taangata o Aotea-roa. He iwi pai nga taangata tuuturu o Aotea-roa, kaaore ana pakanga. Na nga iwi i heke mai nei i Hawaiki e kino nei. E rite ana te iwi i haere mai i Hawaiki ki te iwi i haere mai i Ingarangi, ki te Paakehaa. Kei te noho maarie te iwi noona teenei motu, koia teenei ko Toi' me oona hapuu.

Kia tae nga taangata o teenei motu ki Hawaiki, kia whiwhi 31
raatau i te kuumara o Pari-nui-te-raa, kaatahi ka taareia te waka hai hokinga mai mo raatau, koia te waka, ko Maataatua, i utaina mai ai ta Ngaati-awa kuumara. Toona waka ko Maataatua. Kaatahi anoo nga waka ka whiti mai, a Maataatua, a Te Arawa, a Tainui, a Taaki-timu, a Kura-haupoo. He maha nga waka o Hawaiki i whiti mai ki Aotea-roa, no muri nei.

Kia maarama i a koe. Te rangatira o runga o Te Ara-taawhao 32
ko Tama-ki-hikurangi. Naana nga karakia i whiti ai a Te Ara-taawhao ki Hawaiki. Kia tae atu a Te Ara-taawhao ki Hawaiki, kaatahi ka moohio nga iwi o te ao he motu anoo teenei. No reira ka hoe mai eetahi tuupuna ki Aotea-roa. Ko te Hapuu-oneone anake te iwi o Aotea-roa.

Ka uu a Te Ara-taawhao ki Hawaiki. Ka whakarongo mai 33
a Rongo-a-tau, te rangatira o Hawaiki; toona kaainga kai runga kai Te Whaakao. Ka mahue atu a Te Ara-taawhao i a Hoaki ki Hawaiki. Te waka i mahia mai e Hoaki hai hokinga mai mo nga taangata o Aotea-roa ko Maataatua. He waka uta kai mai a Maataatua, e hoki mai ana anoo ki to raatau kaainga, ki Aotea-roa. No muri eetahi iwi ka uu mai ki te motu nei, no Te Waru-paatote ka uu mai — kia pua te raataa ka uu mai. Ko Te Arawa taua waka. Te iwi o runga ko Nga Oho.

I hoki katoa mai nga uri o Toi' ki teenei motu, ki Aotea-roa. 34
No te hokinga mai, ko Maataatua te waka, ko Taaki-tumu. Nga waka eenei i hoki mai ai ki to raatau motu, ki Aotea-roa. Ko nga waka katoa he waka hoou anake ki teenei motu.

was blooming. That was Te Arawa's canoe, and the people on her were Ngaa Oho.

35.34 All of Toi's descendants returned to this land, Aotea-roa. They came back in the canoes of Maataatua and Taaki-timu. All these canoes are new to this land.

35 When the people of this land were leaving, Hoaki said, 'Take my companion, Taukata; in the tenth month,[43] when the *kuumara* store-pits are completed in Aotea-roa, lead him into the store-pit and kill him there so that his blood will drip in the *kuumara*-pit and prevent the treasure from returning to Hawaiki.'

36 So the *kuumara* is permanently here.

37 Enough, friend, it's finished. You should be clear that there were two canoes, Maataatua and Taaki-timu, of the Ara-taawhao people that came back to Aotea-roa. The Aotea-roa people went to get *kuumara*, did so, and returned. These are the stories of our parents and grandparents. I used to sit and listen.

[adapted from a translation by Elsdon Best]

43 March – April. *Ngahuru* is the old word for ten.

No te hokinga mai o nga taangata o teenei motu, ka puta mai 35.35
te kupu a Hoaki, 'E tae koutou ki taku hoa, ki a Taukata, e tae ki Te Ngahuru, e oti te rua kuumara ki Aotea-roa, arahina a Taukata ki roto i te rua kuumara, patua ki roto i te rua, kia maringi oona toto ki roto i te rua, kei hoki mai te kura ki Hawaiki.'

Koia te kuumara e mau nei. 36

Kaati, e hoa, kua mutu! Kua maarama pea i a koe, e rua nga 37
waka o nga taangata o Te Ara-taawhao i hoki mai ki Aotea-roa, ko Maataatua, ko Taaki-tumu. I haere atu nga taangata o Aotea-roa ki te tiki kuumara i Hawaiki, kua whiwhi, hoki mai ana. Koia nei nga koorero a oo maatau maatua, me oo maatau tuupuna. He mea noho tonu au ki te whakarongo.

36 *Farming*

Sir Apirana Ngata (1905)

1 IT IS RIGHT FOR US to continue opposing Parliament in order to continue to tie up lands lest they be sold. But, we must supplement these restrictions with a policy. This is the basis of my campaign which has concentrated on legality, that is to say, on a dictum which I developed over the years that I researched the laws and activities of Maori and Pakeha. Maori lands that are worked industriously and prudently by Maori are the only lands that will clearly be retained by the Maori people. All other lands, no matter how well framed the laws may be, must remain in jeopardy and will fall into difficulty.

2 If land is to be retained something must supplement the protection of the law. Let us not continue to dwell on our *marae* praying for good laws — hidden up in the sky, under the water, or wherever — to protect our lands. It is better to find ways for Maori people to work the land. My campaign stands on that platform. All the ways of helping individuals or tribal groups to farm —these are the things I work for and support. In this general election that matter will be widely discussed. Now, look carefully at us, the people electioneering. Someone who wants to be a Member of Parliament won't create discussion that is bitter to the ears of his voters. So, my friends, study the words and the policy those words about land stand upon.

3 Which voice provides hope for those who are suffering because of the laws? I say that it is the voice of the man who provides substance to his words, and has set out a farming policy. If Parliament is petitioned to provide assistance enabling the Maori people to work on his lands it will be asked whether the petitioner has achieved such deeds before. What will my opponents standing in this election have to reply? What I am saying is not a slogan, but a benefit for inspection by those seeking salvation. Let me direct this new strategy now, because for a long time I have been providing substance to the farming policy. The last bastion of the

36 *Te Mahi Ahu-whenua*

He kauwhau na Taa Apirana Ngata i te tau 1905

E PAI ANA KIA MAUTOHE taatou ki te Paaremata, aa, kia mau tonu te here o nga whenua kei taka ki te hoko. Otiraa, me aapiti e taatou teenaa here ki teetahi tikanga anoo. Koia te kaupapa o taku pooti i whaaiti ai i runga ki te taha ki nga ture, araa, kei teenei kupu i kitea e au i roto i eenei tau e kimi ana au i te aahua o nga ture, o nga mahi hoki a te Maaori, a te Paakehaa. Ko nga whenua Maaori ma te Maaori anoo e mahi i runga i te kaha, i runga i te tuupato, ko eenaa anake nga whenua e maarama ana teeraa e mau ki te iwi Maaori. Ko eenaa atu whenua katoa, ahakoa peehea te pai o te hanga o te ture, me waiho i runga i te maahara-hara, teeraa e taka atu ki te hee. *1*

E mau ai te whenua, me aapiti te here a te ture. Kaua taatou e noho tonu i nga marae o oo taatou kaainga inoi ai kia hoomai te ture pai, kei runga i te rangi, kei raro raanei i te wai, kei hea raanei e ngaro atu ana, hei pupuri i oo taatou whenua. Engari whaaia nga hua-rahi katoa e taaea ai te whenua te whakamahi e te tangata Maaori. Kei runga i tee-nei take tooku pooti e tuu ana. Ko nga take katoa ko nga huarahi hei aawhina i nga taangata takitaki, i nga hapuu raanei, ki te ahu-whenua. Ko aaku eenaa e mahi ai, e tau-toko ai. I roto i teenei pootitanga mema, teenaa e koorerotia nuitia teenei take. Na, kia tuupato te titiro mai ki a maatou, ki nga taangata e kauwhau ana. E kore te tangata e wawata ana kia tuu ia hei mema e hanga i te koorero kia kawa ki oou taringa, ki oo te tangata hei pooti i a ia. Otira, e hoa ma, tirohia nga kupu, tirohia hoki te kaupapa i tuu ai nga kupu mo te ahu-whenua. *2*

Ko teehea reo hei manakohanga mai ma te hunga e hinga mai nei i nga ture? E kii ana au, ko te reo o te tangata kua whaka-tinana i ana kupu, kua takoto he kaupapa ahu-whenua. Ki te tonoa atu hoki ki te Paaremata kia hoomai he aawhina e kaha ai te Maaori ki te mahi i oona whenua, teeraa e uia mai, mehemea kua taaea e te kaitono eeraa mahi i koo atu. He aha he kupu atu *3*

fortress of the Maori people, of the fortress of the lands, is work. Who will guard this bastion for the next three years? That is your question in this election. Friends, let your answer be a good one.

[translated by Helen Cullen]

37 An action song

1 The moon above
Shines down;
Here am I, woman,
(But) where are you?

2 Don't forget our meetings.
My love will not
Wither in the sun.

3 Perhaps I must dream,
To bind my love to me.
Here am I, woman,
But where are you?

[translation adapted from Chris Lane]

ma ooku hoa e whakataetae nei ki te pooti nei? Ehara taaku i te pepeha, engari he hoatu taonga hei titiro ma te tangata e kimi ana i te oranga. Hoomai maaku e aarahi te kupu hoou o roto i teenei raa, ki te mea kua roa ahau e whakatinana ana i teenei kupu te ahu-whenua. Ko te parepare whakamutunga teenei o te paa o te iwi Maaori, o te paa o nga whenua, ko te mahi. Ko wai hei tiaki i teenei parepare mo nga tau e toru e tuu mai nei? Ko to paatai teenaa ki a koe, i roto i teenei pootitanga. E hoa, kia pai to whakautu!

37 He Waiata

Kei runga te marama *1*
E tiaho iho nei;
Anei ahau, e hine,
Kei hea ra koe?

Kei wareware koe, *2*
Ki oo taaua tuutakitanga.
E kore te aroha
E maroke i te raa.

Me moemoeaa pea, *3*
Me pine pea ki te aroha.
Anei ahau, e hine,
Kei hea ra koe?

38 Protest is the Best Remedy

A speech by Tuuhaka Mookena Koohere, 1905

1 I HAVE NOTED Apirana Ngata's misleading proclamations. For all his big words, he has only one platform: just agriculture. But why was it said that this is peculiar to Apirana. This matter belongs to the whole human race, from Adam right down to the present day. When I was a member of the Legislative Council, my adversaries asked me, 'What laws are relevant to us?' I replied, 'The Treaty of Waitangi and land development, such as our sheep-farming here.' Where was Apirana's speech-making about agriculture in those days? It was neglected until pressure forced a pronouncement on agriculture. Machines can break in land and make it productive in two years; compensation for the effect of those very years is suspended under the terms of sale. Apirana has not said a word about fighting the law.

2 My way is the right way: that is, to fight the law, unify the Maori people and discuss visits to England to bring it to the King's attention that his mother's treaty with the Maori people has been treated with contempt. Fight this legislation. Land development by itself will not be a source of controversy or trouble, nor will it generate anxiety. Through the silence and submission of Maori, the law will be fortified and England, the mother country, will not hear our voice. If we cry out, our grievances will be recognised; if we keep silent, it will be thought that all is well and our minds are at rest. People, do not be blinded by sweet words and do not be muzzled. Many laws have been repealed because people hated those laws. In the past year, a law which puts a stop to houses being used as offices has been finalised. However, because of the people's objections, Seddon became apprehensive and so it came about that he suspended his own legislation. That is why I say, do not advocate land development on its own, but land development along with outcry and protest: Protest is the Pakeha's best remedy for overcoming laws which they object to.

38 Ko te Amuamu te Tino Rongoa

He kauwhau na Tuuhaka Mookena Koohere, i te tau 1905

KUA KITE AU I NGA PAANUI aweke a Apirana Ngata. Ahakoa te nui o ana koorero, kotahi anoo taana take ko te ahu-whenua anake. Otira, he aha i kiia ai na Apirana anake teenei take? Na nga taangata katoa teenaa take, o Arama mai ra anoo, tae noa mai ki teenei ra. I a au e whawhai ana ki te Ture Kaunihera, ka uia au e ooku hoariri, 'He aha he ture mo taatou?' Ka whakahokia e au, 'Ko te Tiriti o Waitangi, me te ahu-whenua, peenei anoo me taatou e whakatupu hipi nei.' I hea a Apirana ka kauwhau mo te ahu-whenua i eeraa ra? Waiho rawa kia eke te patu ki te tuaraa ka koorero ai mo te ahu-whenua. Ma te miihini e ngaki nga whenua ka taaea te whakapai i nga tau e rua; ko nga tau hoki eenaa e whakataarewatia ana te muru i runga i te hoko. Kaaore rawa he kupu a Apirana mo te riri ki te ture. *1*

Ko taaku te tikanga tika, araa, whawhaitia te ture, whakakotahia te iwi Maaori, koorerorero mo te haere ki Ingarangi ki te kawe kupu ki te Kiingi kua takahia te Tiriti a toona kookaa i whakarite ai ki te iwi Maaori. Whawhaitia teenei ture, ko te ahu-whenua anake, kaaore he riri, he hee. Ma te wahanguu, ma te hauaa o te Maaori e kaha ai te ture, e kore ai e rongona te reo e te whenua matua, araa, e Ingarangi. Ka auee, ka moohiotia he mate; ka nohopuku, ka pooheeheetia he ora, he ngaakau tatuu. E te iwi, kei whakamoea oo koutou kanohi ki nga kupu reka, kei purua oo koutou waha. He maha nga ture kua hinga i runga i te kino o te iwi ki aua ture. No teeraa tau ka oti he ture tuutaki i nga whare hokohoko i nga tari. Otiraa, i te kino o te iwi, mataku ana a Te Heetana, aa, riro ana naana anoo i whakataarewa tana ture. Na konei au i mea ai kaua e whakamaanawa ki te ahu-whenua anake, engari te ahu-whenua me te auee anoo, me te amuamu. Ko te amuamu te tino rongoa a te Paakehaa hei patu i nga ture e kinongia ana e raatou. Hikitia au, e te iwi, kei taarewa anoo nga waewae o te hoa whawhai mo taatou katoa. *2*

Support me, my people, lest the fact of the enemy hang over us all.

38.3 Although I was late in coming and in registering, you should still give me consideration. 'Let those who are last be first', as it were. God gave man a mind to help him make the right decisions. Therefore, my people look carefully at what I stand for and at my person. Stop sending our elder to Parliament — he needs a rest — rather, send young people. Whereas the young colt has the capacity to learn, this aged horse will never be any use. Arise, my people. Die like the shark, not like the octopus!

[translation adapted from Helen Cullen]

Ahakoa he toomuri taku haere me taku pukapuka, me whakaaro tonu mai koutou ki a au. Meinga to muri ki mua. I hoomai e Te Atua he hinengaro ki te tangata hei tohutohu i a ia, kia moohio ai ia ki te whiriwhiri i te mea tika. Na konei, e te iwi, aata tirohia aku take me tooku tinana. Kaati noa te tuku i to taatou kaumaatua ki te Paaremata, me okioki ia inaianei, tukua atu hoki he tamariki. Engari te hooiho tamariki e taaea te whakaako, teenaa ko te hooiho kua koroua nei, kaaore rawa he painga. Maranga, e te iwi! Kia mate ururoa, kei mate wheke! *38.3*

39 Maori Land Laws

A speech by Dick Park, 1905

1 THERE ARE MANY LAWS oppressing us with the support of Government and, in fact, created by it with the intention of oppressing us. So it is with the Land Protection Act 1902. This law was created by the Government to fence off the Maori people from having investigated lands which they know to be theirs, but which have been occupied by Europeans.

2 Under this law Maori people are unable to go back before 1891 to bring a matter to court or have their lands litigated. This is a great grievance, because much Maori land is affected by the law. Under the law it is impossible to raise the matter of lands confiscated by Government. This law must be chopped! It amounts to murdering us, the Maori people. Frame a law so that lands known to have been taken illegally by the European or confiscated wrongly by Government may be taken to the Court again.

3 There is certain land, three thousand five hundred acres, named Wai-o-hau. This land was seized, sold illegally by a Pakeha to a Pakeha. Now, in Judge Edwards' judgment this very year, he said he said that this land was sold illegally by a European to a European. Now, he also said that at each court inquiry over Wai-o-hau, the cause of the Maori people had not been carefully considered by the judges of the Maori Land Court. Moreover, the procedure of the Chief Judge of the Maori Land Court had not been correct in regard to the judgement on the land, Wai-o-hau. He was very sad about the very grave misfortune suffered by the Maori people on account Bird's illegal sale, and because of the Maori Land Court judge's wrong decision. Well, we thought this land would be returned. Indeed, the land could be returned under the amended law of 1885. Now you can see clearly that the law supports the Government, the Pakeha. So I say, do away with law. We would all be right to rise up to fight the Government to overthrow this law and return this land, Wai-o-hau.

39 Nga Ture Mo Nga Whenua Maaori

He kauwhau na Tiki Paaka, i te tau 1905

HE MAHA NGA ture e patu nei i a taatau, e tautokona ana e Te Kaawanatanga, aa, i hangaa hoki e ia hei patu i a taatau. Inaa hoki ko te Ture Tiaki Taitara Whenua, 1902. Ko teenei ture i hangaa mai e Te Kaawanatanga hei taiapa mai i te iwi Maaori kei uru raatau ki te hurahura mai anoo i nga whenua e moohiotia atu ana e raatau no raatau; otiraa, kua nohoia e te Paakehaa. *1*

Na teenei ture i kore ai te iwi Maaori e aahei te hoki whakamuri ake i te tau 1891 ki te whakaara, ki te whakawaa raanei i oo raatau whenua. He tino mate nui rawa teenei i te mea he nui nga whenua o te iwi Maaori kei te mate rawa i teenei ture. Kaaore rawa e taaea i runga i teenei ture te whakakorikori o nga whenua i riro i te raupatu a Te Kaawanatanga. Ko teenei ture me tapahi atu! He aahua koohuru i a taatau i te iwi Maaori! Me hanga he ture kia kootitia anoo nga whenua e moohiotia iho eenaa i riro hee i te Paakehaa, aa, i riro hee raanei i te raupatu a Te Kaawanatanga. *2*

Teeraa teetahi whenua, ko Wai-o-hau te ingoa, e toru mano, e rima rau nga eka. Ka naomia atu teenei whenua, ka hokona whaanakotia atu e te Paakehaa, ki te Paakehaa. Na, i te whakataunga a Tiati Eruera i taua whenua i teenei tau anoo, i kii ia ko teenei whenua i hokona taahaetia e eetahi Paakehaa ki te paakehaa. Na, i kii hoki ia kaaore i aata hurihuritia e nga tiati o te Kooti Whenua Maaori nga take a te iwi Maaori, ia kootitanga, ia kootitanga o Wai-o-hau. Kaaore hoki i tika te mahi a te tumuaki o nga Kooti Whenua Maaori i te whakawaakanga o teenei whenua o Wai-o-hau. He nui atu toona poouri mo te paanga mai o teenei mate nui whakaharahara ki te iwi Maaori i runga i te hoko taahae a Paati; i runga hoki i te whakatau hee a nga tiati o te Kooti Whenua Maaori. Na, ka mahara ra taatau me hoki mai teenei whenua. Otiraa, e taaea te whakahoki mai o teenei whenua, i runga i te ture whakawhiti o te 1885. Na, ka maarama koutou ki teenei ture hei whakawhirinakitanga atu mo te iwi o Te Kaa- *3*

39.4 James Carroll stood and addressed his constituents at Gisborne. He stated that there was no benefit in the Land Management Council of the year 1900, the reason being that the passage of Maori lands into European hands was diminishing. He said he would introduce a law which would expropriate Maori land for his Pakeha people to settle. James's promise has been kept — the law to plunder our lands has been passed.

5 Now, to turn to answering the question posed by my elderly relative, Wii Pere, as to why my Tuuhoe people, my Maataatua people, nominated me. The reason, sir, is the distress brought about by the facts of the 1896 Act, which shows its teeth to gnaw at the land. The teeth of this law reach the point of eating into the (land's) very heart, sir. Lands have been taken; lakes have been taken, by you, the Government. My people say that the teeth of this law should be cut out. Your law is like a shark. The shark's teeth are unseen while it rests. But when it turns on its back and shows its teeth, how sharp this fish's teeth really are. It is the same with this law as it affects Tuuhoe: its teeth were not recognised at first. Now those monstrous teeth are revealed.

6 The incorporation of land blocks has been achieved with great effort. When the incorporation concludes, the moneys are expended on interpreters, lawyers, the committee and the meetings called to complete the incorporation. More than six hundred pounds will be spent before an incorporation is established. A committee to manage the land will be established. Moreover, trustees will be appointed. All of these people are paid. Enough, make all these lands over to the Government to look after — that is, send them into the throat of the land-swallowing monster.

7 These are just a few words of mine concerning land. But be quite clear, there are no advantages in the corporations of Wii Pere and Jim Carroll. We are able to manage our own lands. So I say, people, appoint me to fashion a law that will return to us, the Maori people, the control of our lands, that will let us consume the hundreds of pounds of the incorporation. People, I will have time to speak about everything concerning your lands when I stand.

[translation adapted from Helen Cullen]

wanatanga mo te Paakehaa. Koia ahau ka mea me kokoti atu teenei ture. E tika ana taatau katoa ki te maranga ki runga ki te pakanga ki Te Kaawanatanga kia turakina atu teenei ture, aa, kia whakahokia mai teenei whenua a Wai-o-hau.

I tuu a Timi Kara ki te kauwhau ki oona kaipooti i Tuuranga. 39.4
I mea ia kaaore he painga o te Kaunihera Whakahaere Whenua o te tau 1900. Ko te take he kore e kaha te haere mai o nga whenua Maaori ki te ringaringa o te Paakehaa. I kii ia me hanga e ia he ture e riro mai ai nga whenua Maaori hei nohoanga mo toona iwi Paakehaa. Kua eke ra te kupu a Timi. Kua paahitia te ture muru i oo taatau whenua.

Ka tahuri ake inaianei, ki te whakahoki i te paatai a taku 5
koroua a Wii Pere e paatai nei ia, he aha taku iwi a Tuuhoe, araa, a Maataatua i whakatuu ai i ahau. Ko te take ra, e koro, he mamae no te ngaakau mo nga tikanga o te ture o te tau 1896, e tetee mai nei nga niho ki te ngau i te whenua. Ka whano ra ka tae ki te manawa te kainga a nga niho o te ture, e koro. Ka riro whenua, ka riro moana, i a koe, i Te Kaawanatanga. E mea ana taku iwi kia tapahia nga niho o te ture nei. I rite ra to ture ki te mangoo. Kaaore e kitea nga niho o te mangoo inaa takoto mai. Kia whakatiirahatia, auee, inaa tonu ia nga niho koikoi o te ika nei. Waihoki me te ture mo Tuuhoe, kaaore e moohiotia oona niho i te tuatahi. No naianei ka kitea aua niho taniwha.

He huhua nga mahi ka oti te whakakaporeihana i nga whenua 6
Maaori. Mutu rawa ake te whakakaporeihana ka pau nga moni i nga kaiwhakamaaori, i nga rooia, i te komiti, i nga hui e karangatia ana, hei whakaoti i te kaporeihana. E nuku atu ana i te £600 te moni e pau, ka tuu he kaporeihana. Kei te moohio tonu a Wii Pere ki te nui o te moni e pau ana i teenei hanga i te kaporeihana. Ka naomia atu ka whakatuuria he komiti whakahaere i nga whenua. He aha ra hoki ka whakatuuria he kaitiaki. Ko eenei taangata katoa e utua ana. I runga i teenaa aahua ka pau noa iho nga moni o nga whenua i te utunga i nga kaitiaki. Kaati, meatia kia tukua atu eenei whenua ki Te Kaawanatanga tiaki ai, araa, ki te korokoro o te parata e horo nei i te whenua.

He kupu torutoru noa iho eenei naaku, mo oo taatau whenua. 7
Otiraa, kia maarama tonu mai koutou, kore rawa he painga o te

kaporeihana a Wii Pere raaua ko Timi Kara. Kei te aahei noa atu taatau ki te whakahaere i oo taatau whenua. Koia ahau ka mea, e te iwi, whakatuuria ahau kia hangaa he ture e riro mai ai anoo ma taatau, Maaori nei anoo, e whakahaere oo taatau whenua, kia riro ai ma taatau anoo e kai nga rau paauna o te kaporeihana. E te iwi, kia tuu ahau, kaatahi ka whai taaima ahau ki te koorero i nga tikanga katoa mo oo koutou whenua.

40 *Waerenga-a-Hika College*

January, 1908, by Haapata Wiremu

1 PATAWHIIRA, B.A., B.D., has been appointed as principal of Waerenga-a-hika and Riiwai Hiwinui Taawhiri has been employed as his assistant. Both are clergymen.

Subjects to be taught:

2 Scripture;

3 English (both writing and reading);

4 Rules for living and health care;

5 Mathematics to fourth form level and some specialised mathematics aimed at post-scholastic vocations;

6 Agricultural instruction, particularly instruction in methods of making sandy areas productive;

7 The construction of chairs, tables, cupboards, boxes, hammocks and other home-improvement skills;

8 Farming, especially dairying, pig-raising, running apiaries, and other topics aimed at improving conditions for the destitute and the poor;

9 Physical education;

10 Cookery, homecraft, trouser-patching and other domestic skills.

11 The aim of this programme is to teach our children ways to promote material benefits, so that the Maori people will prosper as the European does, using his knowledge. The children will be taught all of these things at the college itself. The children will themselves plant potatoes, cabbage, pumpkin and corn for their own consumption, and they will tend the gardens and all the college grounds.

[translation adapted from Helen Cullen]

40 *Te Kaareti o Waerenga-a-Hika*

Haapata Wiremu (1908)

KUA WHAKATUURIA KO PATAWHIIRA, B.A., B.D., hei maahita *1*
mo Waerenga-a-hika, aa, ko Riiwai Hiwinui Taawhiri te kai whakaako i raro i a Patawhiira. He minita raaua tokorua.

Ko nga mea e whakaakoria:

He karaipiture; *2*

He reo Ingarihi, araa, he tuhituhi, he koorero pukapuka; *3*

He ture mo te aahua o te noho, mo te aahua o te tiaki i te *4*
tinana;

He whika ki te karaihe tuawhaa, me eetahi wehewehenga o *5*
te whika ki nga mahi whakakiko i waho o te kura;

He mahi ahu-whenua, araa he ako i nga huarahi e puta ake *6*
ai he oranga i roto i te eka oneone;

He hanga tuuru, teepu, kaapata, pouaka, haamaka me eeraa *7*
atu mahi whakapaipai o roto o te whare;

He mahi paamu, araa, kuuteetee kau, whaangai poaka, tiaki *8*
pouaka pii, me eeraa atu e whai oranga ai te pani me te rawakore;

He whakatuutuu hei whakamaarooroo i nga uaua; *9*

He mahi tao kai, tiaki i te whare, paati tarau me eeraa atu *10*
mahi katoa o roto o te whare.

Ko te mea e whaaia ana i runga i eenei tuu whakahaere ko *11*
te ako i te tamaiti kia moohio ki nga tikanga e whiwhi ai toona tinana ake ki te pai, kia tipu ai te iwi Maaori i runga i nga huarahi o te Paakehaa me toona maatauranga. Ka akongia nga tamariki ki eenei mahi katoa i runga tonu i te whenua ake o te Kaareti. Ma nga tamariki anoo e ono he parareka, he kaapeti, he hue, he kaanga ma raatou, aa, ma raatou hoki e whakapai nga kaari me te marae katoa o te Kaareti.

41 *The First Annual Report of the Tainui Maori Trust Board*

For the year ended 31 March 1947.
Pei Te Hurinui

1 Taane was formed in the dark Night-world,
In the tangible blackness beyond the veil.
Rata's axe bit, found purchase,
And, using Rehua's great ridge-pole as lever,
Raised Taane-the-life-giver.

2 GREETINGS TO YOU ALL. My thanks go out to you, the Tainui tribes concerned with lands confiscated within the Waikato district, for giving me the opportunity to produce this first report of the Tainui Maori Trust Board.

3 Over the years a generation has grown up unaware of all the factors that resulted in the setting up of the Tainui Maori Trust Board; therefore, in this report, I have set out the history of past years.

The war in Waikato

4 On 12 July 1863, General Cameron and his troops crossed the Manga-taawhiri River. On 17 July 1863, they fought at Te Koheroa. From 30 October to 1 November they fought at Meremere. On 20 and 21 November they engaged Rangi-riri. On 13 December they fought on the banks of the Hunua River. On 12 February 1864, fighting began at Paa-te-rangi. On 20 February Paa-te-rangi was assaulted; the Maori people had already abandoned it. On 21 February the troops reached Rangi-aohia. From 31 March to 2 April they engaged Oo-raakau. This ended the Waikato war.

The Law Confiscating the Waikato Lands

5 In 1863 the New Zealand Settlements Act was created, and under that law and its amendments the Waikato lands were confiscated.

41 Te Riipoata-a-Tau a te Poari Kaitiaki Maaori o Tainui

Mo te tau i tutuki nei i te 31 o Maaehe 1947.
Pei Te Hurinui

Taane i ahua ki te poo uriuri *1*
Ki te poo tangotango, ki tua o Pae.
Teenei te toki a Rata ka uu, ka mau
Ka rangaa ki te taahuhu nui o Rehua.
Kia ara ake ana ia, ko Taane-i-te-pupuhi.

2 TEENAA KOUTOU KATOA. E whakanui atu ana ahau ki a koutou ki nga iwi o Tainui e paa nei ki nga whenua i raupatutia o roto i te takiwaa o Waikato; mooku i whai waahi ki te whakaputa i teenei, i te riipoata tuatahi a te Poari Kaitiaki Maaori o Tainui.

3 I roto i nga tau e takoto mai nei teeraa ka tupu ake nga whakatupuranga kaaore e moohio ki nga aahuatanga katoa i whakatuuria ai te Poari Kaitiaki Maaori o Tainui, no reira ka whakakaupapatia iho e au ki roto i teenei riipoata nga koorero o nga tau ki muri.

Te whawhai ki Waikato

4 No te 12 o Huurae 1863, ka whiti mai a Tianara Kamerona me ana hooia i te awa o Manga-taawhiri. No te 17 o Huurae 1863 ka pakanga ki Te Koheroa. No te 30 o Oketopa ki te 1 o Nooema te pakanga ki Meremere. No te 20 ki te 21 o Nooema te pakanga ki Rangi-riri. No te 13 o Tiihema ka pakanga ki nga tahatika o te awa o Hunua. No te 12 o Pepuere 1864 ka tiimata te pakanga ki Paa-te-rangi. No te 20 o Pepuere ka whakaekea te paa o Paa-te-rangi; kua riro kee noa atu nga Maaori. No te 21 o Pepuere ka tae nga hooia ki Rangi-aohia. No te 31 o Maaehe 1864 ki te 2 o Aaperira ko te pakanga ki Oo-raakau. No konei ka mutu te pakanga ki Waikato.

The area confiscated initially was 1,202,172 acres. Of this area, 314,364 acres were returned to the Maori people, so that 887,808 acres remained under confiscation. However, in 1922, 13,947 acres were returned to be administered by the Maori Land Court for the landless Waikato people.

The Commission of Inquiry into the Confiscation

41.6 On 18 October 1926, a Royal Commission was set up to inquire into matters pertaining to confiscation and other problems concerning the Maori lands of this country. What brought about the inclusion of the confiscated Waikato lands in the inquiry were the following petitions. Petition number 379/1924 from Aanaru Makiwhare te Rira and twenty-three others concerned the confiscated area known as the Ootau and Wairoa blocks. Petition number 18/1925 from Te Wharau Herewini and nine others involved the claims pertaining to the confiscated lands of Waikato.

7 The report of this Commission was laid before the Government in June 1927. The commission's report set down £300 as an annuity to settle this question.

Approaches to Government

8 Many discussions have taken place with government ministers in response to the Royal Commission's report. When Sir Apirana Ngaata was Native Minister the matter of raising the annuity was discussed, but the reply of the Waikato spokesmen was short, namely that they refused to accept money. Their reply to the government ministers was, 'land was taken, so land must return'. Afterwards the Roopuu Rangatahi[44] rose to lay down their proposals. After much debate, it was decided at one meeting that the final say should be left to the Kaahui Ariki.[45] They decided to respect Tara-piipipi and handed it to him.[46] When this happened he passed it on to his Council of Twelve. The Twelve

44 The younger leaders.

45 The royal family, interpreted either as the descendants of King Pootatau or of King Taawhiao.

46 Tara-piipipi was the descendant of Wiremu Taamihana, 'the King Maker' of the Ngaati Hauaa tribe.

Te ture raupatu i nga whenua o Waikato

No te tau 1863 i hangaa ai te Ture Whakanohonoho o Niu Tiireni, aa, na raro i taua ture me oona whakatikatikanga i raupatutia ai nga whenua o Waikato. Ko nga eka i raupatutia ai i te tuatahi 1,202,172 eka. O roto i eenei eka e 314,364 nga eka i whakahokia mai anoo ki nga Maaori, ka mahue atu ai nga eka ki te raupatu e 887,808. Engari no te tau 1922 ka whakahokia mai kia uiuia e te Kooti Whenua Maaori nga eka 13,947 mo nga iwi kore whenua o Waikato. *41.5*

Te Komihana Uiui mo te Raupatu

No te 18 o Oketopa 1926 ka whakatuuria he rooera komihana hei uiui i nga take raupatu me eetahi atu take e paa ana ki nga whenua Maaori o te motu nei. Ko te huarahi i uru ai nga whenua i raupatutia o Waikato ki roto i taua uiui na runga i nga pitihana e whai ake nei. Ko te pitihana nama 379/1924 a Aanaru Makiwhara te Rira me eetahi atu e rua tekau ma toru, mo nga whenua i raupatutia e moohiotia nei ko Ootau me Wairoa poraka. Ko te pitihana nama 18/1925 a Te Wharau Herewini me eetahi atu tokoiwa mo nga kereeme e paa ana ki nga whenua o Waikato i raupatutia. *6*

No te Huune 1927 ka whakatakotoria ki te aroaro o te kaawanatanga te riipoata a taua komihana. Ko te riipoata a te komihana i whakahua i te moni e toru rau nga paauna hei utu-a-tau hei whakatau i teenei take. *7*

Nga Whakahaerenga ki nga Kaawanatanga

Tiimata mai i te waa i whakaputaina ai te riipoata a te rooera komihana he maha nga koorerotanga o teenei take ki nga minita o nga kaawanatanga. I roto i aua koorerotanga i whakaarahia ake i te waa ko Taa Apirana Ngata te minita Maaori te moni, engari i poto tonu te whakautu a nga maangai koorero o Waikato, araa, kaaore i whakaae ki te tango i te moni. Ko te whakautu ki nga minita o te kaawanatanga, 'I riro whenua atu, me hoki whenua mai.' I muri mai ka ara te Roopuu Rangatahi ki te whakatakoto i ta raatou nei kaupapa. I roto i nga koorerotanga maha i oti i teetahi o nga hui me waiho ma te Kaahui Ariki te kupu. Ka *8*

delayed so long in producing their decision and report that the Kaahui Ariki considered the matter again. Tuumate Mahuta went to Rukumoana.[47] There he disclosed that he was going to Wellington to meet with the Government over this question. Tuumate also asked Tara-piipipi and his Twelve to tell him face to face if they had anything to say and not to stab him in the back when he got to Wellington. At midnight, Tuumate returned to Waahi. His speech was not responded to.

Tuumate Mahuta's Dealings with the Government

41.9 On 9 September 1935, Tuumate Mahuta and several of the Waikato spokesmen, together numbering twenty-two, reached their destination. Tuumate divided the presentation of the problem into two parts; the first concerned the notion that 'land was taken, so land must be returned'. When the Government would not consider this as a basis for discussion — that is, it was unable to agree that the matter should be settled in this manner — Tuumate laid down that they should pay a lump sum, which should be £358,666. If not, it should be £10,750 per annum in perpetuity. The Government did not agree to this plan either. Prime Minister Forbes,[48] and Coates,[49] both expressed the Government's refusal to agree to the sums mentioned by Tuumate. For five whole days Tuumate debated this question with the two above-named ministers. On the 13th day of September 1935, talks were suspended so that the Government could consider a proposal put forward by Tuumate, 'insofar as it was difficult for the Government' to agree to his demand on the grounds that 'the amount proposed was too great', he agreed to the initial Government payment being set at £7,500 per annum, or £250,000 in a lump sum; however, he would require that the way be left open to petition for an increase to the amount first mentioned. The Government's replied that its answer to Tuumate's recommended sum would be put in writing. On 14 September, the letter was sent to Tuumate, having

47 A Ngaati Hauaa *marae* near Matamata.

48 George William Forbes, Prime Minister of the Coalition Government 1931–35.

49 Joseph Gordon Coates, a minister in the Coalition Government.

whiriwhiria e te Kaahui Ariki me whai koha raatou ki a Tara-piipipi, aa, ka tukua atu ki a ia. No te rironga atu ki a Tara-piipipi ka tukua e ia ki tana Tekau-maa-rua. I te roa o te whakaputa a taua Tekau-maa-rua i ta raatou whakatau me ta raatou riipoata, ka whiriwhiria anoo e te Kaahui Ariki te take nei. Ko te haerenga o Tuumate Mahuta ki Rukumoana. I reira ka whakaaturia e ia teeraa ia e haere ki Pooneke kia tuutaki ki te kaawanatanga mo teenei take. I puta atu anoo hoki te tono a Tuumate ki a Tara-piipipi me tana Tekau-maa-rua kia koorero tonu mai ki tana kanohi, mehemea he koorero anoo kei a raatou, aa, kaua a ia e patua koohamotia inaa tae ia ki Pooneke. No waenganui poo ka hoki a Tuumate ki waahi. Kaaore hoki i whakautua mai tana koorero.

Nga Whakahaere a Tuumate Mahuta ki nga Kaawanatanga

No te Iwa o Hepetema, 1935 ka tae a Tuumate Mahuta me eetehi o nga maangai o nga iwi o Waikato, hui katoa e rua tekau maa rua te tokomaha. I waahi rua te whakatakoto atu a Tuumate i te take, araa, te tuatahi ko te kaupapa, 'i riro whenua atu, me hoki whenua mai'. No te korenga i tirohia mai e te kaawanatanga o teenei kaupapa hei kaupapa whiriwhiri, araa kaaore e taaea e te kaawanatanga te whakaae mai me peeraa te whakataunga o te take, kaatahi ka whakatakotoria atu e Tuumate me utu i te moni toopuu kia £358,666. Ka kore raanei kia £10,750 i te tau mo ake tonu atu. Kaaore hoki teenei kaupapa utu ki te moni i whakaaetia e te kaawanatanga. Na te Piriimia, na Poopi raaua ko te Kooti i whakaatu mai te kore o te kaawanatanga whakaae mo nga moni i whakahuaina atu ai e Tuumate. E rima nga raa tuuturu e whakahaere ana a Tuumate i te take nei ki nga minita e rua o te kaawanatanga e huaina i runga ake nei. No te tekau ma toru o nga raa o Hepetema, 1935 ka hikitia nga koorero kia whiriwhiri te kaawanatanga mo te kupu a Tuumate, 'i te mea kei te uaua te kaawanatanga?' Ki te whakaae mai ki tana tono, i runga i te koorero, 'he nui rawa taua whakahua moni', ka whakaae ia hei tiimata i te utu a te kaawanatanga me noho kia £7,500 i te tau, kia £250,000 raanei te moni toopuu, engari me puare tonu te huarahi mo te tono kia eke ki tana moni i whakahua ai i te tuatahi. Ko te whakautu a te kaawanatanga maana e tuku-a-reta ake tana *41.9*

been signed by Coates. This letter stated that the Government would not agree to either the lump sum of £250,000 or the annuity of £7,500.

41.10 On the 6th day of October 1935, Tuumate again went to Wellington and the following day met the Prime Minister, Forbes. When discussions had finished for the day, the Prime Minister produced the document containing the Government's final word concerning Tuumate's demand. The Governnent's final decision was to agree to a £5,000 annuity, to commence on the first day of April 1936. However, the Government would remain free to pay the sum of £100,000 to settle the matter altogether.

11 Tuumate's response to the Prime Minister's document was a letter stating that he agreed to the £5,000 annuity for the time being, but he would not accept that the way be barred to a later demand to raise the lump sum to £358,666.

12 In his letter to the Prime Minister, Tuumate said that if the £5,000 annuity were paid, the provision that the Government would be free to settle the matter should not be included. In reply, the same day, the Prime Minister said he would be conveying to the Government for consideration Tuumate's proposal that the £100,000 should not be mentioned in conjunction with the stated compensation of £5,000 per annum. On 8 October 1935, the Prime Minister telegraphed Tuumate with the announcement that the Government had agreed that the amount of £100,000 would not be mentioned.

whakautu mo teenei moni whakahua a Tuumate. No te tekau ma whaa o Hepetema ka tukua mai e te kaawanatanga te reta ki a Tuumate, na te Kooti i haina mai. Ko taua reta i kii mai kaaore te kaawanatanga e whakaae ki te moni toopuu £250,000, ki te moni-a-tau raanei £7,500.

I te ono o nga raa o Oketopa, 1935 ka hoki anoo a Tuumate *41.10*
ki Pooneke, aa, i te aonga ake ka tuutaki ki te Piriimia, ki a Poopi. I te mutunga o nga koorero o taua raa, ka hoomai e te Piriimia te pukapuka o te kupu whakamutunga a te kaawanatanga mo runga i te tono a Tuumate. Ko te whakatau a te kaawanatanga, ka whakaaetia te moni-a-tau £5,000 me tiimata i te tuatahi o nga raa o Aaperira, 1936. Engari me waatea tonu te kaawanatanga ki te utu mai i te moni £100,000 hei whakaea i te katoa o teenei take.

Ko te whakautu a Tuumate mo teenei pukapuka a te Piriimia *11*
i tuhia reta me te kii atu, ka whakaaetia e ia te £5,000 i te tau mo taua waa, engari kaaore ia e whakaae kia tuutakina mai te huarahi mo te tono a muri atu kia eke rawa te moni toopuu ki te £358,666.

I mea atu hoki a Tuumate i roto i tana reta ki te Piriimia, *12*
mehemea ki te utua mai te moni £5,000 i te tau kaua e whakaurua mai te kupu me waatea te kaawanatanga ki te utu i te moni £100,000 hei whakaea i teenei take. Ko te whakautu mai a te Piriimia i taua rangi anoo, i mea mai ka tukua e ia ki te kaawanatanga te whiriwhiri mo te kupu a Tuumate kia kaua e whakahuaina te £100,000 i roto i te koorero utu i te £5,000 i te tau. No te waru o Oketopa, 1935 ka waea mai te Piriimia ki a Tuumate me te kii mai ka whakaaetia e te kaawanatanga kia kauaa e whakahuaina te moni £100,000.

Tuumate Mahuta's Letter to the Prime Minister

41.13 Waahi Paa,
Huntly.
10 October 1935.

14 To the Right Honourable, the Prime Minister,
Wellington.

Friend,

15 Thank you for your telegram of the eighth of this month, signifying that the Government was open to consider the lump sum in the future, and signifying also that the £5,000 annual payment will not be mentioned as tied to the matter of a lump sum. We accept this, leaving the £5,000 annuity as the interim settlement, but stipulating that the pursuit of a final settlement of the capital amount as £358,666 is not precluded.

16 The Government's desire to promote the lump sum idea is clear but, because of the suspicion that the annual sum of £5,000 might not accrue from the interest on £100,000, it is impossible for me not to insist that the current settlement remain open. Moreover, I would be discounting the thoughts of the people at present if I did not write that if it happened that the latest offer were less than the lump sum of £358,666, that offer could not be considered a final settlement of this matter.

17 Last night, after your telegram arrived, the mass meeting of the Waikato tribes was held. There, Te Hurinui and I went over all of the talks which took place during the presentation of this matter to the Government. At that meeting it was decided that the decision and the final settlement must be left in the hands of my family and of Tara-piipipi Taainga-kawa. It should be noted that this agreement of the tribes confirmed a previous agreement at the meeting held at Ngaarua-waahia on 21st March, 1935.

18 The meeting of my family and Tara-piipipi Taainga-kawa was held this morning and it was agreed unanimously that every venture undertaken by me in negotiations with the Government should be endorsed. Therefore, this correspondence confirms my

Te Reta a Tuumate Mahuta ki te Piriimia

Waahi Pa, 41.13
Hanatere.
10 Oketopa, 1935.

Ki te Raiti Hoonore te Piriimia, 14
Pooneke.

E hoa,

E whakamihi iho ana ahau mo te whakaatu a to waea o te waru 15
o nga raa o te marama nei e waatea ana te taha ki te kaawanatanga ki te whiriwhiri i te moni toopuu a toona waa e takoto mai nei, aa, ko te utunga o te £5,000 i te tau kaua e kiia e here ana i te taha mo nga moni toopuu. Ko teenei e hopuria iho ana e maatou, e waiho ana i te whakataunga i te £5,000 i te tau hei whakatau mo teenei waa nei, aa, me meinga kaaore e aarai ana i te whai kia eke te whakaotinga ki te moni toopuu e £358,666.

Ko te hiahia o te kaawanatanga ki te whakauu i te moni toopuu 16
kei te tino maaramatia iho, engari i te kore e tuuturu o te moohiotia teeraa te moni e £5,000 i te tau ka puta mai i te moni hua o te moni toopuu £100,000, kaaore i taaea e au te kore e tono ko te whakatau mo teenei waa i runga i teenei moni me waiho kia tuhera ana. Teetehi, teeraa ahau i haukoti i te whakaaro o te iwi inaianei mo teenei take mehemea kaaore ahau i tuhi atu ki te tuupono te whakatau mo teenei waa kei raro iho o te moni toopuu £358,666, kaua e aahei taua whakatau kia meinga ko te otinga whakamutunga mo teenei take.

I muri i te taenga mai o to waea ka tuu te hui nui o nga iwi 17
o Waikato i teenei poo i mahue ake nei. I reira i whakapaua katoatia ai e au me Te Hurinui nga koorero o nga whakahaerenga o te take nei ki te kaawanatanga. I taua hui i whakataua ko te whiriwhiringa me te whakatau whakamutunga me waiho mai ki a maatou ko tooku whaanau me Tara-piipipi Taainga-kawa. Oti raa ko taua whakatau a nga iwi i whai anoo i teetehi whakataunga i te hui i tuu ki Ngaarua-waahia i te rua tekau ma tahi o nga raa o Maaehe, 1935.

acceptance of the annual payment of the sum of £5,000 as a settlement for now.

41.19 That is all for now,
from Tuumate Mahuta.

20 This matter rested there for several months. When the time came for the Parliamentary elections, Forbes's Government fell and the Labour Government took office.

[translation adapted from Helen Cullen]

Ko te hui a tooku whaanau me Tara-piipipi Taainga-kawa i 41.18
tuu i te ata nei, aa, i rite katoa te whakaae ko nga hiikoitanga katoa aaku i nga whakahaerenga ki te aroaro o te kaawanatanga me whakauu. No reira ko teenei tuhinga atu he whakapuumau i taku whakaaetanga i te moni utu-a-tau £5,000 hei whakataunga mo teenei waa nei.

Heoi nei ra, 19
Na Tuumate Mahuta

Ka takoto i reira te take nei mo eetehi marama, i te mea hoki 20
ka rokohanga e te waa pooti mema mo te Paaremata, ka hinga te kaawanatanga o Poopi, ka tuu ko te Kaawanatanga Reipa.

42 *The Welcome of Te Arawa*

Hiirone Wikiriwhi

1 MY SONG PROCEEDS, the theme repeats:

2 Lying on the ridge at Horohoro,
I gaze towards Tarawera,
The place of Te Hemahema.
Then my flight deviates
By the dark sea,
To Roto-rua.
Sneeze, living soul!

3 I reached the canoe of Te Arawa. Concern for the Queen's welcome has extended it from Maketuu[50] to Tonga-riro,[51] from the Tai Tokerau[52] to Raki-ura,[53] to Whare-kauri.[54] (Roto-rua was to be) the *marae* for the whole of the island.

4 The chiefs, the spokesmen, the people of every canoe were seen there. They were all laden onto the broad back of Tama-te-kapua.[55]

5 The venue was the Roto-rua racecourse. A carved dais was erected on it for the Queen. A watch-tower was set up. Hunuhunu, chief of Ngaati Rangiwewehi was the sentry and the priest who blessed the *marae* and the occasion. Holland,[56] Corbett,[57] and Here-kiekie Grace[58] escorted the distinguished guests to the attractive stage that stood as the central feature in the middle of

50 On the coast near Te Puke; the landing-place of the Te Arawa canoe.
51 The mountain marking the southern extreme of Arawa territory.
52 Northland
53 Stewart Island, Rangi-ura in North Island dialects.
54 The Chatham Islands.
55 Captain of the Te Arawa canoe.
56 Sidney G. Holland, Prime Minister.
57 Ernest B. Corbett, Minister of Maori Affairs.
58 Sir John Te Here-kiekie Grace, Maori adviser to the Prime Minister.

42 Te Poowhiri a Te Arawa

Hiirone Wikiriwhi

HAERE TAKU WAI, kua peke whakamuri te rangi o taku paatere, kua *1*

Taapapa i te hiwi ki Horohoro, *2*
Ka maatai tonu au ki Tarawera,
Ko Te Hemahema.
Ka rere tiitaha te rere
E oma ana i te tai poouri,
Ki Roto-rua.
Tihei, mauri ora.

Kua tae ki te waka, ki a Te Arawa. Ko Maketuu ki Tonga-riro, kua whaarona te karanga mo te Kuiini te take, atu i te Tai Tokerau ki Raki-ura, ki Whare-kauri. Ko te marae mo te motu katoa. *3*

Kitea atu ana i reira nga mana, nga reo, nga kaarangatanga o teenaa waka, o teenaa waka, o teenaa waka. Kua utaina katoatia ki runga i te tuaraa nui o Tama-te-kapua. *4*

I te papa purei hooiho o Roto-rua te marae. He mea hanga ki reira te mahau whakairo hei taunga mo te Kuiini. He mea whakatuu he puuhara. Ko Hunuhunu, rangatira o Ngaati Rangiwewehi te tuutei, te tohunga, naana i karakia te marae me te raa. Na te Hoorana raaua ko te Koopata me Hoani Here-kiekie i aarahi te manuhiri ki to raaua ahurewa aataahua i waenganui o teenaa whakaminenga wehi. Kaaore i aarikarika te tangata, iriiri ana i nga hau e whaa, taiaawhio noa teenaa marae. *5*

No te tiimatanga tonu o teenaa poowhiri ka tumeke te Kuiini. Inaa te take. Ka puta atu raaua ko toona hoa i te mahau whakairo i te waharoa o te marae, ka purei mai te peene o Roto-rua i te waiata mo te Kuiini. Ka rongo teenaa huihuinga i te tangi a te peene. Tika tonu ta raatou taki-tuutuu haere. kaati noa te tirohanga atu o te Kuiini, teeraa te matua ko te hokowhitu a Tuuwharetoa, a Tuu-hourangi, e tuuturi tonu ana ki te whenua, *6*

that awesome crowd. It was no mean number, wafted from the four winds and quite covering the *marae.*

42.6 At the very beginning of the welcome, the Queen was startled. Here was the reason. As she and her husband emerged onto the carved porch at the entrance to the inner court, the Roto-rua Brass Band played the National Anthem. When the crowds heard the band's playing they stood up one by one appropriately. But, the Queen looked at the company of Tuu-wharetoa[59] and Tuu-hourangi[60] kneeling on the ground, not standing for her anthem. Why were these Maori people acting in this way? She turned, puzzled, to Te Here-kiekie at her side. This was his explanation: 'Madam, the party of men who kneel before you are the *tapu* company dedicated to Tuu-matauenga, the Maori deity of war and humankind. When his time comes, they will rise. This rule is comparable to the day when you were crowned at your coronation ceremony, when the crown of your ancestors was placed upon your head.' Ah, so that's it! She nodded her head.

7 Two challengers confronted them. Reuben, son of Hoko-a-tokaanu, a Ngaati Tuu-wharetoa chief, was first. His body was muscular, and this fearsome fellow danced forth, his legs stamping and his *taiaha* flourishing. His tongue protruded. Here was his Queen. As he dropped the dart at the feet of the visitors, the second 'monster', Anania Taiamai, descendant of Te Amohau of Ngaati Whakaue[61] leaped forth. He was a big man with a *huia* plume on his brow, and his display was expert. The applause mounted. It was for him to carry the Queen on to the company kneeling there.

8 'Up! up!' Hepi, descendant of Te Heuheu and chief of Tuu-wharetoa's company started up, his weapon a *tewhatewha*,[62] his men all (near) naked. They started up, feet, weapons and hair flying. Heaven and earth resounded to the war-dance. It was like

59 The tribe occupying the Taupoo district.
60 A branch of Te Arawa occupying Whakarewarewa and other parts of Roto-rua district.
61 A section of Te Arawa, headquartered at Oohine-mutu.
62 A wooden spear with one end pointed and the other shaped like an axe-head.

Kaaore nga taangata ra i tuu mo tana waiata. He aha hoki i peenei ai nga Maaori nei? Na, ka huri aawangawanga oona kanohi ki a Te Here-kiekie i toona taha. Inaa tana whakamaarama. 'E maa, ko te ope e tuuturi atu na ki a koe, ko te matua tapu teenaa, kua tohia raatou ki a Tuu-matauenga, te atua o te tangata, o te riri. Kia waatea te waahi ki a ia, kaatahi anoo raatou ka whakatika ki runga. Ko te rite o teenei ture, i peeraa anoo me te raa i tohia ai koe i toou koroneihana, i whakataua ai ki runga ki toou pane te karauna o oo tiipuna.' Aa, koia anoo, ka tungou nga kanohi o te wahine ra.

Tokorua rawa nga taangata wero i a raaua. Ko Ruupene, tama 42.7
a Hoko-a-tokaanu, he rangatira no Ngaati Tuu-wharetoa, te tuatahi. Ioio ana toona tinana, ka kani atu te weriweri nei, hookai ana te whiu o te waewae, me te taiaha. Wheetero atu ana te arero. Inaa hoki ra tana kuiini. Makere kau atu tana pere ki nga waewae o te manuhiri na, ka toi atu te ngaarara tuarua, a Anania Taiamai, uri o Te Amohau o Ngaati Whakaue. He tangata nui teenei, he kootore huia kei te rae, kua waia ki tana mahi. Na, ka maranga te whaawhaapuu. Ka riro maana te Kuiini e waha mai ki runga i te matua e tuuturi atu ra.

'Whiti, whiti, au ee!' Te tino whakatikanga o Hepi, te uri o Te 8
Heuheu, te rangatira o te hokowhitu a Tuu-wharetoa, he tewhatewha te raakau, he kirikau katoa tana ope. Te marangatanga mai ki runga, e rere ana te waewae, te tewhatewha, te huruhuru. Haruru ana te rangi me te whenua i te peruperu. Nana! ko te rite he manu kua momotu i te mahanga. Ko te matua tuatahi teenei. Mutu kau ana, na, ko te matua tuarua, ko te tuutuu ngarehu a te ope o Tuu-hourangi. He koikoi te raakau a eenei, hiipae te whakanoho, aanoo e aarai atu ana i te hoariri kei taaea te Kuiini. Tuu ana te ihiihi i ta raatou ngaki.

Ka oti. Na, ka whakatika raatou. Kaatahi anoo te Kuiini ka 9
kite atu i nga kuiini Maaori. He kui maa, he whae maa, he hine maa. E toru rau raatou. Ko nga nunui, ko nga rarahi o nga koata e whaa o Te Arawa. Tau ana te tuu a te wahine, he mea tia ki te piki raukura, ki te huia, ki te korukoru. Taatua rawa nga hope ki te piupiu, kei raro ko nga maro whero. He kanohi to te wahine, he kanohi to te taane, titiro ki runga, titiro ki raro. Ka kori te

a bird escaping from a snare! This was the first company. The second, the war-dance of Tuu-hourangi, followed immediately. Their weapons were spears, held cross-wise, barring any enemy from reaching the Queen. Their fearsomeness sent a shiver down the spine.

42.9 It ended and they stood. Then, at last, the Queen saw the Maori queens. Old women, mothers and maidens. Three hundred of them. The great, the renowned from the four quarters of Te Arawa. They stood resplendent, adorned with white feathers,[63] *huia* plumes, and turkey feathers. They wore *piupiu* round their waists with red skirts beneath. Men and women, their eyes glared upwards, then down. Their bodies swayed. Greenstone *tiki* and *pekapeka*,[64] shark teeth ornaments, cloaks of *kiwi*, pigeon, *kaakaa*, and fine flax with thrums and with *taaniko* borders were to be seen. The weapons were *tewhatewha*, greenstone clubs, long spears, short spears, battle-adzes and quarter-staffs.

10 The rows of women waved a welcome and turned to make the way clear, opening a path for the guests to their stage. The part of Te Arawa's welcoming group was finished. The Queen had arrived. Now there remained the speeches, the presentations, the *poi* dances and the dances of the tribes of the Island to remove the *tapu* from the feet of Elizabeth and Philip.[65]

63 *Raukura*, literally 'red plumes', probably referred originally to the long tail plumes of the Tropic Bird, but now more usually denoting a tuft of white feathers.

64 A greenstone pendant in the form of a stylised bat.

65 When guests enter a *marae* they are considered to be under ritual restriction (*tapu*) until all aspects of the welcoming ceremonial have been completed.

tinana. Tirohia atu te hei tiki, te pekapeka, te mako, te huruhuru kiwi, kereruu, kaakaa, te korowai, te kaitaka. He tewhatewha te raakau, he patu pounamu, he tao roa, he koikoi, he poupou whenua, he tokotoko.

E piu ana te kapa wahine me te huri whakawaatea haere. Na, *42.10*
kua tuwhera te ara hei haerenga atu mo te manuhiri ki to raaua ahurewa. Kua oti te waahi ki te matua poowhiri a Te Arawa. Kua eke mai te Kuiini. Heoi anoo inaianei, ko nga whaikoorero, ko nga tuku taonga,me nga poi, me nga haka a nga iwi o te motu, hei whakanoa i nga tapuwae o Erihaapeti raaua ko Piripi.

43 Our Present Situation

Wiremu Taawhai[66]

1 WELCOME TO ALL of us gathered here. May we benefit from the matters that have brought us together this evening. Because your teacher did not offer us a topic for tonight, the idea developed in my mind that there was no more appropriate subject than ourselves, sitting right here. So, I thought we should mull over some ideas among ourselves this evening. The talk will not concern distant matters, but will revolve around ourselves sitting here this evening.

2 I want, this evening, to look at ourselves sitting here, we Maori attending, working, playing and meeting together in the universities of the country.

3 In my view we are a new kind of people growing up within the Maori tribes of the Maori world. We are a group feeling for a new way. I said that we are feeling our way because we all know that few of us have passed along the road we are travelling. The path is not yet broad, and it is not yet straight. It is true that it has been travelled by some of our elders, and we see the clearings made in their journeys and the signs left for us to follow. It is true that we hear the voice of our people resounding, 'You young people, students of the universities, arise! Here is your path!' That is true, but in spite of it, the thoughts of some of us have landed elsewhere — 'here is my road, this is the way for me.' But, this is the question I want to place before you tonight. I have asked it widely. For all the concerns of any one of us, of our tribe, of our situation today, how is it to be? Can we say that the way to travel is clear, or not? Are our stated reasons for coming to the University clear or not?

66 Bill Taawhai of Te Whaanau-a-Apanui was a young student in 1962 when he gave this talk. He is one of rather few Maori graduates who have returned to become leaders in their home areas. He spoke without notes and his talk (transcribed here from a tape-recording) is a fine example of Maori ability to speak fluently and cogently in public.

43 *Ko To Taatau Aahua Inaianei*

Wiremu Taawhai o Te Whaanau-a-Apanui

KIA ORA RA taatau i huihui mai nei. Kia ora i runga i nga 1
aahuatanga i hui mai ai taatau ki konei i teenei ahiahi. No te mea kaaore i hoomai e to koutou kaiwhakaako he kaupapa koorero ma taatau i teenei ahiahi, ka tipu te whakaaro i roto i a au, aa, kaaore he kaupapa i koo kee atu, aa, ko taatau tonu e noho nei i konei. Na reira au i kii ai, me hurihuri tonu aa taatau koorero i teenei ahiahi i waenganui i a taatau. Kaaore e tawhiti atu te haere a nga koorero, engari, ka porotiititi tonu i waenganui i a taatau i konei i teenei ahiahi.

Ko taku hiahia hoki i teenei ahiahi, kia titiro taatau ki a taatau 2
e noho nei, ki a taatau, Maaori, e noho nei, e mahi nei, e taakaro nei, e ruunanga nei hoki i roto i nga whare waananga o te motu.

Ki taku titiro, ko taatau he iwi hoou, kei te whakatiputipu i roto 3
i nga kaarangarangatanga o te ao Maaori. He roopuu taatau kei te whaawhaa haere tonu i te huarahi. I kii ai au kei te whaawhaa haere tonu, na te mea kei te moohio katoa taatau, he takitahi noa iho nga mea kua haere i te huarahi e haere nei taatau. Kaaore anoo kia takoto whaanui te huarahi nei, kaaore anoo kia maaroo te ara haere. He tika ra, kua haerea te huarahi nei e eetahi o oo taatau kaumaatua, aa, kei te kite taatau i nga waerenga haeretanga a raatau maa, i nga tohu i waiho iho hei whainga ma taatau. He tika, kei te rongo taatau i te reo o to taatau iwi e paoho haere ana i runga, 'E te rangatahi, e te iwi o nga whare waananga, maranga mai, anei te huarahi.' He tika anoo hoki, ahakoa eeraa koorero, kua tatuu kee nga whakaaro o eetahi o taatau, 'Anei tooku huarahi, anei te ara mooku.' Engari, koinei te paatai kei te hiahia au ki te whakatakoto ki mua i a taatau i teenei ahiahi. Kei te whakatakoto whaanuitia e au te paatai nei. I roto i nga aahuatanga katoa e paa ana ki teenaa, ki teenaa o taatau, ki to taatau iwi, ki ta taatau tuu noho hoki i roto i teenei waa, ka peehea; ka taaea raanei e taatau te kii kei te maarama rawa atu te huarahi hei haerenga, kaaore raanei? Ka maarama raanei ta taatau

43.4 I don't know what you think, but if the answer were up to me I would have just one thing to say. Neither you nor I can say what our task is at this time. Here is the reason I say this. Firstly, as I said before, we are a new people developing; our minds are not made up, as those of Pakeha are, about things that have happened in the western world.

5 Moreover, we have not yet entered in significant numbers and we are not widely represented in positions of influence at this time. It is true that the minds of some have been made up and are known, but for most of us — not yet! It appears to me that, when hundreds appear and come down from the universities each year, we shall be able to say that we have developed and grown up.

6 The second reason I speak like this is because we have not yet mastered the depths of Maori and western knowledge. We today, as I understand it, are just scratching the surface. But, in spite of that, do not be apprehensive; I know that we shall achieve in due course.

7 The third reason, and this is a big one: it appears to me that we stand between two worlds, the old world that is turning, and the new world that is approaching. That is one of the big reasons that we have had difficulty in finding the way, I believe. So there is one of our big tasks today, to clear the undergrowth away so that we may see daylight, the bright world,[67] and improve our pursuit of future goals.

8 These are the reasons I said that we are a new people, not yet matured or decided whether to turn this way or that. Yet, parallel to that I still say, do not be apprehensive, we are going forward now and the time will come, and is close, that we will come forth[68] and on top. What I have said applies to all of us, all Maori entering the universities of the country. I conclude this matter.

67 *Te whaiao, te ao-maarama* — a traditional Maori reference to a baby emerging from the darkness of the womb into the light.

68 The birth metaphor is continued.

whakatakoto i oo taatau whakaaro mo te take i tae mai ai taatau
ki teenei whare waananga, kaare raanei?

Kaaore au e moohio ki oo koutou whakaaro, engari, mehemea 43.4
kei a au te whakautu, kotahi tonu taaku koorero, kaare e taaea
e koe, e au raanei te kii, he aha ta taatau mahi i roto i teenei waa.
Anei te take i koorero peenei ai ahau. Tuatahi, ko taaku i kii ra
i mua ake nei, he iwi hoou taatau, kei te whakatiputipu tonu,
kaaore anoo kia pakari nga hinengaro, ki te whakatutuki ki to te
Paakehaa, mo nga mea i ahu mai i roto i te ao Paakehaa.

Aapiti atu ki te taha o teenei, kaaore anoo taatau kia puta nui 5
noa, kaaore anoo kia whaanui ta taatau puta haere, i roto i nga
tuuranga whai-mana o teenei waa. He tika ra, kua puta, kua pakari
kee nga hinengaro o eetahi, engari mo te nuinga o taatau, koia
nei taaku koorero — kaaore anoo. Ki aaku tirotiro hei te waa ra
anoo e puta ai te rau, makere atu i roto i nga whare waananga
ia tau, ia tau, ka aahei taatau ki te kii, kua tipu, kua pakari taatau.

Ko te take tuarua i koorero peenei ai au, kaaore anoo kia taaea 6
e taatau te hoohonutanga o te maatauranga Maaori, o te maatau-
ranga Paakehaa. I a taatau inaianei, ki tooku whakaaro kei runga
noa taatau e rapirapi haere ana. Engari, ahakoa teenaa, kaua e
maaharahara, kei te moohio hoki au ka taaea, teenaa te waa.

Te take tuatoru, he take tino nui teenei. Ki aaku tirotiro haere, 7
kei waenganui taatau i nga ao e rua e tuu ana, ko te ao tawhito
e huri nei, ko te ao hoou e haere mai nei. Koia na teetahi o nga
take nui i uaua ai ta taatau kite i te huarahi, ki tooku whakaaro.
Koina i tuu ai, ko teetahi o aa taatau mahi nui i teenei waa, he
whakawaatea i te ururua, kia makere ai, aa, kia kitea atu ai e
taatau te whaiao, te ao maarama, kia pai ai hoki te whai mai a nga
mea kei muri e haere ana.

Koinaa nga take i kii ai au he iwi hoou taatau, kaaore anoo 8
kia tino pakari, kia tino moohio me ahu peehea, me ahu peehea.
Engari i te taha o teenaa koorero, kai te kii tonu au, kaaore he
maaharahara, kei te haere whakamua hoki taatau i roto i teenei
waa, aa, teenaa te waa, kei te paatata tonu mai, ka puta taatau
ki waho, ki runga. Ko eenei koorero i koorerotia nei e au e paa
ana ki aa taatau katoa ki nga Maaori kei te kuhu ki nga whare
waananga o te motu. Ka mutu iho teenaa waahi.

44 Absent Comrades

Arapeta Awatere

1 The Greek hills, the waterways of Crete,
Where the great guns throbbed,
Where challenge, combat, *haka,* fierce war-chant
Roared, merged, day-long, night-long.
The distant Libyan beaches,
And in Tunisia the battles in the West
Where my men met disaster —
Their fame wafted hither, their *mana* eternal.
Left lying, face upwards on alien soil
My kinsmen from distant eras,
Among the great forests, my refuges,
My distant *tootara,* weathered by cold,
Sleep you in a hero's bed,
In the hostile fields of battle's rage,
In the shadows of power, of terror, of *mana,*
In the cupped-hand of Tuu-matauenga.

2 You hero-sons of Aotea-roa,
Arise in glory to the topmost heavens,
Immortalised in supreme sacrifice,
To be acclaimed by the multitude, acknowledged
  by thousands!
May the shedding of your blood be a lesson,
A new harmony challenging the world
To hold fast to goodness and peace,
And so requite your deaths, *e te iwi e-e!*

[translation adapted from Helen Cullen]

44 Ko Nga Hoa Kei Te Ngaro

Arapeta Awatere o Ngaati Porou

Nga maunga o Kirihi nga manga o Kiriti *1*
I wheetukituki ai nga puurepo e-e!
Ko te wero, ko te patu, ko te haka, ko te ngeri,
I haruru, i wawaro, i te ao, i te poo
Nga tua-one kei Riipia ra.
Kei Tuuniihia nga pakanga ki te uru.
Parekura atu ai taku pookaitara,
Ko te rongo hau mai, ko te mana tuu tonu.
Tiiraha kau atu he whenua iwi kee,
Aku hono taatai no tua whakarere,
Aku whakaruruhau no te waotuu nui,
Aku tootara hoi ka tookia e te anu,
Moe mai koutou te moenga o te toa.
Te maara-whakatara o te nguha o te riri,
I te maru o te ihi, o te wehi, o te mana,
Kei te kapu o te ringa o Tuu-matauenga.

Koutou, tamatoa no Aotea-roa *2*
E ara whakakake ki te Toi-o-nga-rangi,
He patunga tapu rawa whakarauora ake,
Kia rongo e te tini, kia kite e te mano
Ko te whakaheke toto hei tohutohu ake
He kotahitanga hoou hei taki i te ao
Kia uu ki te pai ki te rangimaarie,
Ka ea aku mate, e te iwi e-e!

45 *In Search of a House*

Hirini Moko Mead

1 WHO AMONG YOU know about the business of house-hunting? This is a big job, no matter what the town. If it is a very big town like Auckland, then it is very difficult indeed. It is not only Maori people who are looking for houses. No — Samoans, Rarotongans, Chinese, blacks, Pakeha and us. Every kind of person in the world is looking for houses for themselves. In November 1962 my wife and I began the task. First, we wrote an advertisement for the newspaper. The text went like this: 'A house-conscious family from Hamilton wants a three-bedroom house for a year or two. Replies to our home. Telephone 89613.' Then we waited for replies. But not one came.

2 Secondly, we began to look in the Auckland papers in the 'To Let' section. From this we learnt the rents the owners wanted — six, seven, eight, nine, ten, up to twelve pounds a week. We were troubled by the size of the rents. We began to wonder if we could manage to pay our bills for food, light, the telephone, etc. Every day we looked and looked.

3 Here is a good one. Six pounds ten. A three-bedroom house in Henderson. We rang. The answer: it was gone.

4 Never mind, look again. Here's another, at Te Atatuu. Two bedrooms, six pounds a week. But the person advertising is a land-agent. So what! Ring? Yes. We rang. The reply: 'Can't speak now. You must come and register in our books. When that is done then we will talk.'

5 'Oh, it's like that?' I said.

6 We looked in the papers again. In Mount Eden there was an unfurnished three-bedroom house near the shops, buses and a school. A garage for the car. We thought it would be good. Better ring and learn the rent per week. Rang and said, 'Hullo. I saw your ad. in today's paper, your house for rent. I'm looking for a house. How much a week is the house you advertised?'

45 *Te Mahi Rapu Whare*

Hirini Moko

KO WAI O KOUTOU e moohio ana ki teenei mahi ki te rapu whare? Ahakoa kei whea te taaone, he mahi nui teenei. Na, mehemea he taaone tino nui peenei i a Aakarana nei, kaatahi ka tino uaua rawa atu. E hara hoki i te mea he Maaori anake kei te kimi whare. kaaore, he Haamoa, he Rarotonga, he Hainamana, he Mangu-mangu, he Paakehaa, me Ngai-taaua. Nga momo taangata katoa o te ao e piirangi whare ana inaianei tonu, mo raatou. I te marama o Nooema i te tau 1962 ka tiimata maaua ko taku hoa wahine i te mahi nei. Tuatahi ka tuhia e maaua he karere hei paanui i te nuupepa. Ko nga koorero o te paanui nei i haere peenei, 'E hiahia ana teetahi whaamere moohio ki te tiaki whare, no Hamutana, ki teetahi whare e toru oona ruuma moe, mo te tau kotahi, e rua raanei. Me tuku nga whakautu mo te paanui nei ki to maaua kaainga. Ko te waea 89613.' Na, ka tatari maaua ki nga whakautu. Tino kore rawa teetahi i tae mai. *1*

Tuarua, ka tiimata maaua ki te titiro i nga nuupepa o Aakarana ki te waahi paanui i nga whare mo te tuku. Na eenei ka moohio maaua ki nga utu mo te wiki e piirangitia ana e nga kaituku — e ono paauna, e whitu raanei, e waru, e iwa, tekau, tae noa ki te tekau ma rua paauna i te wiki. Ka raruraru oo maaua whakaaro i te nui rawa o te utu. Ka tiimata te whakaaro mehemea ka taaea e maaua te utu o aa maaua nama, araa mo te kai, mo te hiko, mo te waea, me eeraa atu mea. Ia ra, ia ra, ka titiro maaua, ka titiro. *2*

Teeraa pea he pai teenei. E ono paauna, tekau herengi te utu. He whare e toru nga ruuma moe, kei Henderson e tuu ana. Ka riingi atu maaua. Ko te whakahoki mai, kua riro kee. *3*

Aa, kaati, me titiro anoo. Anei teetahi, kei Te Atatuu. He whare e rua nga ruuma moe. E ono paauna te utu i te wiki. Engari, ko te tangata naana i paanui he taangata hokohoko whenua, hokohoko whare. Me peehea, me riingi atu? Aae. Ka riingi atu maaua. Ko te whakahoki, 'Kaare e taaea te koorero atu inaianei. Me haere *4*

45.7 The owner replied, 'Ten pounds a week.'

8 'Oh, good-day then, friend. Goodbye!' The phone call cost three and six.

9 We had been going like this for some days now when we thought we should publish another advertisement. Perhaps people would see it this time and they would ring us. So we sent in our advertisement. What happened? Not one person saw it. Thirteen shillings crossed into the black night, across the great divide. They parted from us, going, perhaps, to a glorious land where there were lots of houses.

10 We thought this was no good. We had rung numerous people and we had advertised in the newspapers. Absolutely no luck. The plan now was that we should go to Auckland, so we could deal personally with the agents or owners and actually see the houses. So we rang the welfare officer, and told him what we wanted to do. He said, yes, we should come to Auckland and he would arrange things.

11 On the Saturday we set off in our car for Auckland. On arrival, he told us the name of a land agent who might be able to supply our need. Then we went to the man's office at the bottom of Queen Street not far from the Chief Post Office. We entered. The fellow said, 'Good morning! Wait a bit; I shan't be long. Would you mind waiting outside here, please.'

12 We waited for some time, and then out came an old Pakeha man who looked a bit shabby. What he wanted was the same as we wanted. Now that the land agent was free we entered his office, and we all sat down.

13 He spoke to us, asking many questions. What kind of house did we want? How many children? What rent could we pay each week? Did we have a car, and so on. His room was full of filing cabinets. His hand went towards one of these and he pulled a drawer out. In the drawer were some cards a little larger than playing cards. On the cards was some writing concerning houses that he had to let. How many bedrooms, how old, whether it was a good or undesirable home, whether it had a garage, the name of the owner of the house, the telephone number, the weekly rental and some other facts — this is what was on the cards.

rawa mai koe ki te reehita i to ingoa ki roto i oo maatou pukapuka. Na, kia mutu teenei, kaatahi taatou ka koorero.'

'E kii, me peenei kee?' Ko ahau teenei. 45.5

Ka titiro anoo maaua i te nuupepa. Kei Maungawhau teetahi 6
whare hoou, e toru oona ruuma moe, kaaore he taputapu o roto; he tata ki nga toa, ki nga pahi, ki te kura mo nga tamariki. He karaati toona mo te motokaa. Ka whakaaro maaua, ka pai hoki teenei. Me riingi atu kia moohiotia te utu mo te wiki. Na, ka riingi atu. Ka kii atu au, 'Teenaa koe. I kite ahau i to paanui i te nuupepa o te rangi nei, araa, to paanui i to whare hei tuku. E rapu whare ana ahau. He aha te utu mo te wiki mo to whare i paanuitia nei?'

Ka whakahoki mai te kaituku, 'Tekau paauna i te wiki.' 7

Kaa kii atu au, 'Aa, teenaa anoo koe, e hoa! Hei konei ra!' E 8
toru herengi me te hikipene te utu mo te waea nei.

Ka roa e peenei ana, ka whakaaro maaua me tuku anoo he 9
paanui ki te nuupepa. Teeraa pea ka kitea e te tangata, ka riingi mai. Ka tukua ta maaua paanui. Ka ahatia? Kore rawa i arotia e te tangata. Tekau maa toru herengi eenaa kua haere ki te poo tango-tango, ki tua o te aarai. Kua wehe atu i a maaua, kua haere pea ki teetahi whenua aataahua, nui atu te whare!

Na, ka whakaaro maaua kaaore he painga o te mahi nei. Kua 10
riingi atu maaua i nga taangata maha, kua paanui maaua i oo maaua hiahia i roo nuupepa. Kaaore rawa he painga. Ko te koorero inaianei, me haere maaua ki Aakarana ki te kite-a-tinana i nga taangata tuku whare, aa, kia kite hoki i nga whare. Ka riingi atu ki te Aapiha Toko-i-te-ora, ka koorero atu i to maaua hiahia. Ko tana whakahoki, aae, me haere mai maaua ki Aakarana, maana hei whakatikatika.

I te Haatarei ka whakatika mai maaua, ma runga i to maaua 11
motokaa, ki Aakarana. Tae atu, ka koorero mai ia ko wai te tangata kai-hokohoko whenua, hei whakarite i oo maaua hiahia. Na, ka haere maaua ki te kaainga mahi o te tangata nei, kai raro o Queen Street, tata tonu ki te poutaapeta nui. Ka kuhu atu maaua. Ka kii mai taua tangata, 'Teenaa koorua! Taihoa, kaaore e roa ka waatea ahau. Me whanga mai koorua i waho naa!'

Ka whanga maaua, aa, ka puta mai ki waho teetahi koro-heke 12
Paakehaa, paruparu nei te aahua. Ko tana hiahia peeraa anoo i

45.14 He perused the cards, talking to us as he did so of the difficulties of this business and how expensive decent houses were. He said a big thing, as far as he was concerned, was whether or not a person knew how to look after a house. He should be careful and clean so as to gladden the hearts of the owners. Some people were dirty, destructive and noisy. They were always partying, yelling their mouths off, stamping their feet, beating their wives and using foul language. This kind of thing angers the neighbours and they have arguments with the owners. I assured him we were not people of that kind. He replied that he knew we were not. He pulled out several cards for us to look at. Rentals for these were five pounds ten shillings to six pounds. He wrote down some facts about these houses together with some directions to locate them. The man said, 'Now, you go and have a look at these houses. If you find one which you like ring me, and then pay me the rent money for the first week. If the houses are unsuitable and you don't like them, that will be all right as there is no charge for looking.'

15 So off we went. Now, one of these houses was at Birkenhead on the other side of the city of Auckland. This house was not much better than a shed used for storing corn or a dog kennel. It was dirty, tattered and so ancient that if we were looking around for a house for our hens, then this was the place. The weekly rental for this dog kennel was five pounds ten shillings.

16 Another house was on the side of the hill where Queen Victoria college stands. This place was too high up, difficult to get to and quite unsuitable for children. We didn't like any of the houses that man offered. In the evening we bought an evening paper and perused the advertisements section. We went to a telephone box and rang some of the owners. Later we went to look at the houses until dark. The activities of this day convinced us that we could not get a decent house for six pounds per week or even six pounds ten shillings. We would have to pay higher than this to get the better kind of house. Soon after Christmas my wife and I shifted in to Auckland to stay. The idea was that we should stay close to where the houses are so it would be easy to go and see them. This business is somewhat like a racing

to maaua. Na, ka waatea te tangata tuku whare, ka haere atu maaua ki tana ruuma, ka taki noho ki raro.

Ka koorero mai taua tangata, ka rere aana paatai. He aha te 45.13
momo whare e piirangi ana maaua? Tokohia nga tamariki? He aha te utu ka taaea e maaua, ia wiki, ia wiki? He motokaa anoo to maaua me eeraa atu paatai. Kii tonu tana ruuma i te toroa mau kaari. Ka haere toona ringa ki teetahi o nga toroa, ka kumea mai ki waho. Kei roto i te toroa nei eetahi kaari aahua nui ake i te kaari purei moni. He tuhituhi kei runga i nga kaari nei, e paa ana ki nga whare tuku kei a ia. E hia nga ruuma moe, peehea te tawhito, he kaainga pai, wehi raanei, he karaati raanei, te ingoa o te tangata noona ake te whare, te nama o toona waea, te utu i te wiki, me eetahi atu koorero kei runga i nga kaari nei.

Ka tirohia e ia nga kaari nei, me te koorero mai ki a maaua 14
mo te uaua o te mahi nei, te nui o te utu mo te whare tootika. E kii ana ko ia, teeraa anoo teetahi mea nui ki a ia, ki te kaituku, ko te moohio o te tangata ki te tiaki whare. Kia pai tonu, kia ma, kia koa ai nga ngaakau o nga kaituku. Ko eetahi taangata hoki he paruparu, he waawaahi taonga, he turituri. He paatii tonu te mahi, ka umere nga waha, ka takahi nga waewae, ka patua nga waahine, ka rere te kangakanga. Na, ka kino nga taangata noho tata atu ki aua mahi, ka kohete i te kaituku. Ka mea atu ahau, ehara maaua i te taangata mahi peeraa. Ka whakahoki ko ia, e moohio ana ia. Ka kuumea mai e ia, eetahi o nga kaari nei hei titiro ma maaua. Ko nga utu mo raatou e rima paauna tekau herengi, e ono paauna raanei. Ka tuhituhia nga koorero mo nga whare nei, me nga tohutohu kei hea. Ka kii mai taua tangata, 'Na, me haere koorua ki te titiro i nga whare nei. Mehemea e pai ana teetahi ki a koorua me riingi mai koe ki ahau, aa, me utu mai ki ahau nga moni mo te wiki tuatahi. Mehemea he wehi rawa nga whare nei, kaaore koorua e piirangi ana, e pai ana teenaa, kaaore he utu mo te titiro.'

Haere ana maaua. Na, ko teetahi o nga whare nei, i Birkenhead 15
e tuu ana, i raawaahi o te taaone o Aakarana. Ko te whare nei kaaore i tino pai ake i te whata kaanga, i te whare kurii raanei. Ai, ko te paru-paru, me te karukaru, me te tino koroua o teenei whare, ka whakaaro ahau mehemea mo aa maaua heihei te

competition. Those smart off the mark get there first, that is, those who live close by; the folk who live a long way out are left behind. For three days we rang people, we looked at houses, we bought papers. Do you think we could find a house for ourselves? No!

45.17 We went to the city one day, for a stroll and to do some window shopping, when we spotted a sign painted on the window. The sign was advertising the name of some people who let and sell houses. We thought perhaps we should go and see them just in case they have some good houses with reasonable rent. So we headed towards the door — yes, it was open. We entered. There were two women running the business. Their room was full of cigarette smoke. The greetings flew and so did the hand which held the cigarette.

18 From behind the smoke of her cigarette one of the ladies asked, 'What can we do for you?'

19 My wife replied, 'We would like to rent a house. We thought that perhaps you had some good houses with reasonable rent for us to look at.'

20 The lady spoke again with the smoke clouds rising, 'We have lots of houses, but if you want to look at them we would like you to pay in a registration fee — three guineas. When this is done we will be able to tell you about the houses. We have many houses. No matter what you may want, we have the house for you. Our rentals range from five pounds to twelve pounds. We would like you to know that our houses will compete with the best in Auckland. Now just give me your registration fee and I shall give you the addresses of these houses.'

21 As she spoke the smoke was issuing forth from her nose, from her mouth, and very nearly from her ears. There was smoke everywhere. Another thing she did was to continually adjust her glasses even though they sat perfectly upon her nose. I thought, this woman has come from another world. I had seen women like this in American pictures. This day I was face to face with one.

22 My wife spoke, 'Is what you are saying true? Do you have some good houses for us to look at, or not?'

kaainga nei ka tika ta maaua hara mai ki te titiro. Ko te utu mo te wiki mo taua whare kurii nei, e rima paauna tekau herengi.

Teeraa anoo teetahi o nga whare nei, i te tahataha o te hiwi kei 45.16
reira nei te kaareti o Kuiini Wikitooria. Ko te mate o teenei kaainga he teitei rawa, he uaua mo te piki atu, kaare i tino pai mo te tamariki. Kaaore maaua i piirangi ki nga whare a te tangata ra. I te ahiahi ka hokona mai e maaua te nuupepa mo te ahiahi, ka titiro i nga paanui mo te whare tuku. Ka haere maaua ki teetahi pouaka waea ki te riingi atu ki nga kaituku. I muri mai ka haere maaua ki te titiro i nga whare nei, aa, poo noa. Na nga mahi o teenei ra, ka moohio maaua e kore e taaea te whare tootika i te ono paauna i te wiki, i te ono paauna tekau herengi raanei. Me nuku atu te reti i teenei, kaatahi anoo ka tata atu ki nga whare papai. Mutu ana te Kirihimete, ka nuku mai maaua ko taku hoa, ki Aakarana noho ai. Ko te whakaaro me noho tata tonu ki nga whare nei, kia maamaa ai te haere ki te titiro. Ko teenei mahi hoki e rite ana ki te omaoma whakataetae. Ka tae wawe nga mea kakama ki te oma, araa, nga mea noho tata; ka mahue ki muri nga mea tawhiti nga kaainga. E toru nga raa he riingi te mahi, he haere ki te titiro whare, he hoko nuupepa. Tee kitea teetahi whare mo maaua, kore rawa!

E haere ana maaua i te taaone i teetahi rangi, ki te haereere, 17
aa, ki te maatakitaki hoki i nga taonga miiharo o Aakarana, ka kite maaua i teetahi paanui he mea peita ki runga i te wini. Ko te paanui nei e whakaatu ana i te ingoa o eetahi taangata reti whare, hokohoko whare. Ka whakaaro maaua he pai tonu pea me haere atu maaua kia kite he aha nga whare kei a raatou mo te reti, kei tuupono noa, kei a raatou eetahi whare aataahua, ngaawari te utu. Ka whakatika atu maaua ki te kuuaha, aae, e puaki ana. Ka kuhu atu maaua. E rua nga waahine e whakahaere ana i te mahi nei. Kii tonu to raaua ruuma i te auahi o aa raaua hikareti. Ka rere nga mihi, me te haere tonu o te ringaringa mau hikareti.

I muri i nga auahi o toona hikareti, ka paatai mai teetahi o 18
nga waahine nei, 'He aha to koorua piirangi?'

'Ka mea atu taku hoa he whare reti to maaua hiahia. I whaka- 19
aro maaua teeraa pea kei a koorua eetahi whare tootika, ngaawari te utu, hei titiro ma maaua.'

45.23 The smoky lady said, 'Pay your registration fee and you shall see.'

24 Now my wife had asked in this way because we had heard warnings from our friends. What they said went something like this. Don't pay over any money unless you have seen the houses first. If you pay your money first you will be sent to find some ghost houses, that is, houses long since occupied by others. You will waste your money and the thieves will laugh at you, at your stupidity in parting so easily with your money. Our friends informed us, that this was a favourite trick played by these rogues on Maori people and upon our relatives of Samoa, Rarotonga and of other lands of the Great-Sea-of-Kiwa. Now, you too be careful, be careful, be careful.

25 As we were speaking, the words of warning were knocking at our heads. I said to that woman, 'Never mind, my wife and I will go outside to discuss this matter.'

26 So we went, and saved our three pounds.

27 A long time after this I met a Maori of Rarotonga who was caught in their eel trap. The fellow turned up at our house; he had been sent by land agents to look at it. Our house was one of five 'ghost' houses he had been given. His three pounds were wasted, as well as an additional two pounds for flying around in a taxi.

28 We had been seeking a house for some time now and we were beginning to become apprehensive, worried and bothered. Would we find a house for ourselves or not? How much longer would it be before we had some luck? We thought perhaps we should send another advertisement to the newspaper and we may be more fortunate this time. We would word our message very carefully this time. We would say, that we were prepared to look after the house, the section, the garden, if they let their home to us. We wrote out our advertisement and duly sent it.

29 When the advertisement appeared, our telephone was hot. We separated into classes the houses which we were offered. Some were too expensive, some didn't approve of children whether they were Maori or Pakeha. Others would not let to a Maori, and we were left with four to go and see. It wasn't long after this that we found a house, and our search for a house was over. In all we

Ka koorero anoo te wahine nei, me te auahi mai, 'Nui atu 45.20
nga whare kei a maatou, engari mehemea e hiahia ana koe ki te
titiro i eetahi o nga whare nei, me utu mai koe i to moni reehita,
e toru paauna me te toru herengi. Ma teenei e whakapuaki mai
ki a koorua, nga koorero mo nga whare nei. Nui atu nga whare
kei a maatou. Ahakoa he aha to hiahia, kei a maatou he whare
moou. Ko nga utu, mai i te rima paauna tae atu ki te tekau ma
rua. Kia moohio mai koorua, e kore oo maatou whare e piiti i
eetahi atu o Aakarana nei. Utua mai te moni reehita, ka hoatu e
au, nga korero mo nga whare nei.'

I a ia e koorero nei e puta mai ana te auahi i toona ihu i toona 21
waha, tata tonu i oona taringa. He auahi te kai! Ko teetahi mahi
ano aana he whakatikatika i oona moohiti, ahakoa te tika o te
noho mai i runga i tana ihu. Ka whakaaro ahau, na te ao rere-
kee te haere a teenei wahine! Kua kite ahau i te wahine peenei
i roto i nga pikitia Amerikana. I teenei ra kua kite-a-tinana ahau.

Ka koorero atu taku hoa, 'He pono to koorero e koorero mai 22
na koe? He whare tootika aau hei titiro ma maaua, kaaore raanei?'

Ko te wahine auahi, 'Utua mai to moni reehita, ka kite ai koe.' 23

Na, i paatai peenei ai taku hoa, na te mea kua rongo maaua 24
i nga koorero whakatuupato a oo maaua hoa. Ko ta raatou
koorero mai i peenei na. Kaua e utua he moni kia kite ra anoo
koe i nga whare. Mehemea ka utu koe i to moni i mua, ka tonoa
koe ki te whai whare keehua, araa, he whare kua riro noa atu
i te tangata. Ka moumou to moni, ka kataina koe e te iwi
whaanako nei, na to rorirori ki te hoatu noa i to moni. Ko te
koorero o aa maaua hoa, he tino mahi na te hanga nei teenei, ki
nga Maaori, me oo taatou huaanga o Haamoa, o Rarotonga, me
eetahi atu whenua o te Moana-nui-a-kiwa. Na, kia tuupato koorua,
kia tuupato, kia tuupato.

I a maatou e koorerorero nei kei te paatootoo mai nga koorero 25
whakatuupato nei ki oo maaua maahunga. Ka mea atu au ki te
wahine ra, 'Hei aha! Ka haere maaua ko taku hoa ki waho ki te
whiriwhiri i te take nei.'

Haere ana maaua, ka toe eenaa toru paauna. 26

No muri noa mai i teenei, ka tuutaki au i teetahi Maaori o 27
Rarotonga i mau i te hiinaki a te hanga nei. Ka puta mai taua

travelled two hundred miles looking at houses. The money used up in the search was about ten pounds or even more. If at the beginning you knew nothing about this business, I hope you know something now.

Taupiri Station, circa 1850s

tangata ki to maaua whare, na eetahi taangata tuku whare i tono mai ki te titiro. Ko to maaua whare teetahi o nga whare keehua e rima i hoatu ki a ia. Ka moumou tana toru paauna me te rua paauna i runga ake mo te rere haere ma runga takihii!

Kua roa maaua e rapu whare ana inaianei, aa, kua tiimata te 45.28
manawa paa o te ngaakau, te aawangawanga, me te hoohaa. Ka kitea raanei he whare mo maaua, kaaore raanei? Peehea atu te roa, e waimarie ai maaua? Ka whakaaro maaua me tuku anoo he karere ki te nuupepa me kore e waimaria i teenei paanuitanga. Me aata whakatakoto pai aa maaua kupu i teenei taaima. Me kii peenei na maaua, ma maaua e tiaki te whare, te tekihana, nga kaari, mehemea ka tukuna mai ki a maaua te whare. Ka tuhia ta maaua paanui, kaatahi ka tukuna atu ki te nuupepa.

Wera ana ta maaua waea i te putanga mai o ta maaua paanui. 29
Ka wehewehea e maaua nga whare i waeatia mai. Ko eetahi he nui rawa te utu; ko eetahi kaaore e piirangi tamariki, ahakoa he Maaori, he Paakehaa raanei; ko eetahi kaaore e tukuna mai ki te Maaori. Ka toe mai e whaa pea hei titiro ma maaua. Na, kaaore i roa ka kitea he whare mo maaua, aa, mutu ana ta maaua mahi rapu whare. E rua rau maero i haerea e maaua i te mahi tirotiro whare. Ko nga moni i pau, tekau paauna pea, nuku atu raanei. Mehemea i te tiimatanga kaaore koe i moohio ki nga aahuatanga o teenei mahi, o te rapu whare, ko te tuumanako kua moohio koe inaianei.

46 *Wairangi, An Ancestor of Ngaati Raukawa*

As told by Hitiri Te Paeraataa to Te Rangi Hiiroa [translated by Te Rangi Hiiroa, slightly adapted]

1 NOW, THIS MAN WAIRANGI belonged to Ngaati Raukawa. His home was at Ruru-nui in the district of Whare-puuhunga.[69]

2 Wairangi had two wives, Parewhete and Puuroku. While Wairangi was absent at Kaawhia there arrived a certain man of rank of the Ngaati Maru tribe, Tupeteka by name, and he was kin to Parewhete. This man remained as a guest at Ruru-nui. One morning, after Tupeteka had stayed two nights at the village, Puuroku glanced at him and noticed some red ochre which came from Parewhete's face adhering to his cheek. Then Puuroku knew that that woman had yielded to Tupeteka. Tupeteka returned to his home at Te Aea. Immediately after his departure Wairangi arrived. Puuroku told him, 'Your wife has sinned with a man named Tupeteka. I knew it by Parewhete's red ochre adhering to the cheek of Tupeteka.'

3 Then Wairangi became angry and he beat Parewhete. In the night Parewhete fled, taking with her some red ochre. She fled along the path taken by Tupeteka. When she came to a plain, she painted some of the ochre on a *maanuka* tree, hence the name The Lone Tea-tree. On she went until she came to Aaniwaniwa[70] on the Waikato River, where she left one of her cloaks, taking the others with her. She crossed to the other side of the Waikato and went on. She painted some more red ochre upon a cliff at Pari-kaarangaranga, in the district of Turanga-

69 About 48 km. S.S.E. of Cambridge on the eastern side of the Manga-tutu Stream.

70 A crossing-place about 24 km. S.E. of Cambridge and now submerged under the lake above Arapuni dam.

46 *Ko Wairangi*

Hiitiri Te Paeraataa i koorero ki a Te Rangi Hiiroa

KO TEENEI TANGATA KO WAIRANGI no Ngaati Raukawa. Ko *1*
toona kaainga ko Ruru-nui i te takiwaa o Whare-puuhunga.

Nga waahine a Wairangi, tokorua, ko Parewhete, ko Puuroku. *2*
I a Wairangi e ngaro ana i Kaawhia, ka tae mai teetehi tangata
rangatira o Ngaati Maru, ko Tupeteka te ingoa, he whanaunga ki
a Parewhete. Ka noho manuhiri te tangata nei i Ruru-nui. E rua
nga poo e noho ana i te kaainga. I te ata ka titiro atu a Puuroku
e piri ana te kookoowai i te paapaaringa o Tupeteka, no
Parewhete. Kua moohio a Puuroku kua taaea te wahine ra e
Tupeteka. Ka hoki a Tupeteka ki toona kaainga ki Te Aea. I muri
tonu i a ia ka tae mai a Wairangi. Ka koorerotia e Puuroku, 'Ko
to wahine kua hara ki teetehi tangata, ko Tupeteka te ingoa. I kitea
e au ki te kookoowai o Parewhete e piri ana i te paapaaringa o
Tupeteka.'

Kaatahi ka riri a Wairangi ka patua e ia a Parewhete. I te poo *3*
ka oma a Parewhete; haria ana e ia eetehi kookoowai; ka haere
tonu i te huarahi o Tupeteka; ka tae ki teetehi maania, ka pania
te kookoowai ki te maanuka — koia a Maanuka-tuutahi. Haere
tonu, ka tae ki Aaniwaniwa, ki te awa o Waikato. Ka puukaia iho
teetehi o nga kaakahu, ka haria eetehi. Ka whiti ki teeraa taha o
Waikato, haere tonu. Ka tuhi teetehi kookoowai ki te pari ki Pari-
kaarangaranga, kei te takiwaa o Tuuranga-moana. Ka whiti i
Waihou ka tae ki Te Aea. Ka moe i tana taane i a Tupeteka. Ka
kimi te iwi nei, a Ngaati Raukawa i a Parewhete. Na, ka haere
eetehi i te ara o Parewhete. Ka haere noa atu eetehi ka kitea te
maanuka i pania ki te kookoowai i Te Maanuka-tuutahi. Haere
tonu ka tae ki Aaniwaniwa ka kitea nga kaakahu. Ka moohiotia
kua riro ki Te Aea ki te takiwaa o Te Aroha. Ka hoki eeraa ki

moana.[71] She crossed the river Waihou and reached Te Aea.[72] There she married Tupeteka. The Ngaati Raukawa people searched for Parewhete and some followed the path taken by her, while others wandered aimlessly about. The *maanuka* painted with red ochre, the Lone Tea-tree, was found. Going on, they came to Aaniwaniwa and saw the cloak. Then they knew she had gone in the direction of Te Aea, in the district of Te Aroha. They returned to Ruru-nui and told the tribe and Wairangi also, 'Parewhete has gone to Te Aea. We know by the red ochre and the clothing that we found.'

46.4 Ngaati Raukawa immediately gathered together and were all assembled. The men (of importance) among the people were Tama-te-hura, then Wairangi, then Upoko-iti, and youngest (of the brethren), Pipito. The number of the people (selected) was one hundred and forty. The weapons they were armed with were whalebone, greenstone and ordinary stone clubs; while the longer ones were *tewhatewha, taiaha, pouwhenua,* spears and other weapons. Then they set out for Te Aea.

5 The people of Te Aea knew that Ngaati Raukawa would visit them. The thought occurred to Tupeteka to build a house for murdering (them). When Ngaati Raukawa arrived the house had been completed — a *wharau*[73] which was built on the flat land beside the Waihou River and below Te Aea *paa*. The party of one hundred and forty men entered this house. Wairangi was the last man to enter. Wairangi looked and noticed that the side posts supporting the rafters were composed of the solid trunks of white pine. Then he threw his weight against the side of the house to shake it, but it did not yield in the slightest. Then he spoke, 'This is a house for murder.' This was the first sign by which Wairangi knew that that people planned treachery.

6 When the one hundred and forty men occupied the house, the *paa* sent a messenger to Hauraki that they should come and kill Ngaati Raukawa. The home people prepared food and the visitors went to have some. There was one small round basket

71 Near Matamata Railway Station.

72 On the eastern side of the Waihou River north of Te Aroha.

73 *wharau* — shed or temporary shelter.

Ruru-nui, ka koorerotia atu ki te iwi, ki a Wairangi hoki, 'Kua riro a Parewhete ki Te Aea, i kitea e maatou ki te kookoowai, ki nga kaakahu.'

Huihui tonu iho a Ngaati Raukawa, ka ruupeke. Ko nga 46.4
taangata kei roto i te iwi nei ko Tama-te-hura, muri iho ko Wairangi, muri iho ko Upoko-iti, a muri rawa ko Pipito. Ko te nui o te iwi nei, hokowhitu. Ko te raakau a te iwi ra, he patu paraaoa, he meremere, he patu koowhatu, me aa raatou patu roroa, he tewhatewha, he taiaha, he pouwhenua, he koikoi me eeraa atu raakau. Kaatahi ka haere ki Te Aea.

Kua moohio te iwi o Te Aea teeraa a Ngaati Raukawa e haere 5
atu. Ka taka te whakaaro i a Tupeteka kia hangaa he whare hei koohuru. Te taenga atu o Ngaati Raukawa kua oti te whare, he wharau i hangaa ki te tahatika o Waihau i raro iho o te paa nei o Te Aea. Ka whaona te wharau nei e te hokowhitu ra. Ko Wairangi te tangata whakamutunga ki te tomo i te whare. Ka titiro a Wairangi, ko nga poupou o te whare he koohurihuri kahikatea. Kaatahi ka rere a Wairangi ki te tute i te whare, kore rawa i ngaoko. Kaatahi ia ka whai kupu, 'He whare koohuru teenei!' Ko te tohu tuatahi teenei i moohio ai a Wairangi, he koohuru te mahi a te iwi ra.

Te nohoanga o te hokowhitu nei i roto i te whare, ka tukua 6
e te paa te karere ki roto o Hauraki kia tiikina mai kia patua a Ngaati Raukawa. Ka whiu te kai a te tangata whenua, ka haere te iwi ra ki te kai. He kotahi te kuumara i roto i te rourou ma nga taangata tokorua. Ka pau, ka noho i roto i to raatou whare. Hii ake te ata, ka hoatu anoo he kai ma te iwi ra. He kotahi kuumara ma te tangata kotahi. Ka pau, ka noho, awatea noa, ahiahi noa. I te ata ka rangona te ngawee o te kurii. E ai te whakaaro, 'E! taihoa, ka whiua te kai nei.'

Na, kua kitea te amoamo o te tuna kaui. Ka kitea, kua puta 7
i teetehi taha o te paa, kua haere whakateetehi taha o te paa ka huri ki tua o nga whare. Na, ka puta anoo, ka huri anoo. Kua kii te ope ra, 'E rua nga amo ika.' He maha nga putanga; kaaore ia ko aua tuna anoo, engari he tangata kee naana i amo i teenaa putanga, i teenaa putanga. Ko nga kurii he mea patu kia ngawee, kaahore i patua kia mate. Te mahi nei he pupuri i a Ngaati Raukawa kia tae ake te ope patu i a raatou.

containing one *kuumara* for two men. When their food was eaten they rested in this house. In the morning more food was given to these people. There was one *kuumara* for each man. When it was eaten, they sat on through the late morning until night. Next morning they heard dogs howling, and their thought was, 'Ah, by and by, a feast will be given.' Then they saw dried eels being carried (on a pole held horizontally over the shoulders of two men).

46.7 They were seen emerging from one side of the *paa*, going towards the other side of the *paa* and turning behind the houses. Then they were seen again and disappeared again, and the visitors said, 'There are two loads of fish.' They appeared several times, though in reality they were the same fish, but different men carried them on each reappearance. The dogs were beaten to make them howl; they were not killed. This was for the purpose of holding the Ngaati Raukawa until the war-party to kill them arrived.

8 As it approached evening, the man from Hauraki returned and said, 'The Waihou River is crowded with the canoes of the people of Hauraki. In the morning they will arrive and attack.'

9 Then Parewhete heard these words and her love for Wairangi and his people revived. Then she descended and came to the Ngaati Raukawa. She wept, and Wairangi and all Ngaati Raukawa wept also. When the woman had finished her crying standing, she came over to Wairangi and leant across his knees, cutting her arms with obsidian flakes so that the blood would trickle down upon Wairangi and render him *tapu* so that he would not be eaten. As she cut her flesh, these were her words:

10 Oh, why did you come
With the small basket of the Traveller,
Instead of remaining
With the large basket of Stay-at-home.

11 When the woman had finished weeping she went back. Wairangi had listened to the words of the lament of Parewhete, and this was the second sign that he received. The people

Ka haere ka ahiahi kua tae mai te tangata o Hauraki, kua 46.8
koorero, 'Kikii tonu a Waihou i nga waka o nga iwi o Hauraki. Kei te ata ka eke mai, ka patu.'

Heoi anoo, ka rongo a Parewhete i te koorero ra, kaatahi ka 9
puta te aroha o te wahine ra ki a Wairangi me toona iwi. Kaatahi ka heke iho, ka tae mai ki a Ngaati Raukawa. Kaatahi ka tangi, ka tangi hoki a Wairangi mo Ngaati Raukawa katoa. Ka mutu te tangi-tuu a te wahine ra kaatahi ka taapapa atu ki runga i nga turi o Wairangi, ka haehae i nga ringa ki te mataa kia heke iho ai te toto ki runga i a Wairangi, kia tapu ai i ana toto, kia kore e kainga. E haehae ana ko aana kupu eenei:

> He aha koe i haere mai 10
> i te rourou iti a Haere,
> tee noho atu ai koe
> i te tokanga nui a Noho?

Ka mutu te tangi a te wahine ra, ka hoki. I whakarongo 11
a Wairangi ki nga kupu o te tangi a Parewhete, ko te tohu tuarua teenei i tae mai ki a ia. Ka rapu te iwi ra, kitea iho e ta raatou rapu, he koohuru. Kaatahi ka tukuna ta raatou taurekareka kia haere i roto i te iwi o Tupeteka e whawhati rautao ana, e kohi koowhatu ana mo te haakari. Haere ana te tangata ra, uru ana a ia ki roto ki te hunga whawhati rautao, aa, e mahi tahi ana. Kaaore i roa e mahi haere ana kua paatai ia ki te hoa, 'Mo aawhea ra te whiu kai nei ma Ngaati Raukawa?'

Ka kiia atu, 'E tatari ana kia tae ake te ope, kei te hoe ake i 12
roto o Waihou; ka tae ake, ka patua a Ngaati Raukawa. Ma teeraa kee te kai e mahia nei, ma Ngaati Maru.'

'A, hei aawhea ra te tae mai ai kia hohoro ai te patu iho i 13
eenei, i a Ngaati Raukawa?'

Ka kii mai te hoa, 'Kei te ata poo, ka eke, ka patua.' 14

Kaatahi ka wehe haere te taurekareka nei ka hoki, kua poo 15
hoki. Ka tae ki a Ngaati Raukawa ka koorerotia, 'Kei te ata ka huaki. Ko te kai e mahia mai nei ma teeraa kee ma Ngaati Maru.'

consulted, and as a result of their consultation suspected treachery. Then they sent their slave to go among Tupeteka's people, who were gathering ferns and stones for the ovens for the feast. The slave was not working very long before he asked his neighbour, 'When will the feast be given to Ngaati Raukawa?'

46.12 He was answered, 'We are waiting for the party which is paddling up the Waihou River. When they arrive the Ngaati Raukawa will be killed. The feast we are preparing is for them, the Ngaati Maru.'

13 'Ah, and when will they arrive so that we may speedily destroy these Ngaati Raukawa?'

14 The other replied, 'In the early morning they will arrive and attack.'

15 Then the slave gradually worked away and went back, for it had become dark. When he got back to the Ngaati Raukawa he told them, 'They attack in the morning. This feast that is being prepared is for the others, for Ngaati Maru.'

16 For a considerable time the people remained silent; they never spoke and they never stirred. After some time Tama-te-hura stood up and cried, 'Let us (beguile them) with a *haka*.' Wairangi stood up and consented, and then Upoko-iti and Pipito. All agreed that they should dance. Then Tama-te-hura rose and repeated a *haka:*

17 Red feather, red feather,
Feather of *kaakaa,*
The battle will range towards Kaawhia.
Attack! Attack!

18 He said his *haka* should be the signal to attack. He sat down. Then Upoko-iti rose and recited his *haka:*

19 It is Te Aea of everyday fame, ah,
It is Te Aea of everyday fame. We meet together,
At Te Aea of everyday fame.

20 He said at his *haka* they should attack. Then Pipito rose and recited his *haka:*

I roa te iwi nei e nohopuku ana kaaore he hamumu, kaaore 46.16
he aha. Roa rawa kua tuu a Tama-te-hura ki runga, ka kii, 'Me
haka.' Ka whakatika mai a Wairangi ka whakaae; muri iho ko
Upoko-iti, muri iho ko Pipito. Whakaae kaatoa me haka. Ka tuu
a Tama-te-hura, ka whakahua i te haka:

Puhi kura, puhi kura, puhi kaakaa, 17
Ka whakatautapa ki Kaawhia.
Huakina! huakina!

Ka kii teeraa, hei taana ka huaki. Ka noho ki raro. Kei runga 18
ko upoko-iti, ka whakahua i tana haka:

Ko Te Aea o ia rangi e-e, 19
Ko Te Aea o ia rangi hui ake
Ko Te Aea o ia rangi.

Ka kii hei taana ka huaki. Ko Pipito, ka whakahua i tana haka: 20

Ka whakakoopura rua a Rangi-hape, 21
Teina o Tupeteka, e
Huakina! huakina!

Ka tohe hei taana ka huaki. Kaatahi ka tuu ko Wairangi ka 22
whakahua:

Tahi ka riri, toru ka whaa 23
E matamata hopukia.
Hoomai ra to whiri kaha, toro kaha
Kia wetewetea, wetewetea!
Aa tee! aa taa! a tau!

Ka whakaaetia e te iwi hei ta Wairangi ka huaki. Ka tukuna 24
e Wairangi tana taurekareka ki a Parewhete kia piki ki runga i
te tuanui o tana whare i te ata, kia kore ai e patua. Ko te koha
tenei a Wairangi ki tana wahine. Tae ana te taurekareka, hoki
mai ana.

46.21 Rangi-hape will be defeated,
That younger brother of Tupeteka, Oh!
Attack! Attack!

22 He insisted that the attack be made at his *haka*. Then Wairangi rose and recited:

23 First comes the battle, the third and the fourth.
Oh, grasp (their) spear points.
Give us your strong rope, your strong snare
To be unfastened, (to be) torn apart.
Aa tee, aa taa, a tau.

24 They agreed that Wairangi's *haka* should be the signal for attack. Wairangi sent his slave to Parewhete to tell her to climb on to the roof of her house in the morning, so that she would not be killed. This was Wairangi's token of regard for his wife. The slave accomplished his task and returned.

25 The dances were practised by the one hundred and forty until the breaking of dawn. Then they went outside. The one hundred and forty were drawn up in seven ranks. When the dance was ready outside the house, the stamping and shouting began. When the local people heard the noise they ran down to watch the dance. Tama-te-hura began to shout, grimacing up at the sky and down to the earth. Tupeteka had come out and was sitting with Parewhete on his raised stage. Seeing Tama-te-hura glaring up then down, he asked Parewhete, 'Is that your husband?'

26 'No', she replied.

27 Tama-te-hura was the director of all the *haka*. When Tama-te-hura had finished his *haka,* out sprang Upoko-iti who led his *haka* 'It is Te Aea of everyday fame'.

28 Again Tupeteka asked, 'Is that your husband?'

29 The answer came, 'No.'

30 Then Pipito appeared. Again Tupeteka asked, 'Is that your husband?'

31 Again, the woman answered, 'He has not come out yet.'

Ka aakona nga haka e te hokowhitu tae noa ki te hahaetanga 46.25
o te ata. Kaatahi ka whakaputaina, hokowhitu. E whitu anoo nga
kapa. Ka tika te haka i waho o te whare, ka tiimata te takahi me
te auee noa iho. Te rongonga o te iwi o te paa i te haruru, ka
oma iho ki te maatakitaki haka. Kaatahi ka puta a Tama-te-hura
ka haamama te waha, ka puukana ake ki te rangi, ka puukana
iho ki te whenua, kua puta a Tupeteka noho ana i runga i tana
atamira raaua tahi ko Parewhete. Ka kite i a Tama-te-hura e
mawhiti ana nga karu, i runga, i raro. Ka paatai ki a Parewhete,
'Ko to taane teeraa?'

Ka kiia atu e te wahine, 'E hara.' 26

Ko Tama-te-hura te kai whakahau i nga haka katoa. Ka mutu te 27
haka a Tama-te-hura, ka puta ko Upoko-iti, e tataki ana i tana haka,
'Ko Te Aea o ia rangi.'

Ka paatai anoo a Tupeteka, 'Ko to taane teeraa?' 28

Ka whakahokia mai, 'E hara.' 29

Ka puta ko Pipito. Ka paatai anoo a Tupeteka, 'Ko to taane teeraa?' 30

Ka kii atu anoo te wahine, 'Kaahore anoo ka puta.' 31

Te mutunga o te haka a Pipito, ko te putanga o Wairangi. Te 32
putanga mai i te whare e mawhiti ana nga karu, ko koopuu ki te
rangi, ko Wairangi ki raro ki te whenua. Ka rere anoo te paatai, 'Ko
to taane teeraa?'

Ka whakahokia e te wahine, 'Aae, koia teeraa.' 33

Kaatahi ka haere iho a Tupeteka, me tana wawae haere i te 34
tangata, aa, ka puta ki mua tonu ki te aroaro o te haka. Takoto tiiraha
ana i reira ki te maatakitaki.

Kaatahi ka tiimataria e Wairangi, 'Tahi ka riri, toru ka whaa.' 35
Ko nga patu poto a te hoko-whitu nei i huna ki muri i nga tuara,
i titia iho ki roto i nga taatua kootara. Te taenga ki nga kupu whaka-
mutunga o te haka a Wairangi, 'Aa tee!' Kua mau nga ringa ki nga
patu, 'Aa taa!' Kua maunu mai, 'Aa tau!' Kua huaki te ope, kua
patu i te tangata. te tangata tuatahi tonu ko Tupeteka, i mate i
a Wairangi. Ka patua te iwi o Te Aea, ka hinga teeraa paa i te ope
a Wairangi. Ko eetehi i patua ki roto i te wai. Ko nga rauwhare me
nga waawaa i rukea ki roto i te awa. E toru nga piko e toe ana,
ka eke ake ai te iwi o Hauraki. Ka tuutaki i te toto, i te rauwhare,
i te waawaa o te paa, kua moohio kua hinga te paa, ka whati.

46.32 When Pipito's *haka* had ended, Wairangi appeared. When he emerged from the house his eyes were so large and bright that, as the star Koopuu is in the heavens, so was Wairangi below on the earth. Again the question flew, 'Is that your husband?'

33 Back came the answer from the woman, 'Yes, that is he.'

34 Then Tupeteka descended, and thrusting aside the crowds of people, he came quite close to the front of the (ranks of the *haka*). Here he lay down upon his back to watch.

35 Then Wairangi began 'First comes the battle, the third and the fourth'. Now, the one hundred and forty men held their short clubs concealed behind their backs, stuck in war-belts. When they came to the last words of Wairangi's *haka* — *aa tee!* — their hands grasped their clubs; *aa taa!* — the clubs were drawn forth; *aa tau!* — the party attacked and began to kill. The first man to be slain was Tupeteka, who was killed by Wairangi. The people of Te Aea were killed and that *paa* was taken by the force of Wairangi. Some were slain in the water. The thatch and rushes from the houses were thrown into the river. The Hauraki forces had three river bends to navigate before they would arrive. They met the blood, the thatch, and rushes from the *paa* (drifting down), and knowing the *paa* had fallen, they fled.

36 Parewhete had climbed upon the roof of her house and was saved. Thus Wairangi regained his wife and returned to his home at Ruru-nui.

Ko Parewhete i piki ki runga ki te tuanui o te whare, ka ora. 46.36
Ka riro mai i a Wairangi tana wahine, ka hoki ki toona kaainga ki Ruru-nui.

47 *Te Atua and Hinga-mairangi*

Heemi Parata Rau-katauri of Ngaati Whaatua

1 THIS NARRATIVE HAS TO DO with Te Atua and Hinga-mairangi, two brothers, of whom the former was the elder. They lived in the days of the sons of Hau-moe-waarangi.

2 These men lived in the *paa* at Poutuu [sic] on the north side of the mouth of Kaipara Harbour. Te Atua was a devil at stirring up trouble with everybody.

3 On one occasion he conceived the idea of building a *paa* for himself and his brother; it was to be a *paa kaawaawaa,* built with timber palisades. So Te Atua built his portion of the *paa* very strongly and without any pretence; but Hinga-mairangi and his friends skimped their work; and so the *paa* was completed.

4 At that time Hau-moe-warangi set off on a journey going towards the Te Wairoa side of Kaipara. He went to see his daughter, Makawe. He arrived and stayed there, and while he was there some event occurred which angered him.

5 Then he went off and came to Oomoko-iti, a *paa* which existed in those days.[74] It was seen that the 'dust was flying' in the *paa* at Oomoko-iti. In consequence, his children went to look for their father, but could not find him. A *taua*[75] was raised and he was found to be dead.

6 His body was taken by his sons, Rongo, Whiti, Weka, and Haki-puta-too-muri, towards their home on the Wairoa. They paddled across to Poutuu on the north head, and, after they had landed there, Hinga-mairangi came down to command those who had just landed.

7 He placed his *ngaakau*[76] and said, 'Later, attack the *paa,* breaking through on my side; the fence standing there is not firm, but just barely standing.'

74 A place about four miles south of Ookaakaa, the inner south head of Kaipara.
75 *taua* — army
76 *ngaakau* — some ritual object placed before people whose assistance is requested in warfare.

47 *Te Atua raaua ko Hinga-mairangi*

Heemi Parata Rau-katauri o Ngaati Whaatua

KO EENEI KOORERO mo Te Atua raaua ko Hinga-mairangi. He tuakana, he teina eenei taangata, ko Te Atua te tuakana. I tupu mai i roto i nga raa o nga tamariki a Hau-moe-waarangi. *1*

I noho eenei taangata ki te paa ki Poutuu, i te puaha o Kaipara i te taha ki te raki. Ko Te Atua he tangata nanakia rawa ki te tutuu ki nga mahi tuukino katoa ki te tangata. *2*

I teetahi waa ka taka te whakaaro i a Te Atua kia hangaa to raaua paa, kia kaawaawaatia, araa, kia hangaa ki te raakau. Ka hangaa e Te Atua i tana taha, he tino mahi, kaahore i hianga. Ko Hinga-mairangi raatou ko oona hoa, he mahi hianga noa iho, aa, oti noa te paa. *3*

I teeraa waa ka taka te haere a Hau-moe-waarangi, ka ahu ki Kaipara atu i te taha ki Te Wairoa. I haere kia kite i tana tamaahine, i a Makawe. Ka tae ki reira ka noho, aa, i te mea anoo e noho ana ia i reira, ka tupu ake teetahi raruraru i reira i poouri ai te ngaakau o Hau. *4*

Kaatahi te kaumaatua ka haere, tae noa ki Oomoko-iti, he paa teeraa no nga iwi o reira i aua raa. Kitea rawatia mai e tutuu ana te puehu o te paa. No reira ka rapu nga tamariki i to raatou paapaa. Kaahore i kitea. Kaatahi ka whakataua, ka kitea kua mate a Hau-moe-waarangi. *5*

Ka mauria mai e aana tamariki, e Rongo, e Whiti, e Weka me Haki-puta-too-muri, ka ahu te haere, ka hoki anoo ki Te Wairoa. Ka hoe nei, aa, ka tae ki Poutuu, aa, ka uu ki reira kaatahi ka haere iho a Hinga-mairangi ki te whakatau iho i te iwi ka uu atu nei. *6*

No reira ka maka iho tana ngaakau, peenei aana kupu, 'E muri e whakaekea te paa nei, me paakaru i taaku nei taha, kaahore te paa e tuu iho nei e uu ana, e tuu noa iho ana.' *7*

Ko te whakaaro o te tangata nei, mo toona tuakana, mo Te Atua, kia mate ai i runga i te kino o teeraa tangata, ki tana whakaaro, i runga i aana mahi kua maatauria i mua ra. *8*

47.8 His scheme concerned his brother, Te Atua — that he should be killed because of his wickedness (according to his thoughts) and his known past deeds.

9 Accordingly, when day broke, the people embarked in their canoes and paddled towards Te Wairoa, that is, to certain parts of that district. When the canoes had put out, Te Atua called, 'Carry on with our father; bear him to Te Wairoa.'

10 They all heard him say that as they paddled on, and rounded Poutuu and headed directly for Wai-kaaretu.

11 Then Haki-puta-too-muri started up and said, 'Did you all hear what that man called out?'

12 The majority of the men replied, 'Yes.'

13 'What did you think he said?'

14 'He said, "Depart, with our parent; take him to the Wairoa."'

15 To this Haki replied, 'You are quite wrong about what you heard, very wrong.'

16 Some of them then said to Haki, 'What was it that you heard?'

17 Haki replied, 'This is what I heard: "Depart, depart. Take away your parcel of fish to the Wairoa."'

18 As a result of Haki's explanation, a dispute arose between him and his brothers. This was Haki's intention. He distorted the farewell cry with that in view.

19 Through this circumstance the canoes were paddled ashore and an attack made on Te Atua's and Hinga-mairangi's *paa*. When the people in the *paa* saw the approaching attack-party, they thought it of no consequence because they were safely ensconced in a *paa* that had been specially built for such occasions. They did not know that Hinga-mairangi had disclosed the weak points in the defences where the posts of the palisades had not been firmly fixed.

20 As consequence of this knowledge, the attacking *taua* went at once to the weak area Hinga had told them of. When they arrived, the palisades were thrown down, the *taua* entered the *paa* and the two parties were soon engaged in combat. Haki and Te Atua met in battle and used their spears against one another. Te Atua made a lunge at Haki and wounded him in the belly,

Heoi anoo, i huaki te ata, kaatahi te iwi nei ka uta ki to raatou 47.9
waka, ka hoe, ka ahu anoo ki Te Wairoa, araa ki eetahi waahi
o teeraa takiwaa. Ka momotu te waka o te iwi ra ki waho, kaatahi
ka karanga iho a Te Atua, 'Haere atu ra, me to taatou paapaa.
Mauria atu ki Te Wairoa.'

I rongo anoo raatou katoa, i peeraa iho te karanga a Te Atua, 10
aa, ka hoe raatou, aa, huri noa i Poutuu, ka aro nui atu te hoe
ki Wai-kaaretu.

Kaatahi ka oho ake a Haki-puta-too-muri, 'I rongo koutou i 11
te karanga iho a te tangata ra?'

Ka mea atu te nuinga, 'Aae.' 12

'E peehea iho ana ki ta koutou nei whakarongo ake?' 13

'E mea iho ana, "Haere atu, mauria atu to taatou matua ki Te 14
Wairoa."'

Kaatahi ka mea atu a Haki, 'E hee ana ta koutou nei whaka- 15
rongo atu, e tino hee ana.'

Kaatahi ka mea eetahi, 'E peehea ana koia ki taau nei whaka- 16
rongo?'

Kaatahi ka mea atu a Haki, 'E peenei kee iho ana ra, "Haere! 17
haere! Mauria atu ta koutou koopaki ika ki Te Wairoa."'

I runga i teenei whakamaaramatanga a Haki ka totohe raatou 18
ko oona tuaakana. Ko te whakaaro o Haki he mea anoo kia
peeraa ai. I hangaa ai e ia taua kupu poroporoaki raka kia
peeraa.

Heoi anoo, i runga i teenei aahua, ka whakauuria nga waka 19
ki uta. Ko te whakaekenga o te paa o Te Atua raaua ko Hinga-
mairangi. Te kitenga o te iwi o te paa i te taua kua whakaeke nei
i to raatou paa, ka mahara i roto i aa raatou ngaakau, hei aha
hoki teenaa taua te whakaeke noa ai, i te mea e noho ana raatou
i roto i te paa kua oti te hanga hei oranga mo raatou i nga tikanga
peeraa. Kaahore i maatau raatou kua oti kee te whakaatu e Hinga-
mairangi te waahi ngoikore o te paa, i te wahi kaaore e uu ana
te hanga.

No reira tika tonu te haere a te taua nei ki te waahi kua kiia 20
mai ra e Hinga, kaaore i uu te tia o nga pou. Te taenga atu o te
taua ki reira, kua paakarua, kua puta te taua ki roto, kua paapaa

(but not seriously, for) his entrails were not pierced. As Haki fell, he made an upward thrust with his spear and struck Te Atua in the face.

47.21 That felled Te Atua. He was killed outright by that thrust. He was taken away by the people of the *paa,* and then the fighting ceased.

22 Although Haki was wounded he did not die; he recovered almost directly because the priests with the party recited healing spells over his wound.

23 While this ritual was being performed, Haki's elder brothers began boasting.

24 'One thrust of my spear and Te Atua was killed.'

25 Another rose, 'It was my deed. One thrust of my spear and Te Atua died.'

26 When the people of the *paa* heard this boasting going on, they asked, 'In which part did your spear hit him, Rongo?'

27 He replied, 'In such and such a place.'

28 The people replied, 'No (it was not there).'

29 Then they asked Whiti the same question, and he replied, 'In such and such a place.' To which the people again replied, 'No (it was not there).'

30 After asking everyone of the boasters the same question, it was soon seen that none of them were able to give the correct answer and explain where Te Atua had been wounded. Now, while these people were telling falsehoods, Haki heard indistinctly what was going on, and he asked, 'What are the people talking about?'

31 He was told, 'It is people boasting about the death of Te Atua, saying they killed him.'

32 So the sick man then said, 'I was wounded by Te Atua, and I killed him by wounding him in the face.'

33 When the people of the *paa* heard this they said, 'Now, indeed, it is correct. That is the man who killed Te Atua' (for they had the body in their keeping and knew where the wound was). Now the result of this was that the boasters were overwhelmed with shame.

34 After this the people paddled away to their homes. Haki-puta-too-muri recovered and became the father of Pokopoko-the-

tonu atu teetahi ki teetahi. Kua kite a te Haki i a Te Atua me Te Atua hoki i a Haki. Heoi, kua haere te tao a teetahi me teetahi. Te whakarerenga mai o te tao a Te Atua kua tuu ki a Haki, tuu rawa ki te koopuu, ko te mea kaahore i pakaru nga wheekau. No te hinganga o Haki, kaatahi ka haurarotia ake e ia, ka tuu tana tao ki te kanohi o Te Atua.

Ko te hinganga teenaa o Te Atua. Mate rawa atu i taua tuunga 47.21
ra. Kaatahi ka tiikina iho e nga taangata o te paa, no reira anoo i mau au te rongo.

Ko Haki, ahakoa i tuu, kaahore i mate rawa. I ora tonu ake 22
anoo i taua waa anoo. Na nga tohunga hoki e noho tata ana i whai i toona tuu, koia i ora ai ia.

Na, i te waa anoo e whaia ana a Haki, ka tiimata te whakatuu 23
a nga tuaakana oona, ka peenei.

'Tahi tonu anoo taku tao ki a Te Atua — mate rawa.' 24

Ka tuu ko teetahi, 'Naaku kee! Tahi tonu taku tao ki a Te Atua 25
— mate rawa.'

No te rongonga iho o nga taangata o te paa ki te iwi nei e 26
whakatuu ana, ka paataia iho e teeraa, 'Kei teehea waahi te uunga o taau patu, e Rongo?'

Ka utua e ia, kei te mea. 27

Ka kiia iho anoo, 'Kaahore.' 28

Ka uia iho ki a Whiti, 'Kei hea te uunga o taau nei patu?' Ka 29
mea ake teeraa kei te mea. Ka kiia iho anoo, 'Kaahore.' Anoo ka poto katoa raatou te uiuia iho.

Na, kaahore noa iho he tangata a raatou i tika te whaaki ake 30
ki te waahi i tuu ai te patu i mate ai a Te Atua. Na, i te hanga nei anoo e ruupahu ana, ka rongo iti ake a Haki. Kaatahi ka mea ake, 'He aha ta te iwi nei e koorero ana?'

Ka meangatia iho, 'Ko te iwi nei e whakatuu ana ki te matenga 31
o Te Atua, na raatou.'

Kaatahi ka mea ake te tuuroro nei, 'Na Te Atua ahau i tuu ai, 32
a naaku hoki ia i mate ai, ko te tuunga o taku tao kei te kanohi.'

Te rongonga iho o nga taangata o te paa, kaatahi ka mea iho, 33
'Kaatahi anoo ka tika. Koia teenaa ko te tangata naana i mate ai a Te Atua.' Heoi, te tukunga iho o te iwi e whakatuu nei, hore he tikanga, whakamaa kau noa iho.

taniwha-binder (of great fame in the tribe). Te Atua and Hinga-mairangi were ancestors of the people who still live at Kaipara and Riipiro.

Kaatahi te hanga nei ka hoe ki to raatou nei whenua. Ka ora *47.34* a Haki-puta-to-muri. Naana a Pokopoko-here-taniwha. Ko eenei taangata, ko Te Atua raaua ko Hinga-mairangi, he tuupuna anoo ki nga taangata e noho nei i Kaipara ki Riipiro.